한국고대사학회 창립 30주년 기념 시민강좌

우리 시대의
한국 고대사

한국고대사학회 편

우리 시대의 한국 고대사 1

엮은이 한국고대사학회
펴낸이 최병식
펴낸날 2017년 3월 3일
펴낸곳 주류성출판사
서울특별시 서초구 강남대로 435 (서초동 1305-5)
TEL | 02-3481-1024 (대표전화) • FAX | 02-3482-0656
www.juluesung.co.kr | juluesung@daum.net

값 16,000원
잘못된 책은 교환해 드립니다.

ISBN 978-89-6246-304-0   94910
ISBN 978-89-6246-303-3   94910 (세트)

한국고대사학회 창립 30주년 기념 시민강좌

우리 시대의
한국 고대사

한국고대사학회 편

1

주류성

「우리 시대의 한국 고대사 1·2」의 간행에 즈음하여

올해는 한국고대사학회 창립 30주년입니다. 학회는 일찍이 한국고대사 연구 및 연구자들 사이의 교류 활성화, 한국고대사의 저변 확대와 대중화, 그리고 지방문화 능력의 제고 등을 학회 창립의 주요 취지로 정돈한 바 있습니다. 그와 같은 지향이 실제 얼마나 구현되었는가에 대한 대답은 우리 사회가 그동안 겪어온 굽이들만큼 간단하지 않을 것입니다. 더구나 분지를 거듭하는 유관학회들의 파생을 가늠하다보면 이미 단일 학회가 자임할 수준을 넘어서는 국면들도 없지 않다고 여깁니다.

그런가 하면 근자에 들어 역사 연구와 교육의 영역에서 학문 외적 전선과 갈등이 여러 형태로 형성되거나 심지어 강요되는 사태는, 역사 연구자는 물론 동시대 시민들이 함께 당면하게 된 새로운 환경 요소입니다. 이로 인해 일상의 다양한 매체와 장르들 사이에서 역사 인식의 교란과 착종이 절제 없이 번지는 현상조차 발견합니다. 이는 제 몫을 다하지 못한 역사학계가 자성해야 할 근거인 동시에, 학회로 하여금 한국고대사의 대중화라는 본연의 숙제를 새삼 각성하게 한 계기였습니다.

이와 같은 각성 위에서 학회는 지난 한 해 동안 '한국고대사 시민강좌'를 꾸려 시민과 직접 대화를 시도하였습니다. 모두 24회의 강좌는 한국고대사 가운데서도 비교적 굵직한 기본 문제들이자, 자못 논쟁적인 주제들로 구성되었습니다. 학회의 역량과 연구자의 관심보다는 시민들의 요구와 경향을 먼저 고려했던 때문입니다. 이 경험을 통해, 건강한 연구 성과와 유리된 한국고대사의 만연은 정작 연구자들이 마땅히 감당해야 할 역할의 방기를 토양과 매개로 삼고 있음을 확인하였습니다.

물론 이러한 판단이 곧 동시대 구성원들의 질문에 대한 명료한 대답을 학회가 전유하고 있다는 것을 의미하는 것은 아닙니다. 오히려 그와 같은 배타적 지위의 자부야말로 학문의 본령을 훼절하는 교만일 것입니다. 거의 모든 논제는 치열한 쟁론이 미처 멎지 않은 것들이며, 강의자들 또한 해당 분야의 연구 성과를 균형 있게 수습하여 온건한 설명을 숙려하려 애써주었습니다. 이로써 시민과 학회가 현 단계 한국고대사의 지평과 지향을 공유할 수 있는 유력한 단서가 마련되었습니다.

선례 없는 시민강좌의 기획과 운영에는 조인성 고문과 김창석 전임 연구이사, 이경섭 교수, 이승호 간사의 궁리와 헌신이 튼실한 토대를 이루었습니다. 강좌를 맡아주신 스물네 분과 매 강좌마다 은인하고 지원해주신 학회 회원들의 열의는 중요한 동력이었습니다. 한성백제박물관과 경희대 한국고대사·고고학연구소 또한 든든한 동반자로서 강좌의 성공을 함께 견인해주었습니다. 게다가 청중들의 폭주하는 관심과 질문의 태세를 통해 강의 내용을 더 큰 현장의 시민들과 공유해야 할 당위를 확신하고 다짐할 수 있었습니다.

줄곧 신선한 공명과 파문을 낳은 시민강좌가 이제 두 권의 책으로 여물어 학회 창립 30주년을 기념하는 단단한 마디가 되었습니다. 박대재 연구이사와 이정빈 박사와 최슬기 간사, 그리고 전덕재, 김종복, 최희수 간행위원진의 노고를 기억합니다. 학회의 오랜 벗이자 후원자인 주류성의 최병식 대표와 이준 이사님을 비롯한 출판 관련 여러분께도 감사합니다. 앞으로 『우리 시대의 한국 고대사 1·2』가 한국고대사학회와 시민사회의 유대와 소통을 선구하는 나부낌이 되기를 희망합니다.

바야흐로 새 생명의 착상으로 이미 분주한 대지의 이치와 새날을 고대하는 사람의 성정이 은밀히 어우러진 즈음입니다. 지나온 30년의 도저한 행보를 자양으로 삼아 더욱 양양할 학회의 전도를 모든 회원님들과 함께 축원합니다.

2017년 2월
한국고대사학회 회장 이 강 래

목차

황 해

우리 시대의 한국 고대사

근대사학의 형성과 한국고대사연구

고조선사를 이해하는 바람직한 방향

노태돈(서울대 국사학과 명예교수)

들어가는 말

 한국사의 이해를 둘러싸고 현재 우리 사회는 진통을 겪고 있다. 근·현대사 분야에서는 역사 이해의 좌편향성 여부가 논란의 초점이라면, 고대사 분야에선 기성학계의 학설이 식민사관에 젖어 왜곡된 것인가에 대한 시비이다.

 고대사 이해를 둘러싼 이런 논란은 이번이 처음이 아니다. 계속 문제 제기와 시비가 있어왔고, 대략 십수년마다 그것이 큰 사회적 물의를 일으키는 양상을 보였다. 그간의 논란을 보면 고조선의 중심지 위치와 세력 범위 등에 대한 이해와, 임나일본부설의 성립 여부, 삼국의 건국 시기 등이 주된 쟁점이었다. 이른바 재야사학 측에서는 학계의 주된 학설을 일제의 식민사학에 젖은 왜곡된 것이라고 비판하였다. 그에 대해 기성학계에서는 부당한 비난으로서 비논리적인 주장일 뿐이라고 일축하였다. 2015년에 전개된 양측의 논란은 그전보다 더 격한 양상을 보이고 있다.

 국사 이해를 둘러싼 이런 논란의 가장 큰 피해자는 국민이다. 특히 학계의 학설과 이를 담은 교과서가 온통 비난의 대상이 되는 상황을 보면서 당혹해하는 학생과 그들을 지도하는 교사가 그 직접적인 피해자들이다. 학생이 교과서를 불신하면 교육이 무너진다. 이에 대한 대응책으로서 학계의 주장을 시민사회에 직접 전하기 위해 강좌를 열게 되었다.

 이 글에서 논급할 내용은 한국 근대사학이 성립한 이후 진행된 한국고대사 연구의 주요 경향을 개관한 뒤, 그간 꾸준히 논란의 대상이 되어왔던 고조선의 중심지와 그 지배권역에 대한 설들의 타당성 여부를 구체적으로 논급하고자 한다.

1

20세기 전반
한국고대사 연구 동향

1) 초기 민족주의 사학자들의 고대사 연구

1908년 단재 신채호가 대한매일신보에 독사신론(讀史新論)을 연재하였다. 이 글은 서술이 상세편(上世篇)에서 끝났으며, 아직 자신의 역사연구 방법론을 제시치 못한 미완(未完)의 저술이었지만, 우리 사학사에서 근대사학의 효시로서 주목받아온 바이다. 『독사신론』이 지니는 사학사적인 의미는 이 글이 왕조가 아니라 민족을 단위로 저술한 첫 역사서라는 사실이다. 신채호는 『독사신론』의 첫머리에서, 국가의 역사는 민족의 흥망성쇠의 상태를 살펴 서술한 것이라면서 "민족을 捨하면 역사가 無할지며, 역사를 捨하면 민족의 그 국가에 대한 관념이 不大할지니 …… 국가가 旣是 민족정신으로 구성된 有機體"라 하였다. 즉 민족을 역사의 주체로 설정하고 민족을 중심으로 한 역사인식을 천명하였다. 이어 조선민족의 인종적 계통과 그들의 생활 무대인 지리적 상황을 기술하여, 민족의 유래를 서술하였다. 나아가 "제1편 상세(上世)"에서 '제1장 단군시대'를 시작으로 민족사를 차례로 서술하여 나갔다. 그는 이를 통해 조선인으로 하여금 민족구성원으로서의 정체성을 자각케 하고, 단결을 촉진하려 하였다.

그의 역사연구는 1910년 중국으로 망명한 뒤 풍찬노숙(風餐露宿)의 열악한 조건 속에서도 이어져, "조선상고사"·"조선사연구초"·"조선상고문화사" 등을 저술하였다. 이런 저술에서 보이는 그의 역사인식의 몇 측면을 살펴보면 다음과 같은 면이 그려진다. 먼저 그는 역사를 움직이는 동력을 정신으로 보았으며, 역사는 순환한다고 하면서 민족사의 흥망성쇠는 민족정신의 성쇠에 달렸다고 하였다. 이런 정신사관, 순환사관에 의거해 민족사가 전개되는 양상을 제시하였다. 즉 고대에는 민족정신이 왕성하여 독자적인 민족문화가 발달하였고 고조선 또한 넓은 영토와 많은 집단을 아우르는 거대한 국가를 형성하였다고 그렸다. 그러한 독자적이고 강대한 국가와 문화가 중세에 들어 사대주의에 물들어 점차 쇠퇴해져["朝鮮歷史上 一千年來 第一大事件"], 마침내 근세에 들어 국권을 상실하고 일제의 식민지로 전락케 되었다고 보았다. 만약 다시 민족정신을 앙양하여 떨치고 일어나면, 미래에 국권 회복과 광복 조국이 도래할 것이라고 하였다. 고유한 문화와 거대한 영토를 지닌 강대한 고대 조선의 역사는 현재의 식민지 현실을 극복하고 미래의 광복 조국의 도래를 확신케 하는 담보라고 여겼다. 이런 면에서 신채호에게 있어서 고대사 연구는 현실에서 일제에 저항하는 실천적 독립운동 그 자체였다.

신채호의 고대 조선사는 고대에 있었던 '조선'이라는 특정한 한 나라의 역사를 의미하기보다 '조선의 고대사' 전체를 의미하였다. 즉 고대 시기 우리 역사에서 등장하였던 여러 나라들과 집단들은 모두 고조선사의 범주에 포괄하였다. 나아가 서부 만주 지역의 족속들도 단군 조선 예하에 포괄된 집단으로 그려졌다. 가령 연나라 장수 진개(秦開)에게 격파되었던 동호(東胡)를 고조선의 번속(藩屬)으로, 그리고 산융(山戎)에 속하였던 '고죽국(孤竹國)'과 '영지(令支)'도 고조선의 예속 집단으로 상정하였다. 나아가 진개가 동호를 격파한 뒤 설치하였던 연(燕)의 5군 지역(하북성 북부지역과 요령성 서남부 지역) 모두가 원래 고조선이 지배하였던 지역으로 보았다.

이런 모습을 그려냄에서 그가 활용한 방법론은 지명 이동설이다. 그는 동일한 지명이 여러 지역에서 보이는데, 이는 시기에 따라 국경선이나 세력 범위가 변하였고 변화된 경계 지역에 종전의 지명을 가져다 칭함에 따라 나타난 결과라고 보았다. 자연 그 지명 이동의 과정을 밝혀 역추적하면 고조선의 원래의 영토가 어디까지였던 가를 추론해 낼 수 있다고 주장하였다. 가령 패수, 평양 등의 지명에 대한 고찰(平壤浿水考), 삼한 이동설(前後三韓考) 등이 그러한 면을 탐구한 그의 논고들이다. 신채호가 상정한 고대 조선의 세력권은 서로는 하북성 북부 지역과 내몽고 동부 지역에 이르고 동으로 만주 지역을 포괄하는 그러한 범위였다.

신채호는 시종 역사 연구와 저술을 통해 기존의 중국 중심의 세계 질서와 문명의식을 거부하고, 우리 민족의 독자성과 특성(우수성)을 강조하며, 민족정신의 성쇠에 의거한 민족의 역사상을 제시하려 하였다. 그는 민족을 혈연과 지연에 토대를 두고 형성된 운명공동체로 규정하였으며, 그것이 지닌 고유한 특성을 밝히는 데에 집중하였다. 대외항쟁사와 그것과 연관된 역사상의 주요 인물에 대한 포폄에 의거해, 타자와의 관계를 통해 자신을 확인하는 방식으로 민족적 독자성의 확립을 추구하였다. 이는 제국주의의 억압에서 벗어나 자주권을 회복하고, 약육강식 적자생존을 내세우는 사회진화론의 거친 파도를 헤쳐 나가기 위해, 민족의 정체성을 확인하고 민족적 단결을 도모하려는 절박한 실천적 노력이었다. 그의 고대사 연구는 식민주의 사학을 구성하는 두 개의 기본축의 하나인 "지정학적 숙명론"을 정면에서 부정하는 논리였다.

이렇듯 그의 역사 연구는 현실성을 강하게 띤 것이었다. 그렇지만 한 편으로는 선험적이고 교설적인 면이 강한 것이었다. 그는 민족은 아득한 상고시대에 이미 형성되어있었다고 보았으며, 민족문화의 원형을 복원하는 데에 대한 강한 집착을 나타내었다. 그리고 민족이 지닌 성격에 대한 이해에선 근대 민족의 그것을 그대로 고대에 투영하여 논지를 전개하였다. 그의 민족은 초역사적인 실체였다. 그에 따라 오랜 세월을 통해 형성된, 민족이 각 시기마다 지녔던 역사성에 대한 인식이 결여되었다. 아울러 민족의 집단성을 강조함에 따라 민족이 그 내부에 다양한 사회집단으로 구성되어있다는 사회구성체적 성격에 대한 이해가 부족하였다. 자연 이에 대한 비판이 뒤이어 제기되었다.

1923년 자산(自山) 안확(安廓)은 그의 『조선문명사(朝鮮文明史)』에서 삼국통일 전쟁과 김춘추에 대해 언급하면서, 신채호의 포폄을 비판하였다. 삼국 말기 당시에는 아직 민족도덕은 존재치 않았음을 지적한 것은 그런 한 예이다. 이어 1930년대 이후 새로운 사학조류의 대두에 따라 그의 역사인식에 대한 비판도 확산되었다.

초기민족주의 사학자들의 강렬한 민족주의는 한편으로 강한 배타성과 정신주의적 성격을 띠었다. 그런 면은 1930년대를 지나면서 완화되고, 이에 대한 보완으로 개방적인 자세를 취하고 민족의 사회구성체적인 성격을 이해하는 의식의 진전을 나타내게 되었다. 안재홍이 주창하였던 '민족은 세계로, 세계는 민족으로'라는 '민세주의'는 그런 면을 나타낸다. 이런 민족주의 사학의 새로운 면은 해방공간에서 신민족주의 이념으로 제시되었으며, 손진태는 이에 입각한 사서를 저술하였다.

아무튼 신채호의 역사인식은 식민지 피지배상태라는 당시 현실을 타파하고 일제의 지배를 영속화하려는 식민주의 사학에 대해 대항하는 움직임 속에서, 한국인의 역사의식에 큰 작용을 하였다. 구체적인 역사 연구 면에서는 안재홍, 정인보 등에게 깊은 영향을 주었다.

2) 식민주의 사학의 고대사 연구

삼일운동 이후 해외 망명지로부터 민족주의 사학자들의 글과 소식이 조선에 계속 알려지고 조선인들의 저항의식이 여전히 강렬하자, 일제 총독부는 조선인들의 저항의식을 꺾기 위해 새로운 '문화정책'을 추구하였다. 그 중 하나가 조선사 연구에 대한 조직적인 개입이었다. 조선사의 특성을 '밝혀' 제시해, 조선인들의 독립의식을 원천적으로 제거하고 일제의 식민지배 체제에 순응하게 하려는 기도였다. 조선사편수회의 설립과 편수사업 전개, 일제 관학자들의 조선사연구 지원 등이 그러한 일면이다.

식민주의사학이란 식민지배의 정당성을 역사적으로 설명하여, 체제에 순응하도록 만드는 것을 목표로 하는 사학이다. 일제가 한국사에 대한 연구에서 수립하고자 한 식민주의 사학은 두 설을 축으로 한 논리체계이다. 지정학적 숙명론과 정체성론이 그것이다. 후자가 주로 조선 후기 사회를 대상으로 한 것이라면, 전자는 고대사가 주요 대상이다. 전자를 살펴보면, 다음과 같이 주장하였다.

한국사의 무대가 반도(半島)이기 때문에 대륙 세력과 해양 세력으로부터 끊임없이 침략을 받을 수밖에 없다. 한국사의 여명기부터 그러하였다. 단군조선과 기자조선은 존재치 않았고, 위만조선의 성립과 한사군 설치에 의해 비로소 한국은 금속기를 사용하는 문명 단계로 접어들 수 있었다. 위만조선과 한군현은 모두 중국인들에 의해 세워진 식민 정권이었다. 낙랑군이 소멸될 무렵에는 남으로부터 왜의 세력이 밀려들어 임나일본부를 설치해 이백여년간 한반도 남부 가야 지역을 직접 지배하고 백제와 신라를 그 영향권 하에 두었다. 그 이후에도 조선의 여러 시대의 나라들은 수많은 외침을 받으며 외세에 의해 휘둘릴 수밖에 없는 유사한 상황을 계속 맞이하게 되었다. 이는 곧 한반도가 지니고 있는 지정학적 숙명성에 기인하는 결과이었다. 또한 그런 상황이 장기간 지속되는 가운데서 당파성, 모방성 등과 같은 조선인과 조선 문화의 고유한 특성이 형성되어졌다. 이러한 만큼 조선인들은 가벼이 독립 운운 하면서 날 뛸 것이 아니라, 역사의 '진실'을 깊이 이해하고, 일제의 식민정책에 순응하여 해양세력의 온정적 지배 하에서 새로운 안정된 삶을 사는 것이 좋다는 주장이다.

이런 식의 논리를 개진하는데 식민주의 사학자들이 동원되었다. 그들의 연구는 고조선의 존재를 부인하고, 한국 고대문화의 독자성을 무시하였다.

고조선의 모습에 대한 민족주의 사학자들의 주장과 식민주의 사학자들의 주장은 극대 극의 차이를 나타내었다. 하나는 거대한 제국의 모습으로 그려졌다면, 다른 하나는 청동기 문화도 제대로 영위치 못한 저급한 작은 집단으로 묘사되었다. 이천수백 년 전의 한 초기 국가에 대한 이해에 현실의 정치 이념적 대립이 첨예하게 반영되어져 제시되었다. 둘 다 '극단의 시대'가 만들어낸 파행적인 모습이라 하지 않을 수 없다.

3) 사회경제사학의 고대사 연구

1920년대에 들어 사회주의가 조선에 퍼져 나가기 시작하였다. 아울러 마르크스주의 사학에 대한 이해도 확산되었다. 그와 함께 '발전'이 역사 이해에서 주요 개념이 되었다. 전근대 시기 동아시아에서도 '발전'이란 개념이 없었던 것은 아니었지만, 그것은 상고주의(尙古主義)와 순환론적 인식에 비한다면 미미한 것이었다. 발전 개념에 입각한 역사 인식은 사실상 서구 문명의 소산이었고, 이것을 역사 연구에 적용한 것이 동·서양을 막론하고 근대사학의 특징의 하나이다. 한국에 이 개념이 본격적으로 도입되어 역사 연구에 적용·수용케 된 것은 맑시즘 사학 수용과 함께였다.

1933년 백남운의 조선사회경제사가 간행되었다. 신라 말까지를 다룬 이책의 첫머리에서 그는 "조선 민족의 발전사는 그것이 아무리 아시아적이라고 해도 사회구성의 내면적 발전법칙 그것은 전적으로 세계사적인 것"이라고 강조하였다. 나아가 조선사의 특수성을 내세우는 사관을 배격할 것을 주장하며, 일제 식민주의 사학이 한국사의 특수성이라고 강조하는 '정체성론'이나 '타율성론'을 부정하였다. 아울러 "피정복자들 스스로가 자기의 특수성을 강조하는 것은 이른바 갱생(更生)의 길이 아니라, 무의식적으로 노예화의 사도(邪道)에 빠지게 되는 것"이라고 하면서, 민족주의 사학이 내세우는 독특한 한국의 정신과 문화에 대한 강조를['수두 문화'와 같은 것 등] 비판하였다. 인류사의 보편적인 발전 단계에 따라 각 시기의 한국사를 이해하려 하였다. 초역사적으로 한국사를 관류하는 어떤 특성과 같은 것을 설정하려는 시각을 부정하였다. 자연 정신사관이나 순환사관은 타기하여야 할 역사인식으로 간주되었다.

백남운은 고조선을 문명에 진입하기 직전 단계인 원시사회 말기의 부족동맹체로 파악하였다. 단군 왕검은 단군은 제사장을, 왕검은 군사지휘관을 나타내는 존칭으로 이해하였다. 그는 "단군은 신화적으로는 천손(天孫), 문자적으로는 천군(天君), 종교적으로는 주제자 등등 아무리 다면적인 특징을 부여하더라도 실재하는 특정한 인격자가 아니고, 묘향산의 산신도 아니고 ······

현실적으로는 농업공산사회의 붕괴기에 있었던 원시 귀족인 남계(男系) 추장의 호칭"이라 하였다. 고조선 자체를 부족동맹체 단계의 집단으로 이해하였기에 고조선의 영역이라든가 세력권에 대해선 별로 언급치 않았다. 고조선을 이어 고구려가 등장하여 국가의 모습을 갖추게 되었다고 주장하였다.

그는 책의 서술에서 낙랑군 등 한(漢) 군현의 실태와 영향에 대해선 거의 언급하지 않고 외면하였다. 그는 한국사가 외부로 부터의 영향이 아니라, 그 사회 내부에서 전개된 생산력의 증대와 그에 따른 생산관계의 변화에 따라 발전해왔던 역사라는 사실의 확인에 주력하였다[내재적 발전론].

조선사회경제사가 출간된 직후부터 이에 대해 '일국중심주의', '교조주의', '공식주의'라는 비판이 제기되었다. 즉 한 군현과 같은 외부로부터의 영향을 외면하였다든가, 한국사에 내재되어있는 아시아적 특성을 담아내지 못 하였다는 등의 비판이 그것이었다. 이는 그가 그런 문제를 인식하지 못하였던 것이 아니다. 그는 그런 문제에 대한 강조가 자칫 정체성론이나 지정학적 숙명론 등 한국사에 대한 특수성론으로 빠져들 위험성을 직시하였기 때문이다. 하지만 한 사회와 국가의 발전이 내재적 요인 만에 의해 진전되었던 것은 아니다. 외부와의 교류를 통한 자극과 영향이 크게 작용하였다. 이런 문제에 대한 논란은 해방 이후 다시 이어졌다. 특히 내재적 발전론과 민족주의가 결합하여 배타적인 자세를 견지할 때, 그것은 또다른 문제를 야기하기 때문이다.

4) 실증사학

1931년 신간회가 해체되어졌다. 이어 일본의 만주 침략이 행해지고, 탄압이 가중되었다. 조선인의 정치적 활동 공간이 더 위축되어졌다. 그런 가운데서 '최선의 차선책(次善策)'으로, 조선인으로서의 문화적 순화, 심화, 정화, 정진을 공통의 과제로 삼는 문화운동이 일어났다. 그 핵심은 조선을 바로 알아, 세계적이면서 조선적인, 조선적이면서 세계적인 새로운 자아를 창건해야 한다는 '조선학(朝鮮學) 운동'이었다. 구체적인 조선학 연구단체로 조선어학회(1931), 조선어문학회(1931), 조선민속학회(1932), 조선경제학회(1933), 진단학회(1934) 등이 창립되었다. 1933년에는 조선어학회의 한글 맞춤법 통일안이 제기되었다. 진단학회는 역사·민속·언어·미술·고고학 등 여러 분야에 걸쳐 전문 학자들이 참여한 한국학 종합 학회의 성격을 띄었다. 일제의 탄압이 극을 치닫던 시기에 순수 학문연구를 표방하며 현실을 외면하는 것은 개량주의적인 도피에 지나지 않는다는 비난도 있었다. 하지만 이시기 조선학 운동이 남긴 유산을 보아도 그런 평가는 옳지 않다. 이 시기 마련된 조선어 맞춤법이 그 뒤 한국어 문법 체계의 정비에 얼마나 큰 역할을 하였나를 생각해 보면 그 의미는 바로 알 수 있는 바이다.

이 시기 진단학회에서 행해진 역사 연구는 엄격한 객관적인 실증을 중시하는 것이었다. 실증이란 확실한 증거를 가지고 증명하여 어떤 결론에 도달한다는 의미이다. 즉 주관적인 독단이나 기계적 적용을 거부하고, 증거 사료에 의거해 객관적으로 논증하는 과정을 통해 역사적 사실을 확인하여야 한다는 입장이다.

사실 실증은 역사 연구의 기본 요소이고, 역사학도가 실증에 충실하여야 함은 미덕이 아니라 의무이다. 어떤 주제를, 무엇을 위해 실증하였느냐가 본질적인 중요성을 지니는 바이다. 그런데 역사 연구에서 아직 실증에 대한 인식이 부족하고 자칫 이념 지향성이 강하던 시기에, 철저한 실증을 중시함은 근대 사학을 확립하는데 기본 요건이 되었던 바였다. 실증에 대한 강조는 곧 합리성과 과학성을 추구하는 근대정신의 반영이라고 할 수 있다.

이 시기 실증사학이 추구한 고대사 관련 연구는 한사군의 위치를 밝히는 것을 포함한 역사지리 연구가 주된 것이었다. 그것은 그 구체적 내용에서는 상당 부분에서 일제 식민주의 사학자들의 그것과 다른 면을 지녔지만, 당시 한국사의 지정학적 숙명론을 떠들며 한군현의 비중을 강조하던 일제 식민주의 사학의 동향에 어느 면에서는 결과적으로 부응하는 면이 되었다. 그것이 그 뒤 많은 이들로부터 비판을 받는 점이 되었다.

2
해방 후 고조선사
연구 동향

1) 고조선 중심지에 대한 여러 설들

해방 후 식민주의 사학을 청산하고, 신국가 신문화 건설이 당면한 과제로 떠올랐다. 이를 위해 새로운 교과서의 집필과 교사 재교육이 시급한 과제가 되었다. 역사학자들은 시대적 요청에 부응하여 신속한 움직임을 보였다. 그런데 이러한 새로운 과제들의 수행은 결국 건설할 새로운 국가와 사회가 어떤 성격을 지닌 것이어야 한다는 이념과 직결되는 것이었다. 이를 둘러싼 해방 정국의 격동과, 그리고 이은 한국전쟁의 소용돌이 속에서 역사학계 또한 심대한 진통을 겪게 되었다. 전후 일정 기간이 지난 뒤 남·북한의 역사학계는 식민주의 사학의 잔재를 청산하고 새로운 사학 체계의 정립에 나섰다. '고조선사' 등에 대한 연구는 민족의 정체성 확립과 민족적 단결 도모에 필요한 시급한 과제로 제시되었다. 남·북한에서 상당한 시간적 선후를 두고 이들 문제에 대한 본격적인 논의와 연구가 전개되었다.

먼저 고고학적 연구 성과를 보면, 청동기 시대가 없었다는 기존 일인학자들의 주장을 비판하며, 유적 발굴을 통해 이의 존재를 확인하였다. 청동기 시대의 확인은 고조선 국가의 실재를 증명하는 시대적 배경을 파악하는 작업이었다. 한반도와 만주지역에서 청동기 시대가 존재한 시기가 기원전 10세기대로 올라감이 파악되어졌다. 나아가 한반도 출토의 대표적 인 청동검인 세형동검의 원류로서 비파형동검과 그 분포지역을 확인하고, 그 성격에 대한 논의를 진전시켜 나갔다. 비파형동검문화의 분포 지역 내에서 각 지역 별로 그 문화 종태(綜態)에 차이가 있음이 주목되어졌다. 나아가 요하를 경계로 그 이동 지역에서 비파형동검, 미송리형 토기, 지석묘(탁자식) 등이 함께 분포함에 주목하는 견해가 제기되기도 하였다. 또는 대릉하 유역의 비파형동검 문화에 유의하는 견해가 제기되기도 하였다.

한편 근래에 요서지역과 내몽고 동부 지역에 걸쳐 존재하였던 신석기 시기의 홍산 문화 에 주목하여, 이에서 고조선의 기원을 찾으려는 논의도 일각에서 제기되기도 하였다. 홍산문화와 고조선을 연결짓는 견해는 아직 구체적인 논거를 제시하지 못한 억측에 불과하다. 그런 가운데서 고조선의 중심지와 그 변천에 대한 논의가 활발하게 개진되었다.

그간의 고조선의 중심지에 관한 설은 세 종류로 나뉘어진다. 이를 살펴보면 다음과 같다.

〈재평양설〉: 고조선의 중심지가 시종 평양 일대에 있었다는 주장으로서, 그 근거로 평양 일대의 낙랑고분들에서 출토되는 한대(漢代) 유물과 점제현 신사비 등을 들고 있다.

〈이동설〉: 요서, 요동에 초기 중심지가 있었는데, 기원전 4세기 말 3세기 초에 연(燕)과의 전쟁에서 패퇴하여 그 중심지를 평양으로 이동하였다. 그 뒤 기원전 2세기 초 북중국 방면에서 위만 집단이 망명해와 정변을 통해 고조선의 준왕을 몰아내고 왕권을 차지하였다. 이어 기원전 108년 한이 침공해와 위만조선을 멸하고 낙랑군 등 한 군현을 설치하였다.

〈재요령성설〉: 고조선의 중심지가 시종 중국의 요령성(遼寧省) 일대에 있었다는 주장으로서 20세기 전반 신채호 등이 이 설을 제기하였으며, 북한 학계에서 1950년대 후반 고조선 중심지 위치를 둘러싼 치열한 논의가 진행되었다. 1963년 리지린의 "고조선연구"가 발표된 이후, 재요령성설이 북한 학계의 정설이 되었다. 이 설에 따르면 고조선의 지배 범위는 서쪽으로 하북성 지역 북부에, 북으로는 내몽고 동부 지역에, 동으로 요령성과 길림성 지역 및 한반도에 미쳤다고 주장하였다. 이 재요령성설은 북한 학계의 정설로 여겨지고 있으며, 남한사회에도 적지 않은 영향을 미쳤으므로 그 내용을 아래에서 좀더 구체적으로 살펴보자.

2) 재요령성설 검토

먼저 이 설에선 기원전 4세기 말 3세기 초, 연(燕)이 고조선을 공격, 격파하고 고조선 서부 지역을 차지하고, 상곡·어양·우북평·요서·요동 등 5군 설치하였다고 하였다. 즉 『사기』 흉노전에서 전하는 '동호(東胡)'를 고조선으로 여기고, 연이 이를 격파한 뒤 5군을 설치하였다고 하였다. 이 5군의 지역은 그 뒤 진·한(秦·漢)대로 이어졌다고 하였다. 이 때의 요동군의 위치는 어디로 보았나를 살펴보면 다음과 같다.

〈진·한대(秦·漢代) 요동군의 위치〉: 진시황의 만리장성은 서로는 임조(臨洮)에서 시작하여 동쪽 끝이 요동에 다다랐다고 하였다(『사기』 몽념전 蒙恬傳). 이 때의 요동의 위치 대해, 이를 지금의 산해관 지역 일대로 보았다. 즉 지금의 난하(灤河)가 당시의 요하에 해당한다고 상정하였다. 산해관은 난하 하구의 바로 위쪽에 있다. 그런 즉 당시 요동군은 난하의 동쪽 지역 일대에 있었다고 여기었다.

〈낙랑군의 위치〉: 요동군의 동쪽에 있었으니, 한 대의 낙랑군은 요하 하류 지역에 존재하였다고 여기었다. 평양 일대에는 낙랑국이 존재하였으며, 평양일대의 고분 유물은 이 낙랑국이 남긴 것이라고 주장한다.

〈비파형동검문화의 분포지역〉: 한반도의 세형동검의 원류인 비파형동검이 요령성 일대와 길림성 일대 및 내몽고 동남부 지역에 걸쳐 널리 분포하였는데, 그 분포지역은 곧 고조선의 영토나 세력권이었다고 여기었다.

이상과 같은 리지린의 설을 중심으로 한 재요령성설에 대해 이어 간략히 검토해 보자.

먼저 재요령성설은 연·진·한대 만리장성의 동단(東端)을 현존하는 장성의 동쪽 끝인 산해관 일대로 보았다. 그런데 현존하는 장성은 명(明)대에 축조된 장성이며, 산해관은 명대 장성의 동단이다. 한편 『사기』 흉노전에 따르면 연(燕) 장성은 조양(造陽)에서부터 시작하여 양평(襄平)에 이른다 하였다[燕亦築長

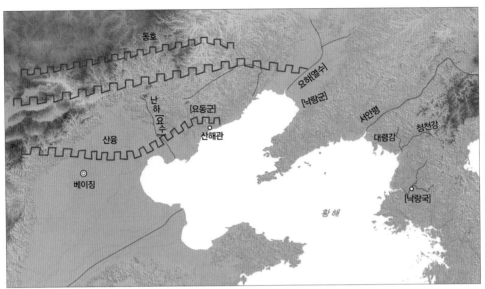

[지도 1] 리지린의 설을 도면으로 나타낸 것이다. [ ]은 리지린 등이 추정한 지명이다.

城 自造陽至襄平]. 양평은 지금의 요양(遼陽)이다. 요양시 교외(三道壕)에서 출토된 토제 솥에 새겨진 명문(昌平: 1세기 초 왕망 때 양평을 창평으로 개명)을 통해, 양평이 요양시 지역임이 확인된다. 그리고 이런 전국시대의 각 국의 장성을 연결하고 확충해 축조한 진대의 장성은 서로는 임조에서 시작하여 동으로 요동에 이른다 하였다. 『사기』 몽념전에서 "진이 천하를 병합하고 장군 몽념에게 무리 삼십만을 이끌고 북으로 융적을 몰아내고 하남(오르도스 지역)지역을 차지한 뒤 험한 지형을 활용하고 요새를 만들어 장성을 축조하였다. 장성은 임조에서 시작하여 요동에 이르렀으니, 길이가 만여리에 뻗쳤다[秦已幷天下 乃使蒙恬將三十萬衆 北逐戎狄 收河南 築長城 因地形 用險制塞 起臨洮 至遼東 延袤萬餘里]고 하였다.

　　요서와 내몽고 지역에는 실제 동서로 길게 뻗친 연·진·한대의 장성 유적이 확인된다. 장성의 성벽은 무너지거나 풍화되어 버려 성의 토대 부분만 남아 있는 형태가 대부분이나, 능선을 따라 길게 전개되는 장성의 자취는 사진을 통해서도 확인되어진다.

연·진·한의 장성의 일부는 일찍이 1946년에 중국학자 佟柱臣에 의해 조사 보고된 바 있으며, 그 뒤에도 중국학자들의 이에 관한 보고가 계속 이어졌다. 1960년대 초 북한에서 진행된 고조선 중심지의 위치를 둘러싼 논쟁에서도 이 사실이 지적된 바 있으나, 외면되고 재요령성설이 정설화되었다. 그리고 이 장성 유적을 기껏해야 한나라 때 변경에 설치된 장새 정도에 불과한 것으로 치부하는 견해도 있으나, 이는 대규모 토목공사에 의해 원거리에 걸쳐서 축조된 장성의 유지로 보아야 한다. 장성의 동단이 오늘날의 요하에 이르렀음은 실물 유적을 통해 확인되는 바이다.

단 중국 학계가 주장하는, 만리장성의 동단이 청천강 이남에 까지 뻗쳤다는 설은 동의키 어렵다. 진(晉) 태강지지(太康地志)에서 장성의 동쪽 끝이 낙랑군 수성현에서 시작된다고 전한다. 구체적으로 평안북도 삭주에서 발원하여 남으로 흘러 청천강으로 합류하는 대령강을 따라 그 동안(東岸)에 축조되어 있는, 곁가지 성벽을 포함하여 근 600리에 달하는(238km) 성벽이 그것이라는 주장이다. 그러나 대령강의 동편 기슭에 축조되어 있는 이 장성은 대령강을 해자로 삼아 서북 방면으로 부터의 침공을 방어하기 위해 축조된 것임을 나타내어([사진 1] 참조), 중국의 만리장성과는 그 성격을 달리한다고 여기는 주장이 제기된 바 있다. 이는 일단 지도 상으로 볼 때, 설득력을 지닌다. 앞으로 현지답사와 조사를 기다려야 겠다.

그 다음 당시 요동군의 위치 파악과 직결되는 문제로서 요동군의 속현인 西安平의 소재처 파악이 필요하다. 요동군의 속현인 서안평현은 압록강 하구에 있는 애하첨 고성(靉河尖 古城)임이 확인되었다. 애하첨 고성에서 출토된 한대의 기와 편과 그리고 토기의 아가리 부분에 각각 새겨진 '安平樂未央'과 '安平城'이란 명문, 그리고 삼국지 등의 문헌 기록을 통해 서안평의 위치가 애하첨 고성이 있었던 곳임을 알 수 있다. 이런 사실들은 곧 요동군이 지금의 요하 동편 지역에 존재하였음을 확인할 수 있다. 자연 요동군의 동편에 위치한 낙랑군이 위치는 지금의 평양 일대임을 확인할 수 있다.

그리고 평양의 낙랑고분 정백동 364호에서 출토된 초원(初元) 4년(B.C.45)에 작성된 낙랑군 호구부(戶口簿), 낙랑고분들에서 출토된 한(漢)대 유물, 점제

[사진 1] 영변군 고성리 성벽

현 신사비(神祠碑), 북위 사람 역도원(酈道元:469~527)이 저술한 수경주(水經注)에서 기술되어 있는 5세기 말 6세기 초 북위 수도를 방문하였던 고구려 사절이 말한 낙랑군 조선현의 위치에 관한 증언, 등에 의해 낙랑군의 위치는 지금의 평양임이 분명하다.

북한 당국은 1993년 평양시 강동군 대박산 기슭에서 발굴된 고분이 '단군릉'임을 공인하였다. 이에 따라 곧 재요령성설이 북한 내에서도 그간 정설로 여겨지던 기존 위치가 흔들리게 되어 혼란된 면을 나타내었다. 이런 혼란된 면을 수습하려고 왕험성이 두 곳에 위치하였다고 하면서 상황을 얼버무려서 수습하려 하고 있으나([지도 2]), 이는 여전히 북한학계를 옥죄는 큰 부담이 되고 있다.

나오는 말

　고조선의 중심부가 시종 요령성 지역에 있었다는 설은 더 이상 역사적 사실로 여길 수 없음은 분명하다. 20세기 전반 이 설을 주창하였던 단재 신채호 등 초기 민족주의 사학자들의 활동과 그들의 투철한 민족의식은 계승하되, 그들의 학설 자체에 계속 집착할 필요는 없다. 무엇보다 그들이 주된 활동을 벌리던 당시에는, 고조선 중심지의 위치를 파악하는데 관건이 되는 연·진·한대의 만리장성의 위치에 대한 정확한 지식을 가지지 못하였다. 1946년 이후 시기가 되어야 만리장성의 유지(遺址)가 조사 보고되기 시작하였고, 그에 대해 그 뒤 계속 연구가 축적되어져 왔다. 오늘날은 신채호 등이 재요령성설을 주창하던 시기와는 기본적인 지식 정보에서 큰 차이가 있다. 물론 이런

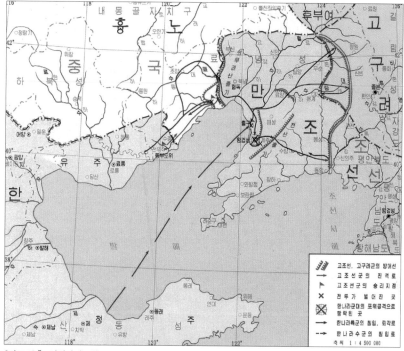

[지도 2] 『조선력사지도첩』

면을 인정하드라도 신채호 등이 지닌 어려운 시기를 살아간 탁월한 학자이요 민족 지사로서의 위상은 여전히 존중되어야 한다. 단 오늘날 이들 선열(先烈)들의 학문적 업적과 위상을 방패막이로 삼아, 자신의 무지와 나태함을 포장하려 한다면 그것은 결코 용납될 수 없는 것이다.

〈참고 문헌〉

권오중 등, 『낙랑군 호구부 연구』, 동북아역사재단, 2010.

노태돈, 「고조선의 중심지 변천에 대한 연구」, 『단군과 고조선사』, 2000.

佟柱臣, 「赤峯附近新發見之漢前土城與長城」, 『歷史與考古』, 1946년 1기.

_____, 「考古學上漢代及漢代以前的東北域城」, 『考古學報』, 1956년 1기.

리지린, 『고조선 연구』, 학우서방, 1964.

백남운, 『조선사회경제사』, 改造社, 1933.

사회과학원 력사연구소, 『조선력사지도첩』, 2007.

손영종, 「대령강반의 옛 장성에 대하여」, 『력사과학』, 1987년 2기.

신채호, 『讀史新論』 [丹齋 申采浩 全集 上]

_____, 『朝鮮史研究草』 [丹齋 申采浩 全集 中]

王連春, 「丹東最早的城池−論漢代的'西安平'和'武次'的方位問題−」, 『丹東史志』 合訂本, 1987.

李殿福, 「吉林省西南部的燕秦漢文化」, 『社會科學戰線』, 78년 3기.

_____, 「東北境內長城考」, 『黑龍工文物叢刊』 82−1.

정찬영, 「고조선에 관한 몇가지 문제에 대하여」, 『고조선에 관한 토론 론문집』, 1963.

曹訊, 「靉河尖古城和漢安平瓦當」, 『考古』, 1980年 6期.

馮永謙, 河溥瀅, 『遼寧古長城』, 1986.

황 해

우리 시대의 한국 고대사

'고대사 파동'과 식민주의 사학의 망령

조인성(경희대 사학과 교수)

1
재연된 '고대사 파동'

1974년 첫 국정 국사교과서가 간행되자 일부 인사들은 교과서의 내용 중 고대사 부분이 '식민사관'에 물들었다고 주장하면서, 시정을 요구하였다. 이들의 주장은 학문적으로 근거가 없는 것이었으므로, 받아들여지지 않았다. 그러자 이들은 '국사찾기협의회'를 조직하고, 학계가 '식민사관'에 물들었다고 맹비난하며, 인신공격도 서슴지 않았다. 문교부, 법원, 국회를 이용하여 자신들 주장의 정당성을 확보하려고 하였다. 일부 언론이 이들의 주장에 동조하면서 사회적으로 큰 문제가 되었다. 이것은 '논쟁'이 아니라 '파동'이었다.

'파동'은 1980년대에도 계속되었다. '국사찾기협의회'는 1986년 10월 '민족사 바로잡기 국민회의'로 확대 개편되었는데, 이들 주장의 일부를 소개하면 다음과 같다.

A-1. 한국 역사학계가 일제의 우리 역사 왜곡기관인 조선사편수회에 참여한 식민주의 사학자 이병도의 제자들이 학맥을 이루어 주도하고 있어 현재까지 모든 국사교과서가 이들에 의해 만들어졌고 이번에 구성된 국사교육심의위원들도 이들이 대부분을 차지하고 있는데 올바른 국사교과서를 만들기

위하여 이들을 전원 교체하여야 한다. 이것이 관철될 때까지 모든 수단을 동원하여 계속 투쟁하겠다.

2014년 3월 국회 대회의실에서 '식민사학 해체 국민운동본부' 발대식 및 학술대회가 열렸다. 2016년 6월에는 국회의원회관 대강당에서 "한가람역사문화연구소, 한배달, 대한사랑, 유라시안네트워크 등 100여개 역사 민족운동단체"가 "미래로 가는 바른 역사 협의회(약칭 미사협) 발대식 및 식민사학 규탄대회"를 개최하였다. '미사협'은 「창립선언문」에서 다음과 같이 밝혔다.

> A-2. 이 모든 문제의 뿌리는 광복 직후 친일청산이 이루어지지 못하고, 조선총독부 조선사편수회에 부역했던 식민사학자들이 역사학계의 학문권력을 장악한 데 있습니다. 이들은 광복 이후에도 무원 김교헌, 석주 이상룡, 백암 박은식, 단재 신채호 등의 역사학을 사장시키거나 매도하고, 이마니시 류, 쓰다 소키치, 스에마쓰 야스카즈의 식민사관을 정설 또는 통설로 만들었습니다.

'식민사학 해체 국민운동본부'와 '미사협'은 한국 역사학계가 '식민사학'을 추종하고 있다고 비난하였다. 감사원과 국회가 동원되었고, 일부 언론도 이들의 주장에 맞장구쳤다. 1970년~80년대의 '파동'이 재연된 것이다.

1970년대 이래 학계가 '식민사관'에 물들었다고 주장해왔던 인사들이 문제로 삼았던 것은 주로 한국고대사였다. '고대사 파동'은 신채호 대 이병도, 민족주의 사학 대 식민주의 사학, 애국 대 매국, 선과 악의 대립 구도로 전개되어, 사회적 갈등을 야기하고 있다.

해방 후 72년이 지난 오늘날에도 한국의 고대사 연구자들은 식민주의 사학의 주장과 논리를 따르고 있는 것일까? 이와 관련하여 '고대사 파동'을 일으켰던 일부 인사들의 주장은 과연 근거가 있는 것인지, 그들 논리의 본질은 무엇인지에 대하여 생각해보기로 한다.

2
터무니없는 주장

1) 고조선의 성립과 발전

일제시기 일본인 학자들은 단군신화를 인정하지 않았다. 그것은 곧 단군왕검이 세웠다는 단군조선의 실재를 부정하는 것이었다. 그들은 기자의 동래를 전설로 취급하고, 고조선의 역사가 중국 유이민 위만이 세운 위만조선으로부터 시작하는 것으로 보았다. 아울러 한(漢)이 위만조선을 멸망시킨 후 군현을 설치하여 지배하였음을 강조하였다. 한국사가 중국의 식민지 내지는 그와 비슷한 처지에서 출발하였다는 역사상(像)을 만들어냈다.

이러한 논리를 식민주의 사학의 타율성론이라고 하거니와, 일부 인사들은 학계의 연구자들이 이를 따르고 있다고 주장하였다. 즉 단군을 신화적인 존재로만 취급하고, 단군조선의 역사를 삭제하였으며, 연나라 사람 위만이 고조선의 건국자인 것처럼 기술하였다는 것이다.

1920년대에 최남선은, 단군신화가 후세 불교도(佛教徒)들에 의해 만들어졌다고 보았던 나카 미치요(那珂通世), 시라도리 구라키치(白鳥庫吉), 이마니시 류(今西龍) 등의 단군신화 부정론을 통렬히 비판하였다. 그는 신화학, 종교학, 역사학 등 다양한 측면에서 그 의의를 고찰하였다. 이후 우리 학계에서는 단군신화가 고조선의 건국신화로서 그 건국의 역사적 사실을 일정하게 반영한다는 점, 고조선이 우리 역사상 최초의 국가라는 점에 대해서 별 이론이 없었다.

위만이 집권하기 전인 기원전 4세기 중반 무렵 고조선이 중국의 전국 7웅(雄) 중의 하나였던 연(燕)과 맞설 정도로 성장하였다는 점도 널리 인정되어왔다. 당연한 일이지만, 위만으로부터 고조선의 역사가 시작되는 것으로 서술한 적도 없다.

B-1. 우리나라에 청동기 문화가 성립되면서부터 우세한 부족들이 대두하였는데, 그들은 스스로를 하늘의 아들이라고 믿었다. 그리하여, 하느님의 아들인 환웅과 곰의 변신인 여인 사이에서 출생한 단군왕검이 고조선을 건국하였다는 단군신화를 가지기에 이르렀다. (중략) (단군신화는) 고조선 사회를 이끌어 나가는 당시의 세계관 구실을 하였다 (중략) 단군은 제사장이라는 뜻이며, 왕검은 정치적 군장을 의미하는 것이므로, 단군왕검은 곧 제정일치 시대의 족장이었음을 알 수 있다.

B-2. 우리나라에서 가장 먼저 일어난 고조선은 주나라와도 교섭을 가졌으며, 중국 춘추시대에는 남만주와 한반도에 걸친 영역을 차지하여 동방사회의 중심세력이 되었다. (중략) 서기전 194년 이후에 고조선 북방에 와서 유이민세력의 대표가 된 위만은 고조선의 준왕을 쳐서 나라를 빼앗았다.

위에 든 것은 '고대사 파동'의 계기가 되었던 첫 국정 국사 교과서(인문계 고등학교)의 내용이다. 단군신화를 인정하고, 그 역사적 의의, 신화를 통해 알 수 있는 역사적 사실에 대하여 언급하였다. 고조선의 발전을 기술하고, 위만이 준왕을 몰아내고 위만조선을 세웠음을 서술하였다. 이러한 점들은 각종 한국사 개설서나 한국사 교과서에서 쉽게 찾을 수 있다. 학계가 단군조선을 부정하고, 위만을 건국조로 여겼다는 일부 인사들의 주장은 실로 터무니없는 것이다.

2) 한(漢) 군현의 위치

한 무제는 위만조선을 멸망시킨 후 한반도의 북부 지역과 만주 일부 지역에 군현을 설치하였다. 그 중 핵심은 낙랑군이었는데, 그 치소인 조선현은 평양에 위치하였으며, 313년 고구려 미천왕 때 퇴출되기까지 420여년 존속하였다. 이상이 우리 학계의 통설인데, 일부 인사들은 위와 같은 위치 비정이 식민주의 사학의 견해를 추종한 결과라고 주장하였다.

고조선의 강역이나 한 군현의 위치에 대해서 본격적으로 탐구하기 시작하였던 것은 조선 후기 실학자들이었다. 한백겸은 『동국지리지』에서 한 군현들이 대체로 한반도 내에 있었을 것으로 생각하였다. 안정복, 유득공, 정약용, 한진서 등 다수의 실학자들은 위만조선의 왕검성과 낙랑군의 치소인 조선현이 평양 내지는 그 일대에 있었다고 보았다. [그림 1-1], [그림 1-2](한진서, 『해동역사』 속집 제1권 지리고 1 고금강역도; 한국고전종합DB).

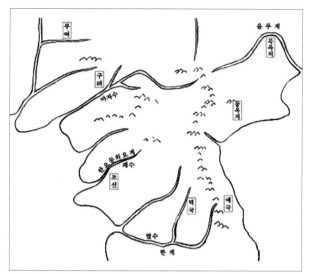

[그림 1-1] 위씨조선(衛氏朝鮮) 시대의 제국도(諸國圖)

물론, 다른 견해도 있었다. 가령 이익은 현도군과 낙랑군이 요동에 있었다고 보았다. 그런데 그는, 낙랑군의 치소인 조선현은 요동에 있었지만, 평양 이서 지방은 그 속현이었다고 하였다. 그 후 한 군현이 통폐합되면서 평안도와 강원도가 낙랑군에 속하였다고 하였다. 이익도 낙랑군의 위치를 온전히 요동에서 구한 것은 아니었다.

실학자들이 식민주의 사학을 추종한 것이 아니었음은 물론

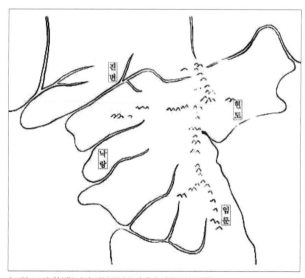

[그림 1-2] 한(漢)나라 원봉(元封)시대의 사군도(四郡圖)

이다. 오히려 식민주의 사학에 속한다고 지목되는 근대 일본의 동양사학자들이 실학자들의 연구를 참고하였다. 시라토리 구라키치 등이 지은 『만주역사지리(滿洲歷史地理)』(1913)의 「인용서목해설」에는 『해동역사』, 『연려실기술』,

『동국문헌비고』(『문헌비고』), 『북관지』, 『대한강역고』(정약용의 『아방강역고』를 1903년 장지연이 증보), 『대동지도』 등이 소개되어 있다. 그들은 이 중에서도 『해동역사』와 『대한강역고』의 학문적 수준을 높이 평가하였다.

한 군현 가운데 조선 후기 이래 학설이 가장 분분했던 것은 진번군의 위치에 관한 것이었다. 요동설(이세구), 고구려 지역설(유득공, 정약용, 한진서, 那珂通世, 白鳥庫吉), 숙신설(김윤, 남구만, 안정복), 진국설(유득공 이전의 일부 조선시대 학자들, 市村瓚次郎), 맥국설(한백겸, 吉田東伍), 대방설(楊守敬), 마한설(稻葉岩吉, 今西龍), 황해도설(이병도) 등이 제기되었다. 이 가운데 황해도설이 현재 유력한데, 이는 여러 학설들에 대한 비판적 검토를 토대로 하면서 한백겸과 양수경의 설에 의지한 것이었다.

한 군현의 위치에 대한 우리 학계의 통설은 실학자들 이래의 문헌적 연구와 일제 강점기 이후 지금까지 평안도와 황해도 일대에서 발견된 군현 관련 유적과 유물에 대한 연구를 기반으로 하는 것이다. 일부 인사들의 주장과 같이 식민주의 사학의 주장을 따른 것이 아니다.

3) 낙랑군의 이동

이미 안정복 등이 지적한 바와 같이 대동강 하류에 설치되었던 낙랑군은 313년 이후 대릉하 방면으로 옮겨 갔다. 그리고 5세기 전반 다시 중국 내륙으로 옮겨졌다. 그러므로 후대의 문헌에서 낙랑군 또는 그와 관련된 지명이 요서 지역이나 그 서쪽에서 찾아진다고 해서 그 곳이 곧 한 무제가 설치하였던 낙랑군의 소재지인 것은 아니다(천관우).

그런데, 일부 인사들은 낙랑군의 이동 사실을 인정하지 않았다. 그리고 한 군현이 시종일관 요서에 존재하였다는 설이 민족주의 사학의 전통을 이은 것이고, 반면 재한반도설은 식민주의 역사학의 주장을 이은 것이라고 주장하였다. [그림 2](이덕일, 『우리 안의 식민사관』, 만권당, 2014, 24쪽). 하지만, 반드시 그런 것만은 아니다. [그림 3](신채호와 천관우의 낙랑군 이동설).

신채호는 『독사신론』(1908)에서 한 군현이 평양을 중심으로 한반도의 북부

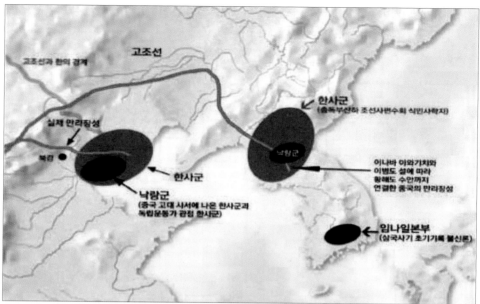

[그림 2] 한가람역사문화연구소에서 만든 〈독립 운동가와 조선총독부의 역사관〉이라는 제목의 지도. '한사군의 위치는 어디였는가?' 그리고 '임나일본부는 실제로 있었는가?'라는 주제에 관한 독립 운동가와 조선총독부의 극과 극인 역사관을 한눈에 보여준다.

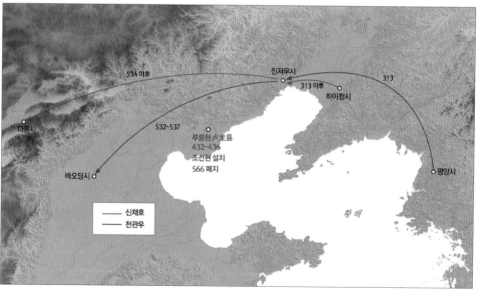

[그림 3] 신채호와 천관우의 낙랑군 이동설. 대표적인 민족주의 사학자 신채호와 그로부터 학문적인 영향을 많이 받았던 천관우는 낙랑군이 시대에 따라 이동하였다고 보았다.

에 위치하였다고 상정하였다. 『조선상고문화사』(1910년대 말?)에서는 위만조선이 요동반도에 있었으며, 한 군현도 그 곳에 위치하였다고 보았다. 그런데 『조선상고사』(1920년대 중반?)에서는 한 군현이 실제 설치되었던 것이 아니라고 주장하였다.

신채호에 따르면 한 무제가 동방을 정벌한 후 군현을 두려고 하였지만, 고구려와의 전쟁에서 패배함으로써 이 계획은 무산되었다고 한다. 이에 요동군에 현도군(遼寧省 瀋陽: 선양시)과 낙랑군(遼寧省 海城: 하이청시)을 "교설(僑設)"하였다고 보았다. 이 설은 여러 면에서 매우 독특한데, 그래서인지 아직까지 별다른 지지를 받고 있지는 못하고 있는 듯하다. 그것은 여하튼, 여기에서는 낙랑군의 행방과 관련한 다음의 서술을 주목하려고 한다.

C. 낙랑도 또한 한 무제의 4군의 하나로서 대대로 옮겨 다녀 일정하지 않았지만, 대개 또한 요동 땅에 가설(假設)한 것이요, (중략) 미천왕이 낙랑을 점령함은 그 재위 14년 기원 314년의 일이니, 진(晉) 나라 사람 장통(張統)이 낙랑, 대방 2군(대방도 요동에 가설한 군이요 장단 혹은 봉산의 대방국이 아님)을 근거로 하였으므로, 왕이 이를 공격하여 정벌하니, 장통이 항거할 힘이 없어, 모용외(慕容廆)의 부장 낙랑왕 모용준(慕容遵)에게 구원을 요청하였다. 그러나 모용준이 구원하러 가다가 패배하여 드디어, 장통을 꾀여 백성 1,000여 가를 몰아가지고 모용외에게 투항하여 모용외가 유성(柳城), 지금의 금주(錦州) 등의 곳에 또 낙랑군을 가설하여 장통으로 태수를 삼으니, 이에 요동의 낙랑은 고구려의 소유가 되었다.

신채호는 요동에 '가설'되었던 낙랑군 즉 한 무제 이래의 낙랑군은 미천왕에 의해 축출되었고, 그 후 모용외가 유성(遼寧省 錦州: 진저우시)에 낙랑군을 '가설'하였다고 보았다. "이는 요서의 낙랑이고, 탁발위(拓拔魏) 이후에는 상곡(上谷. 山西省 大同: 다퉁시)에 낙랑을 옮겨 설치하였으니, 이는 산서(山西)의 낙랑"이라고 하여 낙랑군의 치소가 시대에 따라 옮겨 갔다고 파악하였던 것이다.

432년 북위(北魏)는 진저우시에 위치하였던 낙랑군을 포함 대릉하 방면 6개 군의 민을 유주(幽州. 북경 방면)로 이주시켰다. 이 때 낙랑군 조선현의 민호는 비여(肥如)로 옮겨졌고, 그곳에 조선현이 설치되었는데, 이것은 556년까지 존재했다. 비여는 노룡(盧龍), 지금의 친황다오시 루룽현으로 비정된다. 이 조선현을 한 무제가 설치한 낙랑군의 중심 현인 조선현으로 오인해서는 안 된다.

「그림 2」와 관련하여 한 가지 덧붙일 것이 있다. 『진서(晉書)』 권 14, 지리상 낙랑군 수성현(遂城縣) 조에 진(秦)이 축성한 장성이 시작되는 곳이라는 주가 달려 있다. 낙랑군 관할의 수성현(遂城縣)을 황해도 수안에 비정하였던 이병도는 『진서』의 주에 대해, "맹랑(孟浪)한 설" 곧 허무맹랑한 설이라고 하였고, "터무니없는 말"이라고 하였으며, "부회(附會)"된 즉 견강부회된 것이라고 하였다. 그는 황해도 수안이 진(秦) 장성의 출발점이라는 것을 인정하지 않았던 것이다. 그러므로 [그림 2]에서 장성을 황해도까지 연장한 것이 이병도의 설을 참고한 결과라고 한 것은 전혀 터무니없는 것이다.

4) 『삼국사기』 초기 기록 불신론과 '임나일본부설'

『삼국사기』에 따르면, 삼국은 신라(기원전 57년), 고구려(기원전 37년), 백제(기원전 18년)의 순으로 건국되었다고 한다. 이와 달리, 신채호는 고구려, 백제, 신라의 순으로 건국되었다고 생각하였다. 『삼국사기』에 전하는 건국 순서에 대해서는 "신라가 그 건국이 고구려와 백제에 뒤짐을 수치스러워하여, 두 나라를 멸망시킨 뒤에 기록상의 세대와 연대"를 줄였기 때문이라고 하였다. 사실 신라가 고구려에 비해 먼저 건국되었다고 생각하는 학자는 없을 것이다. 『삼국사기』에 전하는 삼국의 건국 연대는 그대로 따를 수 없는 것이다.

1974년 발행된 첫 국정 『국사』 교과서나 제 3차 교육과정에 따른 『국사』(1979), 제 4차 교육과정에 따른 『국사』(1982)에는 『삼국사기』에 전하는 삼국의 건국연대가 실려 있지 않았다. 제 5차 교육과정에 따른 『국사』(1990)부터 이것이 실리기 시작하여 지금은 모든 교과서에 삼국의 건국 연대가 실려 있다. 『삼국사기』의 건국연대를 밝혀야 한다는 일부 인사들의 비학문적인 주장이 반영된 것이다.

　삼국의 건국 연대를 예로 들었지만, 이 밖에도 『삼국사기』 초기 기록 중에는 여러 모로 그대로 믿기 어려운 점들이 있다. 식민주의 사학자들 중에는 이를 완전히 조작된 것으로 여기는 경우도 있었다. 이와 달리 우리 학계에서는 『삼국사기』 초기 기록에 대한 사료 비판과 고고학적 연구 성과 등을 바탕으로 이를 연구에 활용하고 있다. 학계가 "조선총독부가 만든 이른바 '삼국사기』 초기기록 불신론'을 그대로 추종"하고 있다는 일부 인사들의 주장은 사실이 아니다.

　　D. 우리나라 사람은 우리나라 역사에 밝지 못하여 이미 경험한 일을 가지고 억측한다. 그러므로 3국이 처음 일어날 적부터 정치(鼎峙)의 형세를 이룬 것으로 생각하나, 실은 그렇지 않다. 고구려가 처음 일어날 때에는 매우 미약하였으므로 (중략) 수 백 년 동안 이처럼 하면서 점차로 곁에 있는 작은 나라들을 병합하여 뒤에 강대국이 되었다. 신라나 백제도 점차로 곁에 있는 작은 나라들을 병합하여 뒤에 커져서 바야흐로 정치의 형세를 이루었던 것이다. 우리나라 역사를 보는 자는 이런 뜻을 몰라서는 안 된다.

　위는 조선 후기 실학의 비조(鼻祖)로 불리는 유형원의 말이다. 유형원은, 고구려는 물론 신라나 백제도 작은 나라로부터 출발하여 점차 다른 나라들을 병합하면서 성장하였음을 지적하였다. 그의 지적은 삼국이 단계적으로 성장하였다고 여기는 한국 고대사 연구자들의 견해와 별로 다름이 없다.

　학계에서는 늦어도 기원 전후에는 백제와 신라가 국가의 꼴을 갖추었을 것으로 본다. 처음 성읍국가(소국)였던 이들은 점차 주변의 여러 나라들을 아울러 연맹왕국(영역국가)으로 성장하였다가, 백제는 고이왕(234-286) 때, 신라는 나물마립간(356-402) 때 고대 국가로 발전하였다는 것이 학계의 통설이다. 학계에서 『삼국사기』 초기 기록을 믿지 않고, 3세기까지 신라, 백제가 건국되지 않았다고 보고 있다는 일부 인사들의 주장은 사실이 아니다.

식민주의 사학에서는 왜가 4세기 중엽에 가야 지역을 정벌해 '임나일본부'라는 통치기관을 설치하고 6세기 중엽까지 한반도 남부를 경영했다고 주장하였다. 이것이 '임나일본부설'이거니와, 우리 학계는 이를 인정한 적이 없다.

각종 한국사 개설서나 중고등학교 교과서에서는 아예 '임나일본부설'을 소개하지 않는 경우가 많다. 인정하지 않는 설을 굳이 적을 필요가 없는 까닭이다. 소개하더라도 '임나일본부설'의 허구성을 비판하고, '임나일본부'의 실체를 알리려고 하였다. 그것이 조선시대의 왜관(倭館)과 같은 교역기관이라는 설이 이미 해방 이전에 나왔다(이병도). 해방 후에는 '임나일본부'가 일본 열도에 있었다는 설(김석형), 백제군(百濟軍) 사령부였다는 설(천관우, 김현구)을 비롯하여 다양한 설이 제시되었다.

3
떠도는 망령: "우리 안의 식민사관"

1) 진무(神武) 기원과 단군의 건국 연대

'황국사관'과 제국주의 일본의 '국사' 교육에 대한 어느 일본인 학자의 정리에 따르면 "국체관념(國體觀念)의 확립, 국민사상 함양"을 중시하였던 메이지(明治) 정부는, 이를 일본사 교육을 통하여 달성하려고 하였으며, 따라서 일본사 교육에 있어서 "그 큰 목적에 부합되는 사실을 강조하고 그것에 반하는 사실을 감추는 경향이 있었다"고 한다. "예를 들면 『일본서기』의 기년이 부정확한 점은 나카(那珂) 박사 이래 학계가 인정하는 바이지만, 초등·중등 교육에서는 진무(神武) 기원을 바른 것처럼 가르쳤다"는 것이다. 정부가 강압적으로 학문과 사상의 통제에 나섰던 만주사변 전후부터는 "문부성이 국체의 본의 (本義)를 내세워 신화를 역사 사실과 같이 해석할 것을 강요하게 되어, 역사는 신의 신세를 지는 처지가 되어 버렸다"고 한다.

소위 10월 유신 이후 박정희 정권이 '민족주체성'을 강조하였던 것은 잘 알려진 바와 같다. 당시 일부 인사들은 '유신이념의 구현'을 위한 '체제철학'의 바탕으로서 '민족사학'을 강조하였다. 이러한 행태는 메이지 유신 이후 '국체 관념의 확립, 국민사상 함양'을 위하여 복무하였던 '황국사관'과 닮았다. 이기백이 지적한 바와 같이 "19세기 후반기의 명치시대에 휘몰아쳤던 것과 비슷한 파동이 우리나라에서는 20세기 후반에 불어 닥친 셈"이었다.

단군의 건국 연대를 전하는 여러 기록들은 그 때가 중국에서 요(堯)가 왕 노릇하던 어느 때였다고 전한다. 그런데 요 임금은 전설의 인물로서 그가 언제 건국하여 언제까지 나라를 다스렸는지는 알 수 없다. 그러므로 단군의 개국 연대를 정확히 지목할 수 없다.

신채호는 단군이 고구려보다 약 2천년 쯤 앞서 건국하였다고 추측하였다. 그러한 그조차도 그 연대를 기원전 2,333년이라고 보는 설에 대해서는 반대 하였다. 신채호는 사마천도 요의 연대를 알지 못하였으므로, 요의 연대에 견주어 단군의 건국 연대를 알려고 하는 것 자체가 어리석고, 헛된 짓에 불과함을 여러 차례 지적하였다.

단군이 기원전 2,333년 건국하였다는 것은 요의 연대를 기준으로 계산한 것으로, 그대로 믿을 수 없다. 그럼에도 불구하고 일부 인사들은 이것을 역사적 사실로서 교과서에 수록하고 가르쳐야 한다고 주장하였다. 1974년 발행된 첫 국정 『국사』(인문계 고등학교)에는 단군이 2,333년 건국하였다는 점이 서술되지 않았다. 그런데 1979년 제 3차 교육과정에 따른 고등학교 『국사』를 보면 단원 개관의 연표와 부록인 국사연표에 기원전 2,333년 고조선의 건국 사실이 표시되었다. 1982년 제 4차 교육과정의 고등학교 『국사』의 경우 연표는 물론 본문에도 기원전 2,333년 건국 사실을 적었다. 이는 '황국사관'에 따른 일본의 '국사' 교육을 떠올리게 한다.

2) '일선동조론'과 만주 '수복'

'일선동조론'은 일본 민족과 조선 민족이 같은 조상에서 나왔다는 이론이다. '동조동근론(同祖同根論)'이라고도 한다. 『고사기(古事記)』, 『일본서기(日本書紀)』를 바탕으로 일본의 신이나 천황이 한국을 지배했고, 혹은 일본의 신이 한국의 신이나 왕이 되었으며, 한국의 왕족, 귀족이 일본에 복속했다는 주장이다.

[그림 4] 통일과 웅비를 향한 겨레의 역사

'일선동조론'은 '정한론'의 역사적 근거로 이용되었다. 1910년 일본이 한국을 강점할 무렵에는 일본의 한국지배를 합리화하는 역사적 근거로서 강력하게 주장되었다. 예를 들어 강점 직후 호시노 히사시(星野恒)는 '병합'은 '일한동역(日韓同域)'의 '복고'라고 하였다. 기다 사다키치(喜田貞吉)는 태고에 일본이 한국을 지배했다고 주장하면서, 일본을 '부강한 본가(本家)', 한국을 '빈약한 분가(分家)'로 간주하여, '병합'은 '분가의 본가로의 복귀'이며, 양자의 관계가 태고의 상태로 되돌아온 것이라고 주장했다.

1983년 육군본부는 『통일과 웅비를 향한 겨레의 역사』라는 일종의 정훈교재를 펴냈다. 이 책의 저술에는 '국사찾기협의회' 소속 인사가 관여하였던 것으로 알려졌는데, 그중 「역사를 보는 눈」이라는 항목의 다음 구절이 주목된다.

E. 그렇다면 오늘 우리의 민족적 지상과제는 무엇인가? 그것은 분단된 민족의 통일이요, 번영을 향한 민족의 웅비가 아닐 수 없다. 그 다음의 과제는 무엇일까? 그것은 잃어버린 만주 대륙, 즉 우리의 옛 조상들의 씩씩한 기상이 어리어 있는 드넓은 만주벌판을 수복하는 일일 것이다. 이에 우리는 민족

의 통일과 웅비, 그리고 대륙 수복의 의지가 담긴 진취적인 통일 지향의 민족
사관을 정립해야겠다.

'대륙 수복의 의지가 담긴 진취적인 통일 지향의 민족사관'은 '잃어버린 만
주 대륙, 즉 우리의 옛 조상들의 씩씩한 기상이 어리어 있는 드넓은 만주벌판
을 수복'하는 것을 목표로 하는 것이었다. 그 근거는 '만주 벌판'과 '대륙'이
과거 우리 조상들의 역사 무대였다는 점이다. 이러한 주장은 위에서 본 '일선
동조론'의 논리와 별반 달라 보이지 않는다.

3) 한국판 '일선동조론'과 '임나일본부설'

앞에서 소개한 '임나일본부설'은 왜가 한반도 남부를 지배했다고 주장했다
는 점에서 '남선경영설(南鮮經營說)'이라고도 불렸다. 이는 한국의 역사가 고대
부터 외세의 간섭 속에서 이루어졌다는 타율적인 역사상을 만들어내는데 이
용되었다. 이는 또 위에서 언급한 '일선동조론'의 역사적 근거 중 하나이기도
하였다.

'임나일본부설'은 일본이 조선을 식민지로 지배하는 역사적 당위성을 말해
주는 것으로 받아들여졌다. 이 설은 그 후 오래도록 일본의 역사학계, 교육계
에서 정설처럼 여겨져 왔다. 지금 일본에서 '임나일본부설'을 그대로 따르는
학자들은 별로 없다. 하지만 극우적인 역사인식의 소유자들이나 이와 연관된
역사교육계 일각에서는 아직도 '임나일본부설'을 인정하고 있다. [그림 5](兒
玉幸多 編,『日本史年表·地圖』, 吉川弘文館, 東京, 1995; 2003).

[그림 5]와 관련하여 주목되는 것이 4~5세기에 왜가 전라남도에 존재하였
다고 표시한 [그림 6](이덕일,『고구려 700년의 수수 께끼』, 대산출판사, 2000, 41
쪽)이다. 이 지도를 그린 논자에 따르면 왜는 본래 일본 열도가 아닌 한반도에
존재하였다고 한다. 5세기 초 고구려 광개토왕의 군대에 의해 커다란 타격을
입게 되자, 왜의 중심세력은 일본 열도로 이주하였고, 이들이 일본의 천황가
를 건설하였다는 것이다.

『삼국지』 위지 동이전에는 한 (韓)이 "남쪽으로 왜와 접했다(南與倭接)"고 나온다. 논자는 이에 대해 '접'(接)은 육지가 서로 이웃할 때 쓰는 낱말이지 바다 건너 있는 지역을 말할 때 쓰는 것이 아니라고 하였다. 왜가 일본 열도가 아니라 한반도 내에 있었다는 것이다. 진한이 "왜와 가깝고(近倭)", (변진의) 독로국은 "왜와 경계를 접했다(與倭接界)"고 한 것도 이를 알려 준다고 보았다.

왜의 위치를 알기 위해서는 한(韓)에 대한 기록보다 왜에 대한 기록을 우선 참고하여야 할 것이다. 『삼국지』 위지 동이전

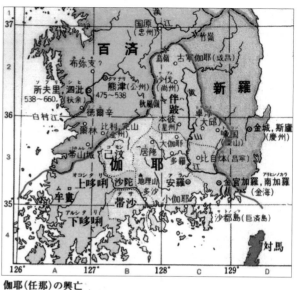

伽耶(任那)の興亡

1 : 6,000,000

| | 475年百済の熊津遷都ごろにおける伽耶 | | 513年百済に割譲した2県 | | 532年までに新羅が略取した地 |
| | 512年百済に割譲した4県 | | 520年ごろ以前に新羅略取の地 | | 532年以後の伽耶(562年滅亡) |

[그림 5] 가야(임나)의 흥망. 4세기말부터 조선 반도에 진출했던 일본은, 가야를 근거로 백제와 협력하여, 북방의 고구려에 맞서는 형세를 취했다고 한다.

에 따르면 왜는 "대방군의 동남쪽 큰 바다 가운데"에 있었으며, 김해의 구야 한국(狗邪韓國)에서 바다를 건너 천 여리를 가면 왜의 대마국(對馬國)에 이른다고 하였다. 왜는 일본 열도 내에 있었던 것이지, 논자의 주장처럼 한반도에 존재했던 것이 아니다.

영산강 유역에서는 일본의 전방후원분과 닮은 '전방후원형' 고분 여러 기가 발견되었다. 그리하여 양자의 관계가 관심을 끌었다. 일본의 전방후원분은 대체로 3세기 중반부터 만들어지기 시작하였다고 한다. 5세기 전성기를 거쳐 6세기에는 쇠퇴하였던 것으로 알려져 있다. 나주 일대의 '전방후원형' 고분의 축조 시기는 일러야 5세기 중반, 주로 6세기 초반일 것으로 여겨지고 있다. 그러므로 영산강 일대의 '전방후원형' 고분을 축조했던 집단이 일본 열도로 이주하였고 그 결과 전방후원분이 출현하였다는 논자의 추정은 성립할

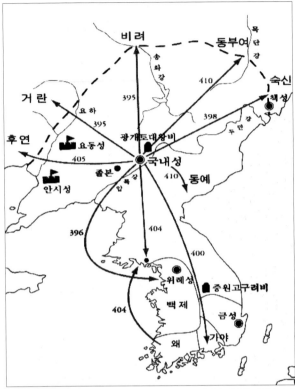

[그림 6] 광개토대왕의 정복도. 한반도에 있었던 왜는 백제와 신라를 영향력 아래
두고 고구려의 남하정책에 맞서 싸웠던 강력한 정치집단이었다고 한다.

수 없다. 요컨대 왜가 전라남도 지역에 있었다고 볼 문헌적, 고고학적 근거는 없는 것이다.

일본 천황가가 한반도에서 유래되었다는 논자의 주장은, 위에서 본 것처럼 전혀 근거가 없는 것이지만, 일종의 '한일동조론'을 의도한 것처럼 보인다. 따라서 민족주의적인 입장의 주장으로서 의의를 갖는 것이라고 강변할 수도 있겠다. 하지만 그 발상은 식민주의 사학의 '일선동조론'을 일본에 적용한 것에 불과하다. '일선동조론'의 한국판인 것이며, 식민주의 사학의 구도에서 벗어나지 못한 주장에 불과하다.

한편, [그림 6]을 그린 논자는 "한반도에 있었던 왜는 백제와 신라를 영향력 아래 두고 고구려의 남하정책에 맞서 싸웠던 강력한 정치집단이었다"고 주장하였다. 왜왕(倭王)은 남송(南宋·420~479년), 남제(南齊·479~502년)로부터 '도독 왜·신라·임나·가라·진한·모한 육국 제군사(都督倭·新羅·任那·加羅·秦韓·慕韓六國諸軍事)'라는 작호(爵號)를 받았는데, 이는 과거 한반도에서 차지했던 위상을 근거로 한반도 남부에 대한 "연고권"을 인정받은 결과였다는 것이다. 이에 따르면 고대에 왜가 한반도 남부를 지배하였던 것은 부인할 수 없는 사실이 된다.

[그림 5]와 [그림 6]을 비교해 보면, '임나일본부'와 왜가 차지한 지역에는 서로 간 차이가 있지만, 왜가 한반도 남부의 일부를 지배하였다고 표시되어

있다는 점에서는 같다. 여기에서 우리는 한국판 '임나일본부설'을 발견하게 된다. 논자의 주장은 일본 극우파의 '임나일본부설'에 이용될 소지가 큰 것이다.

4
"위대한 고대사가 위험하다"

식민사학 해체 국민운동본부는 발대식에서 발표한 「대한민국 정부에 드리는 글」에서 다음과 같이 말하였다.

> F. 한국상고사, 고대사는 단순한 고대사가 아니라 현실 강역 문제를 담고 있는 치열한 현대사입니다. 한 세기 전에는 일본 제국주의가 침략논리로 사용했고, 지금은 중국이 한국고대사를 북한강역 영유의 논리로 악용하고 있는 점이 이를 말해주고 있습니다.

식민주의 사학에 대한 자신들의 비판은 지난 역사의 청산일 뿐만 아니라, 중국과의 영토분쟁에 대비하기 위함이라는 것이다. 과거 일본이 '임나일본부설' 등을 식민지 지배의 역사적 근거로 삼았던 것처럼, 낙랑군을 비롯한 한 군현이 한반도 북부에 설치되었다는 것을 근거로 북한에 대한 영유권을 주장하고 있는 중국의 논리에 대비해야 한다는 것이다.

일본의 식민주의 사학을 극복하고, 중국의 패권주의적 역사 해석에 대응한다는 일부 인사들은 고조선이 한반도와 중국의 요동과 요서 지역을 아우른 일대 제국이었다고 주장하였다. 그런데 이것이 고토(故土)에 대한 연고권

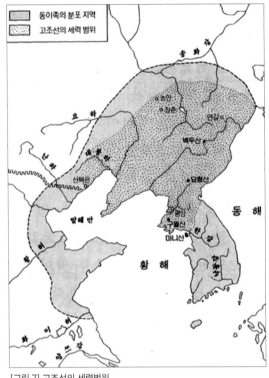

[그림 7] 고조선의 세력범위

과 연결될 때 위험한 역사인식으로 변질될 우려가 있다. 앞에서 보았듯이, 만주 '수복'의 주장을 정훈 교육 등을 통해 군인들에게 전파하였던 것은 문제였다고 생각한다. 그들로 하여금 침략주의적 사고를 갖게 할 소지가 적지 않은 것이다.

제 5차 교육과정에 따라 1990년 편찬된 중학교 『국사』에는 「고조선의 세력범위」라는 지도가 처음 등장하였다. [그림 7](우리역사넷). 그 범위는 한반도의 북부와 만주를 포함하는 것으로 되어 있다. 아울러 한반도, 만주, 산동 반도 및 화북 일부 지역에 동이족이 분포하였다고 그려져 있다. 이 중 동이족의 분포 지역을 제외하고, '세력 범위'를 '문화 범위'로 바꾼 지도는 검정

교과서에도 실렸고, 2017년 1월 공개된 국정 교과서 최종본(『중학교 역사①』과 『고등학교 한국사』)에서도 이와 비슷한 지도를 볼 수 있다.

고조선은 한국 역사의 첫머리를 장식하는 국가이다. 동이족에는 읍루나 왜 등이 포함되는 것이지만, 종종 우리 민족과 같은 말로 인식되어 왔다. 이 지도는 '고대사 파동'을 일으킨 일부 인사들의 주장을 수용한 것으로, 학생들에게 고대의 '한민족'이 한반도는 물론 만주와 산동반도 및 화북 일부까지 지배하였다거나 혹은 고조선이 성립 초기부터 넓은 영역을 소유한 대국이었다는 식의 역사상을 갖게 할 가능성이 있다. 이에 더하여 고구려 광개토왕의 정복 활동([그림 6])과 해동성국 발해의 광대한 영역을 배운 학생들이 만주를 수복해야 할 대상으로 여기지는 않을까 걱정된다.

한국은 신대(神代)의 옛적부터 일본의 지배하에 있었다고 하는 '일선동조

론'의 역사상은 역사교과서를
통해 일본인들의 마음에 새겨
졌다. 여기에서부터 한국인에
대한 우월감이 생겨났다. 이
점을 고려하면 천황가가 한반
도에서 유래하였다는 어떤 논
자의 주장은 일본과 일본 역사
에 대한 한국인의 우월감을 조
장할 여지가 있다. 그런데 이
것이 앞으로의 한일관계에 도
움이 될 것으로 생각되지 않는
다. 그보다는 두 나라 시민들
간의 분쟁을 일으키는 단초가
될 것으로 보인다.

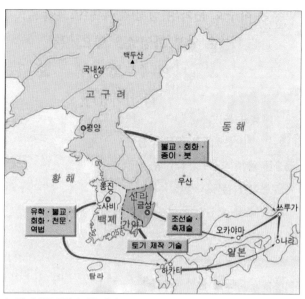

[그림 8] 삼국 문화의 일본 전파

　1974년에 발행된 첫 국정 국사 교과서(인문계 고등학교)에 「삼국인의 일본
진출도」라는 지도가 등장했다. 이것보다 자세한 지도가, 1979년 발행 고등학
교 국사 교과서에는 같은 제목으로, 중학교 국사 교과서에는 「삼국 문화의 일
본 전파도」라는 제목으로 실렸다. 이후에는 「삼국 문화의 일본 전파」로 제목
이 통일되고, 전파된 문화의 내용이 무엇인지를 적은 지도가 중고등학교 국
사 교과서에 등장하였다. [그림 8](우리역사넷). 이와 비슷한 지도는 검정교과
서나 2017년 1월 공개된 새로운 국정 교과서 최종본(『중학교 역사①』)에도 실
려 있다. 『고등학교 한국사』에는 지도가 실려 있지 않지만, 그 내용이 나온다.
　이 지도는 학생들에게 '고대 한국 문화의 일방적인 일본 전파'라는 역사상
을 갖게 할 가능성이 있다. 일본의 고대 문화는 한반도에서 전래된 것에 불과
하다고 여기는 학생들이 일본인과 일본 문화를 낮추어 보는 경향을 갖게 되
지는 않을까. 이 역시 전향적인 한일 관계에 걸림돌로 작용할 수 있다고 판단
된다.

G. 객관적 진리를 두려워할 줄 모르고 정치적 목적을 위하여 봉사하는 또 다른 유형의 왜곡된 한국사관은, 식민주의사관의 사생아와 같은 것으로서, 한국사학의 정상적인 발전을 위하여 이를 경계해야 마땅한 일이다. (이기백, 「한국사의 새로운 이해」, 『한국사신론(신수판)』, 1990)

식민주의 사학과 중국의 동북공정에 대응해야 한다는 명목으로 역사적 사실을 자의적으로 해석하는 것이 정당화될 수는 없다. 식민주의 사학이 조선을 식민지로 삼기 위하여 그러하였음을 잊어서는 안 된다. 중국의 패권주의적 역사 인식의 발상이나 논리는 식민주의 사학의 그것과 별로 다르지 않다.

일부 인사들의 비학문적 주장은 우리 사회의 갈등을 촉발할 뿐만 아니라 학생들, 시민들로 하여금 국수주의, 전체주의, 배외주의, 인종주의, 침략주의의 경향을 갖게 할 수 있다는 점에서 위험하다. (이 글은 『역사비평』(118, 2017 봄)에 투고한 같은 제목의 글을 정리한 것임).

〈참고문헌〉

김낙중, 『영산강유역고분연구』, 2009, 학연문화사.

신채호, 「조선상고사」, 1920년대 중반(?); 『단재 신채호전집 상』(개정 3판), 형설출판사, 1982.

윤종영, 『국사교과서 파동』, 혜안, 1999.

이기백, 「낙관할 수 없는 한국사학의 현실─1976~1978년도 한국사학의 회고와 전망 총설─」, 『역사
　　　학보』 84, 1979; 『한국사상의 재구성』, 일조각, 1991.

_____, 「한국사의 새로운 이해」, 『한국사신론(신수판)』, 일조각, 1990.

이덕일·이희근, 「나주 반남 고분의 주인공은 누구인가─'일본 왜(倭)' 아닌 '한국 왜'」, 『월간 중앙』
　　　1999년 3월호.

이만열, 「일제관학자들의 식민주의사관」, 『월간 독서생활』 1976년 6월호, 1976; 『한국근대역사학
　　　의 이해 ─민족주의사학과 식민주의사학』, 문학과 지성사, 1981.

_____, 『단재 신채호의 역사학 연구』, 문학과 지성사, 1990.

이병도, 『한국고대사연구』, 박영사, 1976.

젊은역사학자 모임, 『한국 고대사와 사이비역사학』, 역사비평사, 2017.

조인성, 「국수주의사학과 현대의 한국사학─고조선사를 중심으로─」, 『한국사 시민강좌』 20, 1997.

_____, 「'고대사 파동'과 고조선 역사지도」, 『한국사연구』 172, 2016.

천관우, 「난하 하류의 조선─중국 동방주군의 치폐와 관련하여」, 『사총』 21·22, 1977; 『고조선사·
　　　삼한사연구』, 일조각, 1989.

최남선, 「단군론」, 『동아일보』, 1926.3.3-7.25; 『육당최남선전집 2』, 현암사, 1973.

坂本太郎, 『日本의 수사와 사학』 (1958); 박인호·임상선 공역, 『일본사학사』, 이론과 실천, 1991.

旗田巍, 「일본에 있어서의 한국사 연구의 전통」 (1969); 이기동 역, 『일본인의 한국관』, 일조각, 1983.

송화강(쑹화강)

요하강(라오허강)

황해

우리 시대의 한국 고대사

3강

동이족은
우리 조상인가

박대재(고려대 한국사학과 교수)

1
동이의 의미와 기원

동이(東夷)는 고대 중국에서 동방의 이민족을 가리켜 부르던 호칭이다. 춘추시대까지만 하여도 서이(西夷), 남이(南夷) 등과 같이 주변의 이민족을 모두 이(夷)라고 부르다가(『시경』), 전국시대 이후 중국 중심의 화이관(華夷觀)이 성장하고 주위 이민족에 대한 식별력이 늘어남에 따라, 동이, 서융(西戎), 북적(北狄), 남만(南蠻) 등으로 방위에 따라 구분해 부르게 되었다(『예기』).

이(夷)는 원래 동방뿐만 아니라 상(商, 또는 殷)과 주(周)나라 주변 사방의 이민족에 대한 통칭으로 사용되었다. 사이(四夷)·제이(諸夷)라고 하여, 이(夷)가 주변 이민족의 대명사로 사용된 것이다. 주변 이민족에 대한 칭호로 융, 적, 만 외에 맥(貉, 貊), 호(胡) 등도 함께 쓰기도 했지만, 이가 가장 대표적인 용어였다. 공(公), 후(侯), 백(伯), 자(子), 남(男)을 통칭하여 제후(諸侯)라고 한 것과 같이, 이(夷)는 주변 이민족을 가리키는 대명사였던 것이다.

여기서 이, 융, 적, 만 등의 용어가 주변 이민족을 낮춰보는 중국 중심의 화이관에서 나온 것임은 물론이다. 상, 주 등 고대 중국의 황하 유역을 차지했던 왕조는 중화이고, 그 사방 주변의 이민족은 미개한 야만의 오랑캐라고 구별해 보는 것이다.

이(夷)는 기원전 1300년대 무렵 상나라 후기 갑골문에서부터 역사적 존재

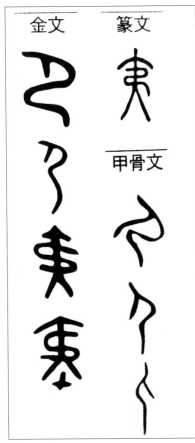

[그림 1] 夷자의 고문

로 등장한다. 중국 한자의 기원인 갑골문에는 후대의 이(夷)자에 해당하는 고문자로 「尸」자가 보인다. 갑골문의 「尸」자는 허리와 무릎을 구부린 사람의 옆모습을 상형화한 것인데, 서주시대의 제사용 청동기에 새겨진 금문(金文)에도 역시 같은 형태로 보인다. 전국시대까지도 「尸」와 「夷」는 서로 통용되던 글자였다.

『주례』나 『의례』에는 상례(喪禮)와 관련한 용어로 이반(夷槃), 이금(夷衾)이라고 하여 「尸」자를 써야하는 곳에 「夷」자를 쓴 경우가 있다. 또한 『산해경』에는 「女丑之尸」, 「奢比尸(奢比之尸)」, 「肝楡之尸」, 「相顧之尸」, 「黃姬之尸」와 같이 「夷」대신 「尸」를 쓴 예도 적지 않다. 이러한 용례들은 「尸」와 「夷」가 한나라 초기까지도 서로 바꾸어 쓰는 글자였음을 보여준다.

이처럼 夷와 尸를 서로 바꾸어 쓸 수 있었던 것은 일차적으로 당시 두 글자의 소리가 서로 같아서이지만, 그 뜻에서도 서로 통하였기 때문이다. 즉 주변 이민족이 중국과의 전쟁에서 포로로 잡혀 노비로 부려지다가 왕이나 귀족의 무덤에 순장된 경우가 많았으며, 또한 그들이 중원과 달리 무릎을 꿇고 앉는 좌식 생활을 많이 하였기 때문에, 그와 같은 뜻과 모양의 글자로 표현하였다고 이해된다.

다시 말해 갑골문과 금문에 보이는 「尸」가 「夷」의 원래 글자이고, 뒤에 화살(矢)에 줄(繳)이 붙어 「弔」자와 비슷한 모양의 「夷」자가 별도로 생겨나면서 두 글자가 구별되기 시작하였던 것이다. 그러다가 전국시대 말기 전문(篆文) 이후 차차 지금과 같은 글자 모양으로 바뀌면서, 『설문해자』에서 「夷」자를 대(大)와 궁(弓)의 결합으로 보는 설이 생기게 되었다. 하지만 이러한 「夷」의 「大

弓」설은 한나라 시기 글자의 모습을 통해 그 이전 고문자의 의미를 잘못 추정한 것으로 이해된다.(白川靜, 『字統』)

「夷」=「尸」의 원래 뜻에 대해서는 죽은 사람, 키 작은 사람, 꿇어앉은 사람, 인(人)자의 산동지역 방언 등 여러 설이 제기되어 있다. 대체로 과거에는 죽은 사람 내지 꿇어앉은 사람의 뜻이라는 해석이 널리 받아들여지다가, 최근에는 산동지역 방언설이 주목을 받고 있다. 갑골문의 「尸方」 즉 「夷方」이 산동지역의 종족집단을 가리킨다는 해석도 같은 맥락에서 설득력을 얻고 있다. 이(夷)가 산동지역의 이민족과 관련하여 보다 확실하게 보이는 것은 주나라 때부터이다. 서주(西周) 시기 청동기 명문(금문)에서 「東尸」(東夷)라는 표현이 보이기 시작하는 것이다.

현재 많은 학자들은 갑골문 중에 보이는 산동지역 일대의 「尸方」 또는 「人方」이 곧 이족(夷族) 집단이고, 이후 『죽서기년』을 비롯한 각종 진(秦)나라 이전 고문헌이나 청동기 금문(金文)에 나오는 淮夷·南夷·徐夷(徐戎)·方夷·犬夷·于夷·黃夷·白夷·赤夷·玄夷·風夷·陽夷·萊夷·島夷(鳥夷)·嵎夷 등을 춘추·전국시대까지 산동성·강소성 북부 일대에 거주하였던 동이의 실체로 보는 데 동의하고 있다.

산동의 동이와 상나라가 충돌하기 시작한 것은 상 말기부터였는데, 상을 멸망시킨 주나라는 동이를 더욱 적극적으로 공략하였다. 주가 제(齊)와 노(魯)의 제후를 세운 것도 동이세력을 제압하기 위한 포석이었다. 그러나 산동의 동이는 춘추시대까지 세력을 유지하였다. 동이가 제의 영역에 편입된 것은 전국시대였지만, 그 정체성은 전국시대 말기까지 이어졌다.

공자의 말 속에 나오는 이적(夷狄), 구이(九夷), 예이(裔夷) 등도 춘추시대 노와 제 주변에 흩어져 있던 동이의 이족을 가리키는 것이었다. 전국시대를 배경으로 한 『맹자』나 『여씨춘추』에도 「동이」가 보이는데, 이들 역시 중원(중화)의 입장에서 본 산동 지역의 동이를 가리키는 것이다.

전국시대에 편찬된 『춘추좌씨전』에는 중원 입장의 동이와 초나라 입장의 동이가 섞여서 나온다. 육(六)나라가 초나라를 배반하고 「동이」가 되자 초가 육을 멸했다거나(文公 5년), 초자(楚子)가 제후·「동이」와 함께 오나라를 벌하였다거나(昭公 5년), 초나라가 「동이」를 정벌하자 나머지 삼이(三夷)의 남녀가 초와 오에서 회맹했다는(哀公 19년) 기록들이다. 여기서 초나라와 관련된 동이는 중원의 입장에서 본 동이(산동 동이)와 구분되는 별종의 동이로 이해된다. 즉 초나라 자신이 북방 중원의 문화권과 구별해 자신들을 중심에 놓고, 주변의 이민족을 동이 등으로 나름대로 파악한 것이다.

이와 같이 선진(先秦) 시기의 동이는 황하유역을 중심으로 한 중원지역 국가의 입장에서는 산동지역의 동이를 가리키는 것이 일반적이었지만, 다른 한편 양자강유역 초나라의 입장에서는 그 동쪽의 이민족을 동이라고 부르기도 하여, 동이의 대상과 실체가 하나로 정해져 있지 않았다. 동이는 동쪽의 이민족을 가리키는 포괄적이고 가변적인 개념이며, 특정 종족집단에 대한 지칭이 아니었던 것이다.

최근 중국학계에서는 선진시기 산동지역 특히 태산 동쪽 해안지역(海岱地區)의 신석기시대 후이(后李) 문화 이래 토착 주민과 문화를 동이인(東夷人), 동이문화(東夷文化)로 규정하며 역사적 개념으로 사용하고 있다. 그러면서도 동이문화는 중화문명 기원의 한 계통으로서 하·상·주 삼대를 거치면서 중국에 융입되었고, 특히 그 주류는 제노(齊魯)문화로 전환되었음을 강조하고 있다. 동이문화를 중화문명의 구성 요소로 파악하고 있는 것이다. 원래 동이는 포괄적이고 가변적인 개념이지만, 최근 중국학계에서는 선진시기 산동지역과 관련된 역사적 개념으로 사용하고 있다.

2
동이의 변천과
한(韓)·예(濊)

기원전 221년 진나라 시황제가 제나라를 정복하여 마침내 중국이 통일된 후, 산동지역은 더 이상 이민족인 동이의 지역으로 인식되지 않게 되었다. 중국이 통일되고 영역이 확장되면서, 산동의 동이는 중국 군현의 민호로 편입되었던 것이다.

그 대신 진나라가 통일 후 설치한 군현 중 가장 동쪽에 위치한 요동군(遼東郡)의 동쪽이 새롭게 동이의 지역으로 인식되기 시작하였다. 중국 역사서에서 요동 동쪽의 주민집단이 동이로 서술되기 시작한 것은, 1세기 때 반고가 편찬한 『한서』(武帝紀)부터다. 기원전 128년 「동이예군남려(東夷濊君南閭)」가 위만조선의 우거왕을 배반하고 한의 요동에 투항했다는 기록이 그것이다. 이에 따르면 한나라는 예(濊)의 군장인 남려를 동이의 세력으로 파악한 것이다.

후한 때 편찬된 순열의 『후한기』에는 이 기록의 예가 예맥(濊貊)으로 보이기도 한다. 예와 예맥이 서로 바꾸어 쓸 수 있는 표현이었던 것이다. 후한 때 편찬된 허신의 『설문해자』에서도 동방의 이민족을 「貉」이라고 불렀다. 서방의 서융(西戎), 남방의 만민(蠻閩), 북방의 적(狄)과 구별하여, 「동방맥(東方貉)」이라고 하고, 이 동방 맥을 다시 「동이」라고 표현하고 있다.(『설문해자』 羌) 이로 보아 후한 때 중국인들은 동이의 실체를 예, 예맥, 맥이라고 파악한 것이다.

그런데 『한서』에는 아직 동이에 대한 종합적 기록인 「동이전」이 따로 마련되지 않았다. 이는 『한서』의 근거 사료가 된 『사기』에 동이전이 없는 데서 기인한 것이기도 하다. 『사기』(五帝本紀, 周本紀)에 「동이」가 보이지만, 그것은 모두 선진시기 산동 지역과 관련된 것이다.

『사기』에는 조선전, 흉노전, 남월전, 동월전, 서남이전, 대완전 등의 외국열전이 있지만 동이전은 없다. 『한서』에도 흉노전, 서남이·양월·조선전, 서역전으로 보인다. 지금 중국 운남(雲南) 지역에 분포하던 7개 종족집단을 「서남이(西南夷)」라고 칭한 것으로 보아, 『사기』와 『한서』에서는 이(夷)가 이민족에 대한 범칭으로 쓰였음을 알 수 있다. 따라서 「동이예군남려」의 동이도 특정 종족명이 아니라 요동 동쪽의 이민족이라는 포괄적 의미로 파악된다.

중국 역사서 가운데 요동 동쪽의 동이를 하나의 단위로 파악하고 종합적으로 기록한 「동이전」이 나타나는 것은 3세기 후반에 편찬된 진수의 『삼국지』부터이다. 물론 그보다 조금 앞서 3세기 중엽에 편찬된 사승의 『후한서』나 어환의 『위략』과 같은 사서에 「동이전」이 있었던 것으로 보이지만, 두 사서는 현재 전하지 않아 정확한 내용을 확인하기 어렵다. 이로 보아 중국에서 요동 동쪽의 여러 세력을 동이라고 묶어 구체적으로 인식하고, 또 동이전을 따로 기록하기 시작한 것은 3세기 이후부터라고 할 수 있다.

진·한 시기를 거치면서 동이의 대상이 기존 산동지역의 동이에서 요동 동쪽의 동이로 실체가 바뀌게 되었다. 『삼국지』 동이전에 보이는 부여, 고구려, 예, 옥저, 읍루, 삼한, 왜인 등이 바로 한나라 이후 새롭게 인식된 동이였다.

『사기』, 『한서』에는 위만조선과 관련된 집단으로 예 또는 예맥이 보인다. 예(예맥)는 그 이전 춘추·전국시대의 문헌에서부터 보이는데, 고조선의 근간이 된 주민집단으로, 훗날 부여, 고구려, 예(동예), 옥저 등을 구성한 종족이었다. 기원전 108년 한나라가 위만조선을 멸망시키고 설치한 낙랑군, 진번군, 임둔군, 현도군 등 4군의 범위가 위만조선의 본래 영역이었음은 물론이고, 그 지역이 대체로 예(예맥)족의 분포지역이었다고 볼 수 있다.

『삼국지』 동이전의 동이에는 부여, 고구려, 예, 옥저 등의 예(예맥)족 계통의 세력뿐만 아니라, 삼한, 읍루, 왜인까지도 포함되어 있다. 이 가운데 부여, 고구려, 옥저, 예(동예)가 서로 말이 통한 것과 달리 읍루는 이들과 말이 달랐다. 읍루는 부여와 생김새는 비슷하지만 언어는 달랐다고 한다.

이것은 3세기 당시에 읍루가 예(예맥)족과 문화적으로 구분되는 집단이었음을 보여준다. 물론 읍루와 예맥족은 원래 동일한 계통의 종족집단이었을 가능성이 있지만, 당시에는 이미 문화적으로 분화해 있었던 것이다. 읍루는 숙신 계통의 주민집단으로 이후 말갈과 연결된다. 숙신족과 예(예맥)족의 관계에 대해서는 학계에서도 의견이 정돈되어 있지 않아 앞으로 좀 더 논의가 필요할 듯하다.

한편 지금의 남한지역에 분포했던 마한, 진한, 변한 등의 삼한이 북쪽의 예맥족과 문화적으로나 종족적으로나 어떠한 관계에 있었는지 구체적인 기록이 없다. 『삼국지』에서는 진한과 변한의 언어와 법속은 서로 비슷하지만, 마한과는 서로 같지 않다고 기록되어 있다. 오히려 진한의 언어는 중국 진(秦)나라 사람들과 유사하다고 하며, 그래서 진한을 진한(秦韓)이라고도 한다고 하였다.

그러나 이것은 주변 이민족 세력의 기원을 중국과 연결시켜 보려는 중화주의적 역사인식에 지나지 않는다. 기자가 동쪽으로 가 조선에 봉해졌다거나, 기자조선의 마지막 왕(준왕)이 남쪽으로 가 한(마한)을 세웠다거나 하는 이야기들과 같은 논리의 부회인 것이다. 『삼국지』 동이전 한조의 첫머리에서 마한, 진한, 변한의 3한을 묶어 한(韓)이라고 한 것으로 보아도, 삼한은 서로 동일한 계통의 집단이라고 보아야 할 것이다.

예(예맥)와 한(삼한)의 종족적 관계는 기록의 부족으로 명확히 알기는 어렵다. 하지만 『삼국지』 동이전에서, 변진(변한)의 철을 한·예·왜가 모두 취하였다고 한 것이나, 후한 말기에 한·예가 모두 강성해졌다고 한 기록으로 보아, 한(삼한)과 예(예맥)는 한반도 남부와 북부의 주민집단을 대표하는 종족 단위로 각각 인식되었던 것으로 이해된다. 414년에 세워진 「광개토대왕비」에도 「새로 온 한·예(新來韓濊)」라고 하여, 한과 예가 광개토대왕이 정복한 주변지역의 종족집단을 가리키는 대명사로 보인다.

이상 살펴본 바와 같이 읍루의 계통이 과제로 남아 있지만, 대체로 『삼국지』 동이전의 동이는 예(예맥), 한, 왜의 3계통으로 구분된다고 할 수 있다. 『삼국지』의 찬자는 이 3계통(한, 예, 왜)의 7세력(부여, 고구려, 옥저, 동예, 읍루, 한, 왜인)을 동이라고 묶어 본 것이다.

이 3계통의 7세력이 모두 하나의 종족집단이 아니었음은 물론이다. 이들을 동이라고 묶어 부른 것은 중국 입장에서 동쪽의 이민족을 통칭하여 동이라고 부르던 전통에 따른 것이지, 이들이 단일한 종족집단이었기 때문이 아니다.

『삼국지』 동이전의 여러 세력 가운데 왜를 제외한 6세력이 고구려, 백제, 신라의 삼국으로 통합되게 된다. 고구려, 백제, 신라의 삼국을 주축으로 하여 서술된 『삼국사기』는 바로 한국 고대사의 체계를 확립한 역사서이다. 『삼국사기』에 보이는 「일통삼한(삼국)」, 즉 신라가 삼국을 하나로 아울렀다는 인식은 우리 민족의 근간이 고구려, 백제, 신라 3국을 바탕으로 하였음을 말하는 것이다. 우리 민족의 기원을 고대로 소급하여 올라갈 때, 『삼국사기』와 『삼국지』는 중요한 근거가 되는 사료이다. 백제와 신라가 마한과 진한 등의 한(삼한) 계통이고, 고구려가 예(예맥) 계통임은 주지의 사실이다. 따라서 역사상 우리 민족의 기원은 중국의 입장에서 붙여진 동이가 아니라 「한(삼한)」과 「예(예맥)」에서 비롯되었다고 보아야 한다.

3
소위 동이족설의 문제점

5세기 후반에 세워진 「충주고구려비」에는 신라가 「동이」라고 표현되어 있다. 당시 고구려는 전성기로서 신라를 「동이」라고 낮춰 부르며, 자국 중심의 천하관을 드러낸 것이다. 이처럼 동이의 성격은 고정된 것이 아니라, 시기에 따라 주체에 따라 변하는 주관적이고 유동적인 개념이다.

앞서 살펴본 것처럼 동이란 용어는 중국 중심의 화이관이 투영된 주관적이고 포괄적인 개념으로서 형성되었고, 또 시기에 따라 그 대상과 실체가 크게 바뀌었다. 따라서 동이라는 명칭에만 주목하여, 이것을 하나의 종족명처럼 이해하고 「동이족」이라고 부르는 것은 객관적이지 않다.

그럼에도 불구하고 선진시기의 동이를 우리의 역사와 관련하여 파악하거나, 동이족을 고대 우리 민족의 명칭이나 기원으로 보는 견해들이 있어 왔다. 먼저 조선 후기 한치윤(韓致奫)의 『해동역사(海東繹史)』 동이총기(東夷總記)에서, 『논어』 『상서』 등에 보이는 조이(鳥夷), 우이(嵎夷) 등을 우리 역사의 서장으로 정리한 바 있었다. 근대에는 동이족설이 더욱 구체화되어, 양자강 이북의 중국 동부(산동)지역과 만주·시베리아 남부·한반도 지역은 모두 동이족의 분포지역이며(손진태), 만주·한반도의 동이(예·맥·한족)와 산동·회하 유역의 동이는 동족계 또는 동일문화계라고 이해한다.(김상기) 그 요지를 직접 인용해 보면 다음과 같다.

> 『後漢書』東夷傳 序에 의하여 위에서도 東夷族과 東夷라는 명칭의 변천을 考究하였거니와, 上古 산동 일대 내지 淮泗유역에 이동 분포된 東夷族과 한반도·만주일대에 분포된 東夷族은 漢族으로부터 東夷라는 명칭으로 불려졌을 뿐만 아니라 종족에 있어서도 실로 공동한 원류에서 분파된 것이라 할 것이다. … 생각건대 동이계의 종족은 상고에 중국의 북변에서 동으로 이동하여 한 줄기는 중국 산동반도 방면으로 내려가고(嵎夷·萊夷·淮夷·徐戎 등), 한 줄기는 다시 동으로 나와 만주·한반도 일대에 분포된 것으로(韓·濊·貊 등) 믿는 바이다.(김상기, 1955)

손진태는 동이족을 한(漢)족, 토이기(土耳其, 터키)족, 몽고족과 함께 고대 동방 아시아의 4대 종족 중 하나로 보면서, 산동지역의 동이족은 한족에게 흡수되었고, 만주지역의 동이족(고구려, 발해, 금, 청)도 대부분 한족에 흡수되고 극히 소수만 만주 북방과 시베리아에 흩어져 퉁구스족으로 산재하며, 조선 내지의 조신민족만 종족으로서 뚜렷하게 존재하고 있다고 하였다.

손진태나 김상기의 동이족 분포설에서는 아직 산동지역의 동이가 진나라의 중국 통일 이후 만주·한반도 지역으로 이동했다는 직접적인 서술은 보이지 않는다. 하지만 이러한 동이족설은 기자조선을 실제 동이족의 역사로 이해하는 데 큰 영향을 미쳤다. 중국 은나라 말기의 기자는 원래 동이족이었으며, 기자족의 동래에 의해 기자조선이 요서·요동을 거쳐 평양까지 이동해 왔다고 보는 것이다.(천관우) 기자조선을 선진시기 동이족의 역사로 보면서, 국사상의 실체로 파악하는 것이다. 하지만 이러한 기자조선 동이족설은 앞서 본 바와 같이, 선진시기의 동이와 그 이후의 동이가 다른 실체라는 것을 간과하였다는 문제점이 있다.

『사기』에는 오(吳)의 시조 태백(太伯)이 주태왕(周太王)의 아들이며, 초(楚)의 선조는 전욱고양씨(顓頊高陽氏)에서 나왔으며, 월왕(越王) 구천(句踐)은 우(禹)의 후예이며, 흉노의 선조는 하후씨(夏后氏)의 묘예 순유(淳維)이며, 조선도 은나라 기자의 후예라고 하여, 주변 사방의 이민족이 모두 중국의 성제·성인을 시조로 하였다는 '사예화하기원설(四裔華夏起源說)'이 나타나 있다. 기자조선 전승도 이와 같은 중화·화이사상에 기초해 성립되었음은 물론이다.

우리 민족의 기원을 산동지역의 동이족과 연결해 보는 설은 1970년대 이후 국정 국사 교과서에 반영되어, 산동지역의 동이족이 만주와 한반도로 이동하였다는 서술도 직접 나타나게 되었다.(『(국정) 국사』, 1979) 최근까지도 동이족설의 영향은 이어져, 2009년판 마지막 국정 『국사』 교과서에까지 [그림 2]와 같은 지도가 실려 왔다.

이 지도는 1987년(제5차 교육과정) 이후 국정 국사교과서부터 실린 것으로, 「동이족」의 분포를 산동지역부터 한반도까지 연결해 하나의 범위로 표시하고 있다. 이 지도에 의하면 우리 민족이 산동의 동이족과 같은 계통일 뿐만 아니라, 또 고조선의 범위가 동이족의 지역 내에 있어, 고조선이 동이족을 기반으로 했던 것으로 오해될 수도 있다.

동이족설이 처음 제기되었던 1948년 직후는 아직 고고학의 조사 성과가 미미했던 단계로, 한반도 지역에서 구석기시대나 청동기시대조차 그 존재가 인정되지 않았던 때이다. 그러다보니 『후한서』 등 문헌 기록에 의존하여 동이족의 실체를 파악하려고 하였던 것이다.

동이족설이 근거한 사료는 앞서 인용문에서도 거론되었듯이, 5세기 중엽 범엽이 편찬한 『후한서』 동이전의 서문이다. 범엽의 『후한서』 동이전은 그 내용의 약 3/4 정도가 진수의 『삼국지』 동이전을 그대로 옮긴 것이라 실제 사료적 가치는 별로 평가받지 못하고 있다. 하지만 그 서문에는 동이의 연혁에 대한 기록이 비교적 구체적으로 보여 주목을 받았던 것이다.

『후한서』동이전 서문은 중국사서 중 처음으로 선진(先秦)부터 한(漢)에 이르기까지 통시적으로 동이에 대해 서술하고 있다는 점에 특징이 있다. 하지만 서로 실체가 다른 선진시기의 동이와 한 이후의 동이 기사를 서문과 본문에 각각 서술하여, 전후 상이한 동이의 기록을 이어 앞뒤가 모순되는 것이 『후한서』동이전이다.

현재도 일부 연구자들이 『후한서』 동이전 서문으로 인해 선진의 동이와 한 이후의 동이를 연결해 보는 오류를 범하고 있다. 하지만 앞서 보았듯이

[그림 2] 2009년 국정 『국사』 교과서의 고조선의 세력 범위 지도

동이 개념의 변화는 진·한 통일제국의 출현으로 인한 중국의 범위 확대와 더불어 이루어졌다.

『후한서』동이전 서문에서는 선진시기의 동이와 한 이후의 동이 기록 사이에 다음과 같은 구절을 두어 동이의 전환을 보여주고 있다.

진(秦)나라가 6국을 병합한 후 회수(淮水)와 사수(泗水) 지방의 이(夷)를 모두 분산시켜 진의 백성(民戶)으로 만들었다. 진섭(陳涉)이 군사를 일으켜 진의 천하가 허물어지자, 연(燕)나라 사람 위만이 조선으로 피난하여 와서 그 나라의 왕이 되었다. 백년 쯤 지나서 무제가 그를 멸망시키니 이에 동이(東夷)가 처음으로 상경(上京)에 통하게 되었다.

그런데 이 구절을 허심하게 읽으면 선진 시기의 동이와 한 이후의 동이 사이에 친연 관계를 강조했다기보다는, 오히려 시대에 따른 동이 개념의 변화를 서술한 것처럼 볼 수 있다. 즉 진나라 때 산동지역의 동이가 군현의 민호로 흡수 편성됨에 따라 삼대 이래의 전통적인 동이는 사실상 소멸되었고, 한나라 이후 중국인이 동이로 인식한 것은 조선을 비롯한 그 주변의 여러 민족이었다는 것을 전하는 것으로 해석할 수 있는 것이다.

　　다시 말해 『후한서』 동이전 서문의 줄거리는 진나라가 통일하면서 산동지역에 있던 동이는 진의 민호로 편입되어 소멸되었고, 진나라가 멸망하고 백 년 쯤 지나서 한나라가 위만조선을 멸망시키고 다시 영역을 동쪽으로 더 확장하자 새로운 동이가 나타났다는 것이다. 따라서 『후한서』 동이전 서문을 근거로 산동의 동이와 만주·한반도의 동이를 묶어 같은 계통의 동이족으로 보거나, 전자가 이동하여 후자가 되었다고 보기는 어려운 것이다.

　　산동지역의 동이에 대해 중국학계에서는 1930년대부터 주의를 기울이기 시작했다. 몽문통(蒙文通)은 『고사견미(古史甄微)』(1933년)에서 동이를 산동(海岱) 지역의 민족으로 중국 고대 3대 민족(동이, 화하, 묘족) 중 하나로 보았다. 부사년(傅斯年)은 『이하동서설(夷夏東西說)』(1935년)에서 산동의 동이를 중원의 화하(華夏)와 동등한 수준에서 파악하였다.

　　산동지역에 대한 고고학적 조사도 1930년대부터 시작되었다. 신석기문화인 용산(龍山) 문화, 대문구(大汶口) 문화의 유적들이 차례로 확인되면서, 이를 문헌상의 동이와 연결해 보게 된 것이다. 이러한 초기 연구는 1970년대 이후 동이문화사 연구의 기초가 되어, 산동 동이의 신석기문화는 중원의 자산-노관대-앙소 문화와 구분되어, 북신(北辛)-대문구-용산 문화로 전개된 것으로 인식되었다.

　　산동의 청동기문화에 대한 이해는 1980년대 이후 교동반도(膠東半島, 산동반도 동부 膠萊河 이동의 해안지역) 지역의 유적에 대한 조사를 통해 심화되었다. 평도시(平度市) 동악석(東岳石) 유적으로 대표되는 초기 청동기문화인 악석(岳石) 문화가 하나라 시기(기원전 2000년대 전반)의 이인(夷人) 문화로 이해되었으며, 장도현(長島縣) 진주문(珍珠門) 유적으로 대표되는 그 보다 늦은 시기 청동기문화인 진주문 문화가 상나라 시기 (기원전 2000년대 후반)의 동이문화로 인식되었다.

산동반도(교동반도)의 진주문 문화와 비슷한 시기 요동반도의 청동기문화인 쌍타자 문화를 서로 비교해 보면, 두 문화 사이에는 커다란 차이가 보인다. 산동반도에서는 민무늬의 다리가 셋 달린 토기(鬲)가 주종을 이루며[그림 3], 요동반도에서는 지(之)자 무늬나 줄무늬가 있는 바닥이 평평한 토기가 주종을 이룬다.[그림 4]

또한 산동반도에서는 지하에 구덩이를 판 움무덤(土壙墓)이, 요동반도에서는 고인돌, 돌널무덤(石棺墓), 돌무지무덤(積石塚) 등 돌무덤이 주로 보인다. 이들 돌무덤에서 출토된 비파 모양의 청동검(비파형 동검)은 손잡이를 따로 만들어 결합하는 방식으로, 북방식·중원식 동검과 전혀 달라서 「요령식 동검」이라고도 불린다. 비파형(요령식) 동검의 발생에 대해서는 요동기원설과 요서기원설로 나뉘는데, 대체

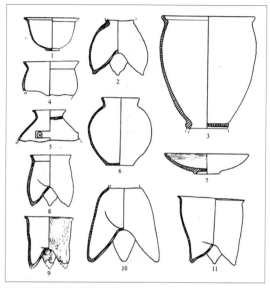

[그림 3] 산동반도 진주문 문화 토기

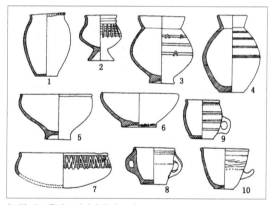

[그림 4] 요동반도 쌍타자 문화 토기

로 요서지역에서 먼저 기원했을 것으로 보고 있다. 비파형 동검 문화는 중원식 동검 문화나 북방식 동검 문화와도 구분되는 예맥족의 문화로 이해된다. 이러한 청동기 문화 차이는 요동과 산동 두 지역의 주민이 동일한 계통이 아니라는 사실을 뒷받침해준다.

물론 산동반도와 요동반도 두 지역이 발해만을 사이에 두고 인접해 있어

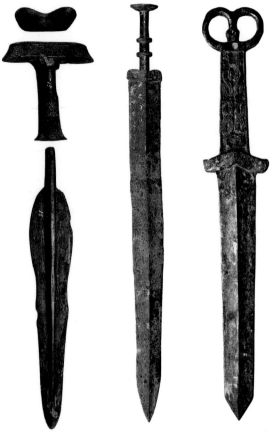

[그림 5] 비파형(요령식) 동검(중국 내몽고 寧城 孫家溝, 길이 34.9cm)

[그림 6] 중원식 동검 (중국 하남 輝縣, '吳王 夫差'劍, 길이 59.1cm)

[그림 7] 북방식 동검 (중국 하북 延慶 玉皇 廟, 길이 31.5cm)

해로를 통해 신석기시대부터 교류 했다는 사실도 무시할 수 없다. 하지 만 교류의 흔적도 인정되지만 그보 다 분명한 것은 두 지역의 주민과 문 화 계통이 서로 다르다는 것이다.

이상에서 살펴본 것처럼 동이는 어디까지나 중국 중심의 세계관이 투영된 개념으로, 우리 민족의 기원 과 연결시켜 볼 수 있는 객관적 용어 가 아니다. 또한 진(秦)에 의한 중국 의 통일을 전후하여 동이의 실체가 바뀌었다는 점에도 주의해야 한다.

최근 시중에서 중국 고대신화의 치우(蚩尤), 염제(炎帝) 신농씨, 순임 금 등 산동(동이) 지역과 관련된 신화 적 존재들을 우리 민족의 기원과 관 련시켜 보는 대중서들을 어렵지 않 게 볼 수 있다. 특히 2002년 월드 컵 개최 당시 「붉은 악마」 응원단이 「치우천왕」을 상징 이미지로 사용하 면서 대중의 관심이 더욱 증가하게 되었다.

사실 그동안 학계 일각에서도 고구려 사회가 형제적 질서에 입각해서 조직 된 사실과 그 언어에서 발견되는 상통함을 근거로 치우 사회와의 계기성을 추정하기도 하였다.(김광수) 또 최근에는 요서 대능하(大凌河) 유역의 우하량(牛 河梁), 동산취(東山嘴) 유적 등 홍산(紅山) 문화를 남긴 세력 역시 또 다른 동이로 파악하고, 그와 한나라 이후 동이 사이의 연관성을 염두에 둔 시각이 개진되 기도 하였다.(서의식)

치우에 관한 전승은 『산해경』, 『상서』, 『전국책』, 『장자』, 『사기』 등에 나오는데, 치우가 황제(黃帝)와 싸워 패하고 주살되었다는 것이 주요 줄거리이다.

『산해경』(大荒北經)에 의하면, 치우가 군대를 일으켜 황제를 치자 황제는 응용(應龍)에게 명하여 치우를 공격하게 하니, 치우는 풍백·우사에게 청하여 폭풍우를 일으켜 응전하였고, 황제는 여발(女魃)에게

[그림 8] 붉은 악마(치우천왕) 이미지

명해 그 비를 멈추게 하고 마침내 치우를 주살하였다는 것이다. 이처럼 『산해경』의 기록은 신화적·민중적인 데 비해, 『사기』(五帝本紀)의 기록은 치우가 난을 일으키자 황제가 제후의 군사를 모아 탁록(涿鹿)의 들에서 치우와 싸워 주살하였다는 내용으로 신화적 요소를 최대한 배제하고 있다.

황제와 치우의 전쟁에 관해서는, 태양(황제)과 폭풍우(치우)라는 상반된 두 자연력의 갈등에 대한 이야기라는 설, 산동의 제동야인(齊東野人, 제 동쪽의 야인)들에 의해 신앙되던 지방신인 치우가 주나라의 지배하에 들어가게 되면서 두 민족 대립항쟁의 역사가 치우가 황제의 정벌을 받았다는 설화로 표현되었다고 하는 설, 가뭄의 신인 여발이 다시 하늘로 돌아가지 않자 그곳이 사막이 되었다는 전승은 치우의 묘가 존재하는 산동성 서부의 사막지대에 대한 설화라고 하는 설, 고신(古神)과 신신(新神) 사이의 투쟁에서 후자가 전자를 멸망시키고 새로운 생명을 태어나게 하는 의식 즉 생명부활을 촉진하는 신년의 계절제와 관련된다는 설, 신의 투쟁 결과 홍수가 일어났다고 하는 홍수전설 설, 왕이 물을 지배하는 용사(龍蛇)를 퇴치해서 물의 범람을 진정시키고자 하는 주술적인 악룡(惡龍) 퇴치 이야기라는 설, 치우의 원시적 의미는 뱀(蛇)으로 풍우와 깊은 친연 관계에 있으며 치우의 파괴적 행위는 원초의 혼돈을 상징한다는 점에서 황제와 치우의 투쟁은 우주개벽 신화의 성격을 보인다는 설, 황제와 치우의 전투에 의해 천지분리가 이루어지고 지상에 한발의 재앙이 있

[그림 9] 중국 산동성 문상현 치우총

게 되었다고 보는 천지분리신화 설, 전국시대 전씨제(田氏齊)의 고조(高祖)인 황제가 강씨제(姜氏齊)의 신인 치우를 정벌한 이야기라는 설 등 다양하게 제기되어 왔다.

대체로 역사적 이야기로 보는 입장과 자연적 신화로 보려는 입장으로 나뉜다. 하지만 치우를 선진시기 산동지역과 관련된 혼돈의 신, 전쟁의 신, 악신으로 보고 있다는 점에서는 공통된다. 『사기』와 『한서』 기록에 의하면 치우사(蚩尤祠)와 치우총(蚩尤塚)이 산동성 수장(壽張)현, 문상(汶上)현에 있다고 하는데, 현재도 산동성 양곡(陽谷)현과 문상현에 치우릉(치우총)이 전하고 있다. 이로 보아 치우는 선진시기 산동지역의 지역신이었다가 황제에게 패퇴한 존재임을 알 수 있다.

이러한 치우가 『환단고기』(桓檀古記) 삼성기에서는 환웅천왕이 건국했다고 하는 배달국의 14대 천왕으로 나와 재야의 관심을 받고 있다. 위서로서 『환단고기』의 성격에 대해서는 이 책의 다음 장에서 다루고 있으므로 여기서는 생략하고자 한다.

한편 최근 일부 중국학자들은 산동지역의 염제족이나 고이(高夷) 등의 동이족이 요동과 한반도로 이주하여 고조선, 고구려 등의 선조가 되었다고 주장한다. 즉 예족의 원 거주지는 지금의 산동성 일대의 발해 연안지역이었는데, 춘추·전국시대 무렵에 중국의 핍박을 받아 하북 창현 등지를 거쳐 동북(만주)지역으로 이주해 들어갔다고 보는 것이다.(李德山·欒凡) 이처럼 우리 민족의 뿌리를 중국 내지에서 찾는 중국 동북공정의 논리는 한나라 시기의 기자동래(기자조선)설과 아주 흡사하다.

선진시기 산동의 동이와 한나라 이후 만주·한반도 일대 요동의 동이를 동일한 계통으로 연결해 보는 동이족설은 현재 양날의 칼처럼 중국과 한국에서 각각 자기중심적으로 이용되고 있다. 최근 전개되었던 중국 동북공정의 동이족설을 비판하기에 앞서, 우리 내부에서 대중매체를 통해 확대 재생산되고 있는 동이족설이 혹시 그것을 부추기고 있는 것은 아닌지 되돌아보아야 할 것이다.

〈참고문헌〉

기수연, 「동이의 개념과 실체의 변천에 관한 연구」, 『백산학보』42, 1993.

김광수, 「치우와 맥족」, 『손보기박사정년기념 한국사학논총』, 지식산업사, 1988.

김상기, 「東夷와 淮夷·徐戎에 대하여」, 『동방학지』1·2, 1954·1955; 『동방사논총』, 서울대 출판
　　　부, 1974.

김정배, 「동북아의 비파형동검문화에 대한 종합적 고찰」, 『고조선에 대한 새로운 해석』, 고려대 민
　　　족문화연구원, 2010.

박대재, 『중국 고문헌에 나타난 고대 조선과 예맥』, 경인문화사, 2013.

_____, 「기자조선과 小中華」, 『한국사학보』65, 2016.

서의식, 「동이 연구의 맥락과 과제」, 『한국 고대사 연구의 시각과 방법』(노태돈 교수 정년기념논총
　　　1), 사계절, 2014.

小倉芳彦, 「裔夷の俘–左傳の華夷觀念–」, 『中國古代史硏究』2, 吉川弘文館, 1965.

손진태, 『조선민족사개론』, 을유문화사, 1948.

隋永琦·鞏升起, 『海陸一體化維度上的東夷文化』, 文物出版社, 2015.

안승모, 「고고학으로 본 한민족의 계통」, 『한국사시민강좌』32, 2003.

王獻唐, 「人與夷」, 『中華文史論叢』1982–1.

嚴文明, 「東夷文化的探索」, 『文物』1989–9.

李德山·欒凡, 『中國東北古民族發展史』, 中國社會科學出版社, 2003.

이성규, 「선진 문헌에 보이는 '東夷'의 성격」, 『한국고대사논총』1, 1991.

전해종, 「중국과 한국」, 『한중관계사연구』, 일조각, 1970.

井上秀雄, 「『後漢書』の東夷觀」, 『小野勝年博士頌壽記念 東方學論集』, 龍谷大學 東洋史硏究會,
　　　1982.

조법종, 「동이관련인식의 동향과 문제점」, 『단군학연구』5, 2001.

천관우, 「箕子攷」, 『동방학지』15, 1974; 『고조선사·삼한사연구』, 일조각, 1989.

鐵井慶紀, 「黃帝と蚩尤の鬪爭說話について」, 『中國神話の文化人類學的硏究』, 平河出版社, 1990.

4강

'유사역사학'과
환단고기

이문영(파란미디어 편집주간)

1
유사역사학이란?

유사역사학은 pseudohistory의 번역어다. '유사(類似)'라는 말은 그런 것 같지만 그렇지 않다는 것을 가리키는 것이다. 즉 유사역사학이란 역사학처럼 보이지만 역사학이 아닌 것을 가리키는 말이다. 때문에 이 말은 '사이비 역사학'이라는 말로도 번역된다. 미국 역사학자 로널드 프리츠 교수의 저서 『사이비역사의 탄생』(이광일 역, 이론과실천, 2010)에 있는 내용을 살펴보자.

로널드 프리츠의 『사이비역사의 탄생』

역사와 과학에서 무엇이 진실이고 사실인지, 무엇이 거짓말이고 허위인지를 어떻게 구분할 수 있을까? 그 답은 증거이다. 증거는 고대의 기록일 수도 있고, 고지도, 유물, 역사와 관련된 고고학적·과학적 발견의 형태가 될 수도 있다. 또 다른 답은 그런 증거를 분석하고 평가함에 있어서 객관적이고 경험적인 방법을 사용했는가이다.

유사역사학은 '증거'를 자의적으로 사용한다. 이들은 출처가 불분명한 책을 증거라고 내민다. 그 책은 고대로부터 내려왔는데, 원본은 분실되었고 간신히 한 권이 남았다는 식의 유래를 가지고 있다. 그 내용은 고대의 조상들이 천하를 다스렸고 역사상 유례가 없는 강대국이었다는 것이다. 황당하기 짝이 없는 내용이지만 자국의 역사에 대한 열등감이 가득한 사람들에게는 그야말로 복음 중의 복음이 된다. 그리하여 이 가짜 역사에 대한 신앙이 발생한다. 일단 이런 믿음을 가지게 된 사람들은 합리적이고 이성적인 이야기도 믿지 않는다. 신뢰할 수 있는 사서를 가지고 이야기해도, 그 사료의 극히 사소한 부분의 모순을 들고 나와 설명을 요구하는 등의 비이성적인 행동을 한다. 이런 모습을 보면 정상적인 사고를 가진 사람들은 더 이상의 대화가 힘들다고 생각하고 포기해버리는 경우가 많다. 하지만 그래서는 안 된다. 이들은 마치 공포소설의 좀비처럼 다른 사람을 감염시키며 점점 그 세력을 확장한다. 이들은 이해를 하지 못한다 해도 이들이 믿는 유사역사학의 잘못을 지적하는 일은 계속 해나가야만 한다. 그것이 감염의 경로를 막는 길이기 때문이며, 감염된 사람들을 제자리로 돌릴 수 있는 유일한 길이기 때문이다.

상생출판에서 나온 환단고기 번역본

우리나라 유사역사학의 대표 주자는 『환단고기』다. 이 책은 고대의 한민족이 동아시아를 지배했다고 주장한다. 중국이나 일본은 한민족의 곁가지에 지나지 않는다. 이런 사고방식은 어떻게 생겨난 것일까? 그것은 열등감 때문이다. 일제강점기에 일본제국의 식민지인으로 가진 열등감, 6.25 전쟁의 비참함에서 강대국 미국을 바라보며 가진 열등감은 식민사학에서 심어준 조선에 대한 멸시감으로 증폭되어 환상의 고대사에 매몰되는 첩경으로 이용되었다.

약간의 의심이 들더라도, 다른 나라도 다 그

렇게 하지 않느냐는 말로 자기 자신을 위안하게 된다. 좀 과장된 것이 있어도 그게 다 우리 민족을 위한 것인데 뭐가 문제냐는 것이다. 일본이나 중국이나 자국에 유리하게 역사를 왜곡 조작하는데 우리만 정직하게 하는 건 손해 보는 일이라고 말한다.

일본의 경우에 과연 어떤 역사 왜곡을 하고 있을까? 가장 흔하게 기억되는 것이 후쇼샤의 극우 교과서이다. 그런데 이 교과서는 채택률이 현저하게 낮다. 독도와 임나일본부 문제가 있는데, 이런 문제에 대해서 대응하기 위해서 우리가 없는 것을 만들어서 대항할 이유가 전혀 없다. 학계에서 당연히 대응할 수 있기 때문이다. 중국의 경우는 '동북공정'의 문제가 제일 크다. 동북공정의 논리는 현재 중국이 차지한 영토의 역사도 중국 역사라는 것이다. 이런 이상한 논리를 저지하는데도 우리가 역사를 왜곡해서 대응할 필요는 없다. 잘못된 사실에 대항하는 가장 좋은 방법은 그것이 잘못 되었다고 이야기하는 것이다.

유사역사학에서는 중국의 억지 논리를 빌려와서 그걸 가지고 상대의 논리를 뒤집을 수 있다고 생각한다. 중국과 일본의 영토가 과거 한민족의 영토였으므로 그 나라의 역사는 우리 것이라는 주장을 종종 펼친다. 이것은 동북공정과 똑같은 논리다. 동북공정을 과대평가하는 이야기는 중국이 한반도 유사시에 북한에 진군할 근거를 만들기 위해서 역사 왜곡을 한다는 등의 주장이다. 6.25 때는 동북공정이 없었지만 중국은 참전했다.

이런 문제에 대해서 역사학계는 어떤 반론을 내놓고 있는지 일반대중에게 좀더 쉽고 친절하게 이야기할 필요가 있다. 역사학계의 성과가 대중들에게 알려지지 않기 때문에 유사역사학에서 짜놓은 '식민사학' 프레임이 계속 대중들을 현혹하고 있다. 이들은 자신들은 신채호로부터 내려오는 민족사학의 후예고, 역사학계는 이병도에서 비롯된 식민사학의 계승자라고 주장한다. 수십 년간의 주장이 쌓여서 대중들에게 깊이 각인된 상태라고 할 수 있다.

우리나라에서는 유사역사학에 대해서 '재야사학'이라고도 부르는데, 이 용어에 대해서 논하고 넘어갈 필요가 있다. '재야'라는 말은 원래 정관계의 밖에 있는 인사를 가리키는 말로 시작되었다. 과거 독재시절에 민주화 운동을 한 사람들을 재야인사라고 불렀다. 이 때문에 '재야'라는 말은 권력에 맞서는 선비와 같은 이미지를 얻게 되었다. 역사학 쪽에서 본격적으로 발현된 것은 1970년대에 들어와서다. 1975년 전 문교부장관 안호상 등이 '국사 찾기 협의회'를 결성하면서 재야사학이라는 말이 사람들 사이에 파고들었다. 이들은 역사학자들을 '강단사학자'라고 부르면서 재야와 강단이라는 이분법을 시도했다. 이렇게 함으로써 역사학계에 두 개의 세력이 있는 것처럼 대중들을 호도하기에 이르렀다.

2
『환단고기』 그 이전과 이후

國史공청회……장관도 학자도 "착잡"

國史공청회의 심각한 표정. 국회문공위의 국사교과서내용 시정에관한 요구 청원공청회(26·27일)에나온 李奎浩문교부장관 (앞줄왼쪽)과 鄭泰秀차관(〃오른쪽). 진술을위해나온 崔永禧, 李龍範, 金哲埈교수등 역사학자들의 표정에는 착잡한 그림자가 짙게 배어있다.

경향신문 1981년 11월 28일자 7면 기사

유사역사가 결집체였던 국사찾기협의회가 벌인 대표적인 사건이 1981년의 국사공청회 사건이다. 국사교과서가 왜곡되었다고 해서 국회를 동원해 국사공청회가 열렸다. 이때 유사역사학계의 거물들이 대거 등장해서 역사학자들과 토론을 벌였다.

『환단고기』는 1979년에 광오이해사에서 첫 출판되었고, 1982년 배달의숙에서 다시 한 번 출판되었는데 이때까지 아무 반향도 나타나지 않았다. 1981년의 국사공청회의 주역 중 하나였던 임승국은 1978년에 낸 『고대사관견』에서 『환단고기』의 「삼성기」와 「태백일사」를 인용하고 있다. 아직 책도 나오지 않았지만 그 내용은 다 알고 있었던 것이다. 이미 이유립이 월간 『자유』지에 여러차례 『환단고기』의 내용을 공개한 바 있었다. 하지만 당시 유사역사가조차 중요하게 여기지 않았던 것이다. 그런데 1982년 일본에서 『환단고기』 일역본이 나오면서 이 책의 가치가 올라갔다. 일본에서 번역까지 할 정도로 대단한 책이라고 여긴 것이다. 이것이야말로 사대주의적 발상이라 하겠다. 1982년은 일본의 역사교과서 왜곡 파동이 일어난 해이기도 했다. 국수주의가 시민들 가슴속에 파고들기 시작했다.

『환단고기』의 대중화에 큰 역할을 한 책이 1984년 11월에 출간된 베스트셀러 소설 『단』(김정빈, 정신세계사)이었다. 『단』은 유사역사학 기반 하에 우리 역사를 설명하고 있었다. 그리고 『단』을 내놓은 출판사는 1986년 5월에 『환단고기』의 한글번역본 『한단고기』를 내놓았다. 1986년 9월에는 조선일보 기자 출신인 서희건의 『잃어버린 역사를 찾아서』(고려원)가 출간되었다. 식민사학을 비판하고 한국상고사의 실체를 찾는다는 이 책 또한 유사역사학을 설파하면서 베스트셀러에 올랐다. 1986년에 나온 '상고사' 관련 서적만 20여 종인데 대부분이 유사역사학 서적이었다. 이런 종류의 책이 팔린다는 것은 증명되자 더 빠르게 더 황당한 주장들이 서가에 등장하기 시작했다.

역사학계도 손을 놓고 있지는 않았다. 『환단고기』에 대한 최초의 검토는 1986년에 당시 대구대 강사였던 이도학에 의해 이루어졌다. 1986년 11월 잡지 『민족지성』에 여러 "재야사서"에 대한 사료 비판이 있었는데, 그 중 하나가 『환단고기』였다. 1988년에는 조인성 교수가 『환단고기』에 대한 논문을 발표했다. 이 글들을 통해 『환단고기』는 신뢰할 수 없는 사서

유사역사학의 대변지 역할을 해온 월간 자유

라는 평가가 내려졌다. 학계는 이를 통해 문제를 해결했다고 생각했던 것 같다. 연구할 거리는 산처럼 쌓여있는데 3류 소설 같은 이야기를 붙들고 있을 시간도 여유도 없었다. 하지만 이 독버섯은 학문 상의 논의만 가지고 죽일 수 없다는 것을 모르고 있었다. 80년대 후반에 들어서서 그때까지 존재하지 않았던 새로운 커뮤니케이션 수단이 등장했다. PC통신이 그것이다. 이후 인터넷이 들어오면서 정보의 소통은 그 전 시대에는 상상할 수 없을 정도로 빨리 일어나게 되었다. 그리고 한민족의 영광을 노래한 『환단고기』 역시 그 신봉자를 빠르게 늘려나갔다. 그러나 『환단고기』에는 지나칠 정도로 잘못된 부분들이 있었기 때문에 역사 커뮤니케이션 그룹들의 비판을 통해 『환단고기』를 맹신하는 움직임도 조금씩 사그라들어갔다.

그런데 이때 새로운 불길이 전혀 생각하지 못한 곳에서 일어났다. 서울대 천문학과 교수인 박창범과 세종대학교 라대일 교수가 그 주역이다. 이 두 사람은 1993년에 「단군조선시대 천문현상기록의 과학적 검증」(『한국상고사학보』 14, 1993)을 발표하여 『환단고기』와 『단기고사』의 천문 현상이 실제로 있었다고 주장했다. 과학의 힘을 앞세우자 역사학에서 검토한 사항이 일시에 무력화되었다.

이들은 1994년에 "삼국시대 천문현상 기록의 독자 관측사실 검증"(『한국과학사학회지』 16권 제2호)이라는 논문을 발표했다. 여기엔 충격적인 주장이 들어있었다.

> 삼국이 남긴 일식들로부터 각국에 대하여 최적 관측지를 찾음으로써 관측 위치를 추정하였다. 그 결과 신라 초기(201년 이전)의 관측자 위치는 양자강 유역으로, 후기(787년 이후)의 위치는 한반도 남부로, 그리고 백제의 관측지 위치는 발해만 유역으로 나타났다.

이로써 유사역사학에는 이른바 '한민족 대륙설'이라는 새로운 세계가 열리게 되었다. 이것은 우리 고대 국가가 중국 땅에 있었다는 주장이다. 이 논문 이전에도 이런 주장이 있었지만 이렇다 할 반응을 일으키지 못하는 황당무계

한 소리로만 여겨졌다. 그런데 이번에는 과학이 이들의 주장을 뒷받침한다는 주장으로 대중들을 유혹했다.

이들의 주장은 너무 괴이하고 이상해서 『환단고기』는 오히려 정상적으로 보이는 착시효과를 가져다줄 정도였으나 점차 『환단고기』를 통해서 중국 땅에 삼국이 있었다는 주장도 나오기 시작했다. 더 크고 더 넓은 역사만이 자랑스러운 역사라는 생각을 가진 사람들의 종착지는 다르지 않았던 것이다.

박창범 등의 주장은 기본적인 오류를 가지고 있다. 일식은 아주 범위가 넓어서 관측할 수 있는 영역도 매우 크다. 이 영역이 겹치는 곳의 중심이 일식을 관측한 곳이라고 볼 수는 없다. 특히 고대사의 경우는 관측 기록, 즉 표본이 너무 적어서 유의미한 결과를 낼 수가 없다. 이 점은 대구가톨릭대학 이기원 교수가 쓴 논문 「A study of solar eclipse records during the three kingdoms period in Korea」(한국지구과학회지 제29권 제5호, 2008년 9월)에 잘 논파되어 있다.

3
『환단고기』의 쟁점

환단고기는 일반적으로 1979년 광오이해사라는 출판사에서 나온 것으로 알려져 있다. 이것이 임승국의 번역본인 『한단고기』(정신세계사, 1986.5)의 원본이다. 하지만 이 책은 원래 1911년에 만들어진 것이라고 주장하고 있다. 그러면 왜 이렇게 오랜 세월이 지난 다음에야 다시 출현했던 것일까? 여기에는 놀라운 이야기가 있다.

1984년에 나온 『국조단군』이라는 잡지에 송호수가 이유립의 말을 인용해 그 이유를 설명하고 있다.

> 환단고기는 다음 경신(1980)년이 되거던 세상에 내놓으라는 말을 운초가
> 남겼다고 함.〈단단학회 이유립 운〉

하지만 저 말은 사실일 수가 없다. 『환단고기』는 이미 그 전에 세상에 공개되었기 때문이다. 그것도 아주 오래 전에.

세계환단학회 박성수 회장의 주장을 따르면 『환단고기』는 1967년에 이유립이 교주로 있던 '단단학회'의 기관지 『커발한』에 일부 공개되었다고 한다. 이때 『환단휘기』라는 이름으로 『커벌한』 제8호에 『태백유사』, 『진역고기』, 『규원사화』, 『단군세기』, 『진단유기』, 『북부여기』 등이 공개되었다는 것이다. 『환단휘기』는 1971년에 단행본으로 발간되었는데 그 안에 『환단고기』의 내용이 일부 들어있다. 박성수 회장은 또한 1975년 9월 1일 『커발한』 19호에 선천 계연수 편 『환단고기』를 연재하기 시작했다고 전한다. 즉 1980년 공개라는 말은 엉터리 이야기일 수밖에 없다. 이미 그전부터 『환단고기』를 공부했다는 주장까지 있는 실정이다.

이렇게 1980년에 공개하라는 말이 앞뒤가 맞지 않는다는 지적에 대해 이유립의 제자 양종현과 전형배는 그런 말을 들은 적이 없다고 말하고 있다.

전형배는 "계연수 선생이 경신년에 환단고기를 세상에 내라고 했다는 말을 외부인에게서는 들은 적이 있어도, 이유립 선생으로부터는 그러한 말을 단 한 번도 들은 적이 없다."고 강조했다. 그런데 이 증언들이 맞다면 『환단고기』가 왜 그토록 오랜 세월 재간되지 않았는지가 설명되지 않는다.

『환단고기』 행방에 대한 진술은 「민족사 정초의 선구 한암당 이유립」(『한배달』 1995년 9월호), 「민족사학의 큰 스승 한암당 리유립 선생」(『한배달』 2001년 7월호)과 「환단고기의 진실」(『신동아』 2007년 9월호)에 실린 전형배의 증언, 양종현이 쓴 『백년의 여정』(상생출판, 2009), 상생출판에서 내놓은 『환단고기』(안경전 역주, 2012)에 실려 있다. 이 글들은 각기 다른 이야기를 내놓고 있다.

먼저 『환단고기』를 분실한 경위에 대해서 살펴보자.

『한배달』(2001)에서는 1970년대 초반 의정부에 기거하다가 너무 형편이 어려워 군산에 내려가 있었는데 이때 집주인이 단 한 부 남아있던 계연수의 초간본 『환단고기』를 다른 책들과 함께 내다팔았다고 전한다. 이유립은 『환단고기』를 1911년 계연수가 출간했다고 주장하고, 그것을 자기가 가지고 있다가 분실해서 기억에 의지해서 새로 썼다고 말했다.

『신동아』는 다른 사연을 전한다. 그것은 이유립의 부인인 신매녀의 증언이다. 이유립이 책을 분실한 경로가 두 가지로 전해진다. 첫째는 6.25 때 피난지였던 금산에서 화재로 책이 불타 없어졌다는 것이며, 이 일로 이유립이 앓아눕기도 했다고 한다. 둘째는 그 후 성남에 살던 때에 수해를 만나 책을 분실했다고 한다. 신매녀는 이때 없어진 책에 『환단고기』가 포함되어 있었는지는 모른다고 말했다.

상생출판 『환단고기』에서는 양종현의 증언을 싣고 있다. 양종현은 1976년에 의정부에 거주하던 이유립이 백내장 수술 차 군산에 내려갔을 때 집주인이 책을 모두 팔아버렸는데 이 때 『환단고기』 초간본이 사라졌다고 주장하고 있다. 양종현은 이유립과 『환단고기』를 가지고 공부했다고 주장하지만 그것이 초간본인지 증명할 방법은 없다.

그럼 원래 북한 땅에 살던 이유립은 어떤 방법으로 『환단고기』를 남한으로 가져왔을까? 그 점을 살펴본다.

『한배달』(1995)에는 1948년 월남하다가 해주에서 붙잡혀 구금되었으나 9월에 풀려났다는 이야기만 적혀 있다. 환단고기를 어떻게 가지고 왔는지는 따로 나오지 않는다.

『신동아』에는 신매녀의 증언이 있다. 이유립은 1948년 3월에 월남했고, 신매녀는 5월에 아이들과 월남했는데, 이유립은 다시 월북했다가 돌아오는 길에 붙잡혀 1년여 옥살이를 했다고 한다. 이 때문에 기사를 쓴 이정훈 기자는 『환단고기』를 찾기 위해 월북했던 것이라고 추정하고 있다.

그러나 『백년의 여정』을 보면 이것은 불가능하다. 양종현은 두 번 월남했다는 말은 하지 않는다. 1948년 3월에 이유립이 월남하다가 안내원의 배신으로 해주 내무국에 송치되었다. 부인 신매녀는 며칠 후에 월남에 성공했다.

양종현은 이유립이 그 다음해인 1949년 5월에서야 부인과 만났다고 전한다. 그동안 이유립은 마곡사 근처 사곡면 일갓집에서 몸조리를 했다는 것인데, 이유립이 북한군에 체포되었다가 빈 몸으로 팽개쳐졌다고 했으니 『환단고기』를 가져올 방법이 있을 리 없었다.

상생출판 『환단고기』는 또 다른 이야기를 하고 있다. 이 책에서는 이유립이 1948년 9월 월남한 이후에 북한을 두어 차례 다녀왔다고 한다. 그리고 이때 『환단고기』를 가져온 것으로 추정하고 있다. 앞서 『신동아』에서는 이유립이 두 번째 월남할 때 붙잡혔다고 했고 상생출판 『환단고기』는 그 후에 또 다녀왔다고 주장하는 것이다.

살펴본 바와 같이 『환단고기』는 출처 자체가 불분명하다. 이는 유사역사학의 책자들이 흔히 보이는 양태이다.

『환단고기』는 삼성기, 단군세기, 북부여기, 태백일사의 네 편의 글로 이루어져 있다. 이들 각 편은 『환단고기』라는 책에 수록된 형태로 나타나기 이전부터 이유립의 글 속에 이미 등장하고 있었다.

박성수의 글에 따르면 1967년 『커발한』에 등장한 것이 최초였다.

1971년에 나온 『환단휘기』에도 『환단고기』의 내용이 인용되어 있다. 이유립이 진짜 『환단고기』를 가지고 있었고, 그것을 양종현의 증언처럼 1976년에 잃어버렸다면 1976년 이전에 나온 인용문들은 진본 내용이어야 한다. 만일 이유립이 오형기라는 인물에게 1949년에 필사를 시킨 책자를 보고 쓴 것이라면 광오이해사본 『환단고기』와 내용이 일치해야 한다. 이 점을 검토해보기로 한다.

『환단휘기』 「환단휘기 자서」 3쪽에서 4쪽에 걸쳐 『환단고기』 「단군세기」가 인용되었다. 그 중 한 구절을 살펴본다. 이 구절은 1956년 3월 10일에 썼다고 되어 있다.

檀君買勒三十八年에 遣裵幣銘하야, 往討海上三島라 하니
단군매륵삼십팔년 　　　　견배반명 　　　　왕토해상삼도
倭之有號ㅣ 始此焉이오.
왜지유호 　　시차언

그리고 이유립은 1973년에 내놓은 『세계문명동원론』에서도 같은 구절을 인용하고 있다.

三十八年, 遣新野候裵幣銘, 往討海上. 十二月, 三島悉平, 倭之有號始此.
삼십팔년   견신야후배반명   왕토해상   십이월   삼도실평   왜지유호시차

이유립은 1976년에 「동양문명서원론을 비판한다」(『자유』 5월호)는 글을 발표한 바 있는데 여기에도 해당 구절이 인용되어 있다.

甲寅三十八年, 遣新野候裵幣, 往討海上. 十二月, 三島悉平.
갑인삼십팔년   견신야후배반   왕토해상   십이월   삼도실평

그리고 최종적으로 1979년의 광오이해사본에는 해당 구절이 아래와 같이 나온다(1983년에 나온 배달의숙본도 동일하다).

甲寅三十八年, 遣陝野候裵幣命, 往討海上. 十二月, 三島悉平.
갑인삼십팔년   견협야후배반명   왕토해상   십이월   삼도실평

배반명이라는 인물이 처음 등장할 때는 이름 뿐이었는데, 그 후에는 '신야후'라는 작위를 가지고 있었다. 그리고 이 작위의 이름은 최종본에서는 '협야후'로 바뀌었다. '신야후'가 '협야후'로 바뀐 것은 단순한 오탈자가 아니다. 두 번이나 되풀이 되었던 내용이 변경된 것이다. 사서를 위조하고 있었다는 증거인 셈인데 이런 대목이 한두군데가 아니다. 이유립 측의 말을 그대로 믿는다면 1949년에 '협야후'라고 되어 있던 것을 1956년에 작위를 빼버렸다가 1973년에는 '신야후'라는 작위를 주었고 1976년까지 그렇게 쓰다가 책을 낼 때는 '협야후'로 사용했다는 말이 된다. 지면 관계상 위조된 한구

연세대 도서관에 보관 중인 『환단휘기』

절만 예로 들어보였는데 더 자세한 내용에 대해서는 졸저 『만들어진 한국사』
(파란미디어, 2010)에 상술한 바 있으므로 참고하기 바란다.

이와 같이 『환단고기』는 지속적으로 수정 보완되면서 작성된 위서(僞書)다.
보통 사람들은 위서를 황당한 이야기가 적혀 있는 책으로 이해하는 경향이
있는데, 위서는 책을 위조했다는 뜻이지 그 안에 황당한 내용이 들어있다는
뜻이 아니다.

하지만 『환단고기』는 천문학으로 증명하지 않았냐고 반문할 사람이 있을
것이다. 박창범·라대일은 1993년에 『환단고기』와 『단기고사』의 천문기록
들을 검증했다. 두 책에서 총 12개의 천문현상을 뽑아냈다. 그 중 10개가 일
식관련 기사였다. 그리고 이중 다섯 개의 일식이 일치하였다고 주장했다. 하
지만 이 정도 일치로는 유의미한 값, 즉 두 책의 천문기록의 정확성을 담보할
수 없다. 담보할 수 있고가 애초에 문제가 되지도 않는다. 이런 증명이 비과
학적이라는 것은 박창범 스스로도 인정하고 있기 때문이다. 『하늘에 새긴 우
리 역사』(김영사, 2002)에서 박창범은 이렇게 말하고 있다.

> 과학적 계산으로 확인이 가능한 기록은 일식과 오행성 결집, 썰물 현상 등
> 12개 기록에 불과했다. 더구나 단군재위 몇 년이라는 시점을 서력으로 바꾸
> 어 놓은 연구가 없어서 그중에서도 가장 횟수가 많은 일식 기록마저도 안타
> 깝게 포기해야만 했다.

박창범은 자신의 논문에서는 연도를 표기해서 일식을 비교했고 실현율도
계산했다. 그러나 책에서는 그 연도를 믿을 수 없다고 말을 바꾼 것이다.

우리는 단군이 고조선을 세운 연도가 기원전 2333년이라고 알고 있다. 그
러나 이 연도는 『삼국유사』를 쓴 일연이 말한 연도도 아니고 『제왕운기』를 쓴
이승휴가 말한 연도도 아니다. 기원전 2333년은 조선 초 『동국통감』에 의해
서 제시된 연도다. 『환단고기』가 이 연도를 따른다는 것 자체가 이 책이 위서
라는 증거인 셈이기도 하다.

박창범은 이런 사실 때문에 자신의 일식 계산을 모두 없었던 것으로 돌려

버렸다. 그러나 그는 오행성 결집(수성, 금성, 화성, 목성, 토성이 한 장소에 모이는 현상)은 포기하지 않았다. 그는 『단기고사』와 『환단고기』에 모두 나오는 흘달 50년에 오성이 루성에 모였다는 기록을 검증하려고 했다. 박창범은 기원전 1734년에 오성이 결집하는 현상이 실제로 있었다고 말한다. 단군왕검 원년이 기원전 2333년이라는 것은 불확실한 후대의 기록이라서 일식 기록을 검증할 수 없다고 쓰고는 오행성 결집에는 그냥 그 연도를 사용하고 있다. 그뿐이 아니다. 박창범은 오히려 오행성 결집을 증명해서 『환단고기』의 연대를 추정할 수 있다는 주장을 한다. 불확실한 연대를 가지고 결과를 추출하고 추출된 결과를 가지고 불확실한 연대를 보정하겠다는 이야기이다. 박창범의 문제는 이뿐이 아니다. 오행성이 결집한 것을 가리킨 오성취루를 그는 자의적인 기준으로 설명한다. 그는 오행성이 10도 이내로 모이는 현상이 250년에 한 번 일어난다고 주장한다. 오행성 결집의 조건으로 10도 이내라는 것은 어디에도 나오지 않는 그만의 조건이다. 그가 이렇게 이야기한 것은 자신이 계산한 오성결집의 각도가 10도였기 때문이다. 자신이 얻어낸 수치로 자신의 결과를 보강한 것이다. 더구나 오행성 결집이 250년에 한 번 일어난다는 주장 역시 엉터리라는 것은 금방 증명된다. 전 천문원장 박석재가 조선일보(2015.5.12.)에서 아래와 같이 말한 바 있다.

나는 이번에 오성결집이 불과 1년 만에 다시 일어날 수도 있다는 사실을 깨닫게 됐다. 이는 상대적으로 공전 주기가 긴 목성과 토성이 하늘에서 모였다가 멀어지기 전에 수성·금성·화성이 신속하게 다시 결집하면 얼마든지 가능했다.

아이러니하게도 박석재도 『환단고기』를 신봉하는 사람이다. 오행성 결집은 박창범이 이야기한 것처럼 아주 드물게 일어나는 현상도 아니고, 그의 연구방법이 과학적인 근거를 가진 것도 아니었다. 하지만 불행히도 대중은 과학이라는 신기루 때문에 현혹되고 말았다.

4

유사역사학의 비난과
역사학의 향후 과제

유사역사학에서는 우리나라 역사학계를 폄하하고 그 폄하를 자신들 이론의 정당성으로 삼는다. 그 대표적인 사례들을 보면 아래와 같다.

첫째, 역사학계는 스승의 말을 거역하지 못해서 늘 같은 주장을 되풀이한다.

둘째, 역사학계는 사대주의에 물들어 있다.

셋째, 역사학계는 자랑스러운 한민족의 역사를 은폐하고 자학사관을 펼치고 있다.

첫째 항목부터 검토해보자. 이른바 '상고사'에서 가장 첨예한 문제인 고조선의 위치에 대한 부분만 보아도 이런 주장이 얼마나 엉터리인지 알 수 있다. 주류 사학계에는 두 가지 학설이 있다. 첫 번째는 이병도의 학설로 '대동강 중심설'이다. 흔히 이병도가 일제의 학설을 답습했다고 주장하지만 대동강 중심설은 고려 시대로부터 내려오는 유구한 지론이다. 두 번째로 '중심 이동설'이 있다. 이 설은 천관우가 시작했고 서영수와 노태돈이 펼치는 학설로, 천관우는 서울대 국사학과 출신으로 이병도의 직계제자이다. 이처럼 의견들이 다르다. 이미 이병도 살아생전에 김철준이나 이기백이 자신의 의견을 따르지 않는다고 불평을 한 바도 있다. 학자는 새로운 학설을 세워나가는 사람이며 그것은 역사학도 마찬가지다. 기존의 연구를 재검토하고 미진한 것을 보충하고, 새로운 해석을 찾아낸다. 그런 노력 위에서 역사의 진실은 조금씩 그 모습을 우리에게 드러내게 되는 것이다.

유사역사가들의 주장에는 일관성이 없는데 그들의 입맛에 맞는 주장을 하는 사람의 제자가 스승의 뜻을 따르지 않으면 스승의 등에 칼을 꽂았다고 비난하는 것에서 그 점을 알 수 있다.

두 번째 항목을 보자. 사대주의라 함은 작은 나라가 큰 나라를 섬기는 것을 가리키는 '사대'에서 온 말이다. 이것은 섬겨야 할 주체가 존재하던 시대에나 쓰이던 말로 오늘날에는 어울리지 않는 말이다. 역사학자들이 어떤 나라를 섬기면서 그 나라의 비위에 맞춰서 학문을 연구한다는 주장인데, 이런 일이 가능하다고 믿는 것 자체가 큰 문제이다. 특히 유사역사가들은 역사학자들이 일제의 주장을 사대주의로 따르고 있다고 말하는데, 그래야 할 이유가 존재하지 않는다. 이 때문에 유사역사가들은 과거 일제강점기에 역사가들이 '사대주의'에 빠져 있었고, 앞서 이야기한 첫 번째 주장, 즉 스승의 말을 따라야 하기 때문에 이제는 일제가 없음에도 불구하고 일제의 주장을 따르는 사대주의 자세를 가지고 있다고 말한다. 이미 첫 번째 주장이 사실이 아님을 말했기 때문에 첫 번째 주장이 성립해야 성립할 수 있는 이 두 번째 주장 역시 존립 근거가 없다는 점이 자명하다.

세 번째 주장을 보자. 이 세 번째 주장도 두 번째 주장과 맥을 같이 하고 있다. 역사학자들이 우리 역사를 작고 보잘 것 없는 것으로 보고 있기 때문에 크고 아름다운 다른 나라의 역사는 숭상하면서 우리 역사는 하찮게 여긴다고 주장하는 것이다. 유사역사가들은 역사라는 것은 세계에서 가장 오래된 기원을 갖고 있어야 하고, 전 세계를 아우를 수 있는 거대한 영토를 지니고 있어야만 가치가 있는 것이라는 매우 유아적인 발상을 하고 있기 때문에 이런 이야기를 하는 것이다. 역사학은 인간들의 과거를 연구하는 학문이다. 영토와 시간에 따라 가치가 생겨나는 것이 아니다.

역사학을 폄하하는 유사역사가들의 이야기는 여러 가지이지만 따져보면 위 세 가지의 변형일 뿐이다. 그 대부분은 인신공격에 불과하고 '주류'라는 것을 '권력'의 입장에서 보고 권력자는 나쁜 사람이라는 도식을 이용하고 있을 뿐이다.

전 세계가 빛의 속도로 이어지고 있는 21세기에 우리는 살고 있다. 다양한 인간의 관점을 파악하고 각기 구축해온 문명들이 사슬처럼 연결될 때 우리는 다른 국가들과 더불어 번영된 삶을 영위할 수 있게 될 것이다. 그러나 유사역

중국 남부 지방을 차지한 것으로 그려진 고대 베트남 지도

사학에서는 자기 민족, 자기 국가, 자기 역사만이 최고이며 선이며 인류의 영도자라고 주장한다. 불행인지 다행인지 이런 현상은 비단 우리나라에 국한된 것은 아니다.

베트남에도 터키에도, 러시아에도 인도에도 모두 이런 자민족최고라는 국수주의 유사역사학이 존재한다. 심지어 인도의 경우에는 이들이 당을 만들어 정권까지 잡고 있는 것이 현실이다. 이들은 중국도 인도인들이 넘어가서 만든 문명이라고 한다. 우리나라의 유사역사가는 황제가 동이족이라고 주장하면서 한민족이라고 말하고 있으니 이들 사이에서 셈법이 어찌 될 것인가?

유사역사학이 역사학 자체를 오도하게 되면서 역사 연구는 자국의 영광을 되살리는 것이라고 시민들을 현혹시키고, 그런 결과 현재의 판단에서 수치스러운 역사는 은폐해야 한다는 생각을 자연스럽게 떠올리게 된다. 또한 한민족이 가장 뛰어난 인간이라는 생각은 다른 나라 사람들을 깔보고 업신여기게 만들게 된다. 이런 역사관을 가졌던 나찌와 일제가 행한 일들을 우리가 또 답습해야 하는가?

유사역사학이 대중의 관심을 차지하게 되어서 고대사를 연구하는 학자들은 자신의 연구가 유사역사학에 이용될지도 모른다고 생각하고 그런 결과 자기 검열을 하거나 연구를 포기하기도 한다. 이웃나라들이 이런 걱정 없이 연구를 해나가고 있을 때 우리는 비난 받기 쉬운 연구는 하지 않으려 하게 되니 그 피해는 누가 감당할 것인가.

우리가 잘 되려고 시작한 일이 우리를 못나게 만들게 된다는 것은 얼마나 큰 모순인가. 그것은 유사역사학에서 고대로 갈수록 화려한 국가였다고 주장하는 것이 결국은 그 많은 땅을 잃어버리고 못난 후손이 되어버린 현재를 보여주는 결과로 나타나는 것과 마찬가지다.

　많은 역사학자들이 이런 황당한 결과를 도출할 수밖에 없는 일에 시민들이 매혹당하는 것을 이해하지 못했다. 학문의 세계에서 정진하면 자연스럽게 사이비는 사라지게 되리라 생각했던 것이다. 하지만 역사학은 그렇게 쉬운 학문이 아니고 역사학계의 성과가 시민들에게 잘 전달되어지지 않는 틈새를 파고 든 유사역사학은 어느새 역사학계와 시민 사이를 한참 벌려놓는데 성공했다. 이 간극이 더 벌어지지 않도록 역사학계가 대중과의 소통에 적극 나서야 함이 향후 역사학계의 큰 과제라 할 것이다.

〈참고문헌〉

로널드 프리츠 저·이광일 역, 『사이비역사의 탄생』, 이론과실천, 2010.

마거릿 맥밀런 저·권민 역, 『역사 사용 설명서』, 공존, 2009.

박성수, 「『환단고기』 탄생의 역사」, 『삼균주의연구논집』3, 삼균학회, 2010.2.

박창범, 『하늘에 새긴 우리 역사』, 김영사, 2002.

박창범·라대일, 「단군조선시대 천문현상기록의 과학적 검증」, 『한국상고사학보』14, 1993.

_____, 「삼국시대 천문현상 기록의 독자 관측사실 검증」, 『한국과학사학회지』16권 제2호,
   1994.

송호수, 「천부경의 시원탐구」, 『국조단군』제2집, 1984. 11.

안경전 역주, 『환단고기』, 상생출판, 2012년 개정판.

양종현, 『백년의 여정』, 상생출판, 2009.11.

이광수, 「인도사에서 종교와 역사 만들기」, 산지니, 2006.

이기원, 「A study of solar eclipse records during the three kingdoms period in Korea」, 한국
   지구과학회지 제29권 제5호, 2008.9월.

이도학, 「재야사서 해제」, 『민족지성』제9호, 1986.11.

이문영, 「만들어진 한국사」, 파란미디어, 2010, 재판.

이유립, 『환단휘기』, 단단학회, 1971.

이정훈, 「환단고기의 진실」, 『신동아』, 2007.9.

임승국 역주, 『한단고기』, 정신세계사, 1986.

한배달 편집부, 「민족사 정초의 선구 한암당 리유립」, 『한배달』, 1995.9.

고조선은 어디에 있었나

송호정(한국교원대 역사교육과 교수)

들어가는 말

고조선은 우리 역사상 한반도와 남만주 지역에서 형성된 가장 이른 시기의 국가였다.

고조선의 청동기문화는 황하 유역의 북중국 청동기문화나 유목민의 오르도스식 청동기문화와 다른 특징과 개성을 지녔다. 때문에 고조선은 13세기 말『삼국유사』에서 우리 민족사의 출발로서 서술된 이래, 그 뒤의 모든 사서에서 우리 민족의 유구함과 동원성(同源性)의 상징으로 서술되었다. 특히 근대에 들어서면서 우리 동포 의식과 결합하여 단군(檀君)이 민족의 상징으로 널리 받아들여지고 고조선을 우리 역사의 기원으로 여기는 인식이 한국인의 의식 깊숙이 자리하게 되었다.

고조선은 동시기에 부여 · 동옥저 · 삼한을 비롯하여 주변 국가와 많은 문화적 교류와 영향관계에 있었고, 멸망 후에는 고구려 · 백제 · 신라 삼국의 국가 형성과 정치적 성장에 대단히 중요한 영향을 미쳤다. 기원전 2세기까지 동북아 지역에서 가장 앞선 사회였고, 우리 역사상 처음으로 국가를 형성하였다. 따라서 고조선에서 남북국시대에 이르기까지 각 시기의 국가 발전 과정을 제대로 설명할 수 있다면 한국고대사의 체계적인 서술은 완성될 것이다.

현재 학계에서 이야기하는 고조선은 1392년에 이성계가 중심이 되어 개창한 조선(朝鮮) 왕조와 대비되어 그 이전에 '조선(朝鮮)'의 칭호를 쓴 나라에 대한 역사라는 의미로 사용된다. 따라서 일반적으로 고조선의 역사는 단군왕검이 세운 단군조선(檀君朝鮮), 이후의 기자조선(箕子朝鮮), 그리고 위만(衛滿)이 세운 위만조선(衛滿朝鮮)이라는 세 단계의 발전 과정을 거친 것으로 이해한다. 『삼국유사』기이편(紀異篇)에는 '고조선(古朝鮮)'이 왕검조선(王儉朝鮮)이라 하여 위만조선(魏滿朝鮮)보다 이전 시기에 존재한 조선이란 의미로 기록되어 있음도 기억해야 한다.

1980년대 이후 지금까지도 일반 사람들은 '고조선사' 하면 대부분 단군신화로 표현된 단군조선만을 가리키는 것으로 이해한다. 그러나 단군조선사는 기본적으로 단군신화로 표현된 내용을 역사적 사실로 해석하는 과정에서 나온 역사상이다. 여기에는 신화와 역사에 대한 인식이 전제되어야 한다. 단군신화를 있는 그대로 역사적 사실로 바라보아서는 많은 오류를 낳을 수 있다.

아직까지도 고조선의 발전 과정에 대한 구체적이고 명확한 정리는 아직 이루어지지 않았다. 각 시기의 역사상은 물론 당시 사람들이 남긴 문화와 고고학 자료에 대한 이해 역시 피상적인 이해 수준에 머물고 있다.

이러한 가장 주요한 요인은 일차적으로 문헌 자료의 절대적인 부족에 기인한다. 따라서 문헌 자료의 부족함을 메워줄 수 있는 고고(考古) 자료에 대한 검토가 고조선사 연구에서 중요하다. 그러나 고고 자료는 기본적으로 그 사용주민 집단과 주거 지역 문제가 해결되어야만 자료로서 가치가 있기 때문에 그동안 지리적 위치와 중심지 문제에 대해 많은 논의가 전개되었다.

1
고조선사의 시작

1) 고조선사의 시·공간적 범주

고조선은 청동기 사회의 발전을 바탕으로 철기를 비롯한 금속문화가 보급되면서 농업생산력이 일층 발전하고, 그로 인한 사회적 분화가 발생하는 과정에서 국가를 형성하게 된다. 또한 선진 철기문화를 누리던 세력의 성장 등이 이루어지면서 기원전 4~3세기경 점진적으로 중앙 지배 권력이 성립하였다.

고고 자료를 바탕으로 고조선사를 정리할 경우 시간적으로 청동기시대와 초기철기시대의 고조선을 구분하여 서술하는 것이 중요하다.

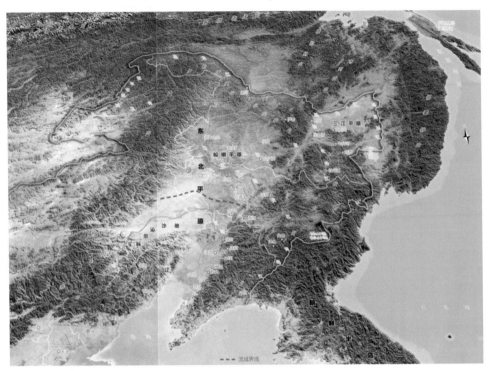

중국 동북지방 지도
지도를 보면 중국 동북지방은 요하를 경계로 자연지리 환경이 확연히 구분됨을 알 수 있다.

선진(先秦)시대 문헌인 『관자(管子)』에 따르면 고조선이 등장하는 시기는 중국 동북지방에서 청동기문화가 개화하는 기원전 8~7세기 이후이다. 그렇다면 이때부터 고조선의 역사가 시작된 것으로 보아야 한다.

『사기』에는 고조선이 기원전 108년 한(漢) 무제(武帝)가 보낸 군대에 의해 멸망하였다고 한다. 따라서 '고조선사'란 남만주, 즉 중국 동북지방에서 청동기문화가 개화하여 발전하기 시작하는 기원전 10세기 이후부터 한나라 군대에 의해 멸망하는 시기(B.C.108년)까지의 역사를 말한다.

고조선 사람들은 남만주의 랴오둥(遼東) 일대와 한반도 서북부 일대를 중심으로 살았다. 이 지역은 일찍부터 농경이 발달한 곳이다. 이곳의 주민은 주로 예족(濊族)과 맥족(貊族)으로, 언어와 풍속이 서로 비슷했고, 일찍부터 한반도 서북부와 남만주 발해만 일대를 중심으로 퍼져 살았다. 점차 이 지역에서 작은 정치 집단이 군데군데 생겨나 그중 우세한 세력을 중심으로 다른 집단이 정복당하거나 통합되었다. 그 과정에서 고조선이라는 정치체가 출현하게 된다.

따라서 고조선사를 정리하려 할 경우 공간적으로는 고조선 주민 집단의 활동 무대였던 중국 동북지방과 한반도 북부의 청동기·초기철기시대 고고학 자료를 주 대상으로 다루는 것이 필요하다.

2) 고조선의 역사 무대 등장

현재까지 '조선(朝鮮)'의 존재를 처음으로 명확하게 기록한 것은 중국의 선진(先秦) 시기 문헌인 『관자(管子)』권23 경중갑편(輕重甲篇)과 규도편(揆道篇)을 들 수 있다.

『관자』권23 규도편은 주로 국가의 예산 운용을 중심으로 한 주장을 개진한 것이다.

이 기록에는 제(齊)와 조선(朝鮮) 등과의 관계를 논하면서 조선의 특산물, 즉 호랑이가죽과 짐승모피로 만든 옷과의 교역을 언급하였다.

『관자』에서 조선(朝鮮)을 제(齊)나라(현 산동반도)에서 8천리가 된다고 한 것은 절대적 거리를 의미하는 것이 아니고 다만 거리가 멀다는 것을 형용한 데 불과하다. 왜냐하면 사실에 있어서도 8천 리가 안 되거니와 오월(吳越), 우씨(禹氏), 곤륜(崑崙) 등 지역을 모두 동일하게 8천 리가 된다고 표시하고 있기 때문이다. 이것은 수자에 대한 중국식 표현이며, 이 숫자를 가지고 고조선과 제(齊)나라와의 거리를 생각해서는 안 된다.

이처럼 처음으로 역사무대에 등장하였던 고조선의 모습은 중국에서 매우 멀리 떨어진 지역에 존재하는 나라로서, 짐승가죽과 그것을 이용한 제품을 특산물로 하는 지역으로 등장하고 있다. 따라서 기본적으로 북경(北京)과 가까운 요서(遼西)지역에서는 조선의 위치를 찾을 수 없다.

『관자』의 기록에는 고조선의 위치에 대한 확정적인 언급이 없고 단지 중국 동쪽 먼 곳에 조선이 존재했다는 의미로 8천리라는 거리를 언급하고 있을 뿐이다.

『관자』의 기록을 통해 고대 중국인들은 이미 기원전 4세기(전국시대) 이전부터 조선이라는 존재를 알고 있었음을 알 수 있다.

2
고조선 중심지는
어디에 있었나?

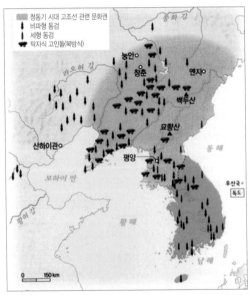

청동기 시대 고조선 관련 문화 범위와 청동기 유적지(중·고등학교 역사교과서 인용)
청동기 시대에 만든 비파형 동검과 탁자식 고인돌. 그리고 미송리식 토기와 팽이형 토기는 주로 요동 지역과 한반도 북부 지방에서 집중적으로 발굴되는데, 이를 통해 청동기 시대 고조선의 문화권을 짐작할 수 있다.

1) 고조선 중심지 문제 논의 배경

고대 역사는 그 시기를 연구하기 위한 문헌 사료가 매우 부족하여 먼저 해당 사회의 위치파악이 선행되어야 그곳에서 출토되는 유적·유물의 역사적 성격규명을 통해 사회구성 등 여타부문을 복원할 수 있다. 우리 역사상 첫 국가인 고조선의 경우도 문헌 자료가 매우 단편적이어서 그 사회상이나 문화에 대해 잘 알 수 없으며, 중심지 위치에 대해서도 많은 논란이 되고 있다.

고조선의 중심지 문제와 관련해서는 『사기(史記)』 조선열전(朝鮮列傳)의 다음 기록이 가장 중요하다.

처음 연(燕) 전성시기에 일찍이 진번(眞番) 조선(朝鮮)을 공략하여 관리를 두고 장새(鄣塞)를 쌓았다. 진(秦)이 연을 멸망시키고 요동외요(遼東外徼)에 속하게 하였다. 한(漢)이 일어나 그곳이 멀고 지키기 어렵다고 하여 다시 요동고새(遼東故塞)를 수리하고 패수(浿水)에 이르러 경계를 삼고 연에 속하게 하였다. 연왕(燕王) 노관(盧綰)이 반란하여 흉노에게 들어가니 위만(衛滿)이 망명하여 1천여 명을 모아 북상투를 틀고 오랑캐 복장을 하고 동쪽으로 달아나 장새를 나와 패수를 건너 진고공지(秦故空地) 상하장(上下鄣)에 거주하였다. 점점 진번 조선의 오랑캐(蠻夷) 및 옛 연·제(齊) 망명자들을 복속시키고 왕노릇하다가 왕검성에서 도읍하였다.

위 기록을 자세히 보면 왕검성(王儉城)의 위치와 그 곁에 흐르는 열수(洌水)의 위치, 요하(遼東)의 위치, 고조선과 한의 경계를 이룬 패수(浿水)의 위치 등이 고조선의 영역 및 세력 범위와 관련하여 중요하게 기록되어 있다.

2) 여러 주장 검토

① 평양, 대동강 유역에 있었다.

초기부터 후기까지 고조선 중심지가 평양에 있었다는 주장은, 기본적으로 문헌인 『삼국유사』에 고조선의 도읍(아사달)이 평양이라는 주장을 받아들인 것이다.

그리고 『사기』 조선열전에 나오는 '요수(遼水)'가 현재의 '요하(遼河)'를 가리키는 것으로 보고, '패수(浿水)'는 청천강 또는 압록강을 가리킨다고 보았다. 나아가 왕검성 옆에 흐르는 '열수(洌水)'는 대동강, 고조선의 후기 단계 수도인 '왕검성(王儉城)'은 평양을 가리킨다는 것이다.

고조선사와 관련해 가장 중요한 사료인 『사기(史記)』 조선열전(朝鮮列傳)은 "연(燕)나라 전성 시기(BC 4~3세기)에 진번(眞番)과 조선(朝鮮)을 공략하여 장새(障塞)를 쌓고 요동외요(遼東外徼)에 속하게 하였다"고 하였다. 이 기록에 따르면 당시 고조선은 요동 바깥의 한반도 서북지방에 위치했던 것으로 보

평양 상원군 장리 고인돌
대동강 유역에는 탁자식 고인돌이 집중 분포하고 있어 고조선의 지배 세력과 관련된 유적으로 해석하고 있다.

인다.

또 중국 책 『관자(管子)』나 『전국책(戰國策)』등에는 '예맥' '조선' '요동'이 서로 다른 지역으로 구분되어 나온다. 『전국책』권29 「연책(燕策)」에는 소진(蘇秦)이 연나라 문후(文侯 : 기원전 361~333)에게 당시 연의 주변 상황을 말하는 가운데 "연(燕)의 동쪽에는 조선(朝鮮)과 요동(遼東)이 있고, 북쪽에는 임호(林胡)와 루번(樓煩)이 있다."고 기록되어 있다.

위 기록은 소진이 연 문후를 달래면서 하는 이야기를 적은 것으로, 연 문후 때인 기원전 4세기의 사실을 기록하였는데, 똑같은 기록이 『사기(史記)』「소진열전(蘇秦列傳)」에 실려 있어 사실성을 더해준다.

이상의 『전국책』 기록에는 분명 요동(遼東)이 조선(朝鮮)과 병렬되고 있으며,

요동(遼東) 지역이 연(燕)나라에 속하지 않았다.

한대(漢代)의 『염철론(鹽鐵論)』벌공편(伐功篇)에는 "연(燕)이 동호(東胡)를 습격하여 달아나게 하고, 땅을 천리 개척하였다. 계속해서 요동(遼東)을 지나 조선(朝鮮)을 공격하였다."고 기록되어 있다.

당시 요서(遼西) 지역은 영지(令支)·고죽(孤竹)·도하(屠何) 등 산융(山戎)과 동호(東胡) 세력이 존재하였고, 산융(山戎)과 동호(東胡) 동쪽 지역에 조선(朝鮮)이 위치하였다. 여기서 연(燕)이 건넜다고 하는 '요동(遼東)'을 '요하(遼河)'로 해석하기도 하나, 그대로 요동(遼東)으로 해석하는 것이 합리적 해석이다.

『염철론』벌공편 기록을 본다면 요동(遼東) 동남쪽에 조선(朝鮮)이 위치하고 있었고, 그곳은 지금의 한반도 서북지방을 가리킨다.

한편 『삼국유사』 고조선조는 '고기(古記)'를 인용하여 "고조선이 평양에 도읍하였다"고 기록했다. 이는 평양 지역의 지역 신앙으로 내려오던 단군 신앙이 고조선 건국과 함께 고조선의 건국신화로 자리 잡은 것으로 볼 수 있다.

『삼국유사』에서 고조선이 평양에 도읍했다고 기록한 것은 평양 지역의 지역신앙으로 내려오던 단군 신앙이 고조선 건국과 함께 고조선의 건국 신화로 자리 잡은 것이다. 그렇다면 고조선 건국 이전부터 평양 대동강 지역은 고조선을 세운 주요 정치집단이 존재했음을 말해준다.

『삼국사기』고구려본기 동천왕 21년(247년)조에는 위나라 장수 관구검의 침략군에 의해 수도 환도성이 파괴되어 다시 도읍할 수 없는 조건에서 평양성(平壤城)을 쌓고 거기에 백성들과 종묘사직을 옮긴 사실이 수록되어 있다. 이 내용 역시 『삼국사기』에 단군에 관하여 언급하고 있는 유일한 예이다. 이 기록에서는 초기 고조선인 단군조선의 중심지가 평양 대동강 지역임을 말하고 있다.

이상의 자료를 보면, 『삼국사기』를 편찬할 당시 대동강 지역이 고조선의 수도로서 인식되어 왔음을 말해준다.

그리고 대동강 연안에서 고조선 멸망 후에 설치된 낙랑군의 속현(屬縣)인 점제현 신사비(神祠碑)를 비롯하여 낙랑이라는 글자가 새겨진 기와와 벽돌, 봉니(封泥) 등이 출토된 것을 근거로 고조선의 중심이 평양에 있었다는 주장이 유력하게 제기됐다.

이를 '대동강 중심설'이라고 부른다.

최근 평양 정백동 364호 무덤에서 출토한 목독(木牘=木簡) '낙랑 초원4년 현별 호구부(樂浪 初原四年 縣別 戶口簿)'를 보면 낙랑군은 중국 내군(內郡)과 동일하게 낙랑 지역 토착민과 이주해 온 한인(漢人)을 모두 호적에 등재해서 관리했음을 알 수 있다. 그리고 한(漢)의 법으로 관리하고 통치하기 위해 매년 실제 호구 파악과 호구부를 작성하였음을 알 수 있다. 이를 통해 고조선 중심이 평양에 있었다는 주장이 더욱 설득력을 갖게 되었다.

현재까지의 고고학 자료 연구 결과, 요동~서북한 지역 청동기문화의 중심은 혼하~압록강 일대의 석관묘·미송리유형 문화권과 서북한 지역의 지석묘·팽이형토기 문화권, 그리고 요동반도 지역이 독자적으로 문화권을 이루고 있었다.

다만, 요동~서북한 지역은 전체적으로는 지석묘와 석관묘라는 동일 계열의 묘제를 사용하는 것으로 보아 같은 계통의 주민집단이 살고 있었고, 지리적인 차이로 인해 문화유형의 차이가 있게 된 것으로 보인다.

무덤 가운데 지석묘와 돌널무덤(石棺墓)이 일정 지역에 집중 분포하는 것은 그 일대에 하나의 유사한 계통의 종족과 주민집단이 있었음을 말해준다. 즉 이는 고조선 사람들이 남긴 문화로 볼 수밖에 없다.

② 요동에서 대동강 유역으로 이동하였다.

학자들은 1980년대 후반부터 중국 요령성 일대에 집중 분포하는 비파형동검 문화에 주목하였고, 이를 초기 고조선 사람들이 남긴 문화로 해석하였다. 따라서 최근에는 청동기 시대 초기 고조선의 중심지를 서북한 지역이 아니라 요령성 일대로 보고 세형동검을 쓰는 후기 고조선 시기에는 대동강 유역으로 이동하였다는 주장이 많은 지지를 얻고 있다.

'중심지 이동설'이라고 불리는 이 학설은 멸망 당시의 고조선은 낙랑군의 위치를 고려할 때 평양 일대에 있었음이 분명하다고 전제한다. 그리고 이를 바탕으로 초기 중심지는 중국 역사서 『위략(魏略)』(『삼국지』 동이전에 인용문 수

평양 정백동 나무곽무덤

평양 일대에는 기원전 3세기 이후 나무곽무덤이 집중한다. 무덤 내부에는 철제 무기와 철제 농기구, 세형동검, 수레 부속품 등이 매장되어 있다.

평양 상리무덤 출토 유물

록)에 나오는 "연(燕)에 서방 2000리를 상실하고 고조선이 위축되었다"는 기록을 근거로 지금 평양보다 훨씬 서쪽에 있었다고 주장한다.

고고학 자료상으로도 요동지방과 한반도 서북지방에는 기원전 8세기~기원전 4세기까지 비파형동검이 분포하고 있고, 기원전 3세기경 비파형동검 문화를 계승하여 나타난 세형동검 문화는 압록강 이북 지역에서는 나타나지 않는다.

최근 일부 고고학자들은 요서(遼西)의 대릉하(大凌河) 유역 조양시 일대에서 번성하였던 십이대영자문화를 고조선의 비파형동검문화권으로 해석한다. 고조선은 처음 대릉하 유역에 중심지를 갖고 있다가 요동으로 이동하였고, 최종적으로 대동강 유역으로 이동하였다는 것이다.

요동 해성시 석목성 고인돌
요동지역에서는 탁자식 고인돌 외에 돌널무덤에 비파형동검과 미송리식토기가 특징적으로 분포하고 있다.

    대릉하 유역의 청동기문화를 고조선의 문화로 포함시키는 논자 대부분은 고고학 자료를 근거로 주장하는 것이며, 문헌은 『위략(魏略)』의 자료를 대입시키고 있다.

요동 철령출토 비파형동검

요동 서풍출토 미송리식토기

기원전 3세기를 전후해서 요서(遼西)지역은 중원문화가 주류적 위치를 점하게 되는데, 이것은 연(燕)의 5군(郡) 설치와 관련되는 것으로 본다. 이후 하가점상층문화와 십이대영자문화가 갑작스럽게 소멸되는데, 이는 연(燕) 소왕 때 장군 진개(秦開)의 경략(經略)과 결부시켜 이해할 수 있다는 것이다. 즉 이때 소멸된 십이대영자문화는 고조선과 연결시킬 수 있다고 보는 것이다.

고조선 중심지 이동설은 문헌 자료와 고고학 자료를 종합하여 해석하는 것으로 현재까지는 고조선의 중심지 및 강역 문제와 관련하여 가장 합리적인 해석이라 할 수 있다.

그러나 이 주장은 『위략』에서 고조선이 빼앗겼다는 서방 2천리 지역에 대한 해석 문제와 초기 중심지 비정 문제가 여전히 과제로 남아 있다. 서방 '2천리'를 숫자 그대로 2천리 땅을 빼앗겼다고 해석할지, 아니면 그냥 넓은 지역을 의미하는지, 아니면 1천리는 동호로부터 빼앗고, 나머지 1천리만 고조선으로부터 빼앗은 것인지에 대해 논쟁이 지속되고 있다. 또한 고고학자들이 주장하는 대릉하 유역 청동기문화를 과연 고조선의 문화로 해석할 수 있는 것인가가 가장 관건이라 할 수 있다.

③ 요령성 일대에 있었다.

고조선은 시종 일관 요령성 일대에 있었다는 주장도 전통시대 이래 제기돼 왔다.

그리고 북한학계를 대표하는 리지린은 산해경(山海經) 등 중국 문헌의 고조선 관련 기록을 재해석해서 고대의 요수(遼水)가 북경 근처의 난하(灤河)라고 주장하였다.

일찍이 북한 학계의 리지린은 『고조선 연구』에서 '요수(遼水)'를 북경 근처의 '난하(灤河)'로 보았고, 한과 고조선의 경계에 흐르는 '패수(浿水)'는 '대릉하(大凌河)'로, '열수(洌水)'는 현재의 '요하(遼河)'로 비정하였다. 그러므로 고조선의 왕성인 '왕검성(王儉城)'은 요하 동쪽의 개평현(蓋平縣 : 현재의 개주시)으로 비정하였다.

'요동 중심설'로 불리는 이 주장은 남한 학계의 '고조선 요서 중심설'의 중요 근거로 다시 인용됐다. 이 주장은 기원전 8~7세기경에 요서(遼西)와 요동(遼東), 그리고 길림(吉林) 지역에 고조선이 국가를 형성하였다고 본다.

문헌상에 보면 요서(遼西) 일대에서 활약한 종족은 산융(山戎)이나 동호족(東胡族)으로 나오는데, 이 동호족을 예맥족(濊貊族)의 일종으로 해석하여 요서 일대에도 고조선 주민집단이 살았다고 해석하였다.

이 주장은 요서지역을 고조선의 영역으로 보고자 하는 기본적인 선입관을 바탕으로 강(江)의 흐르는 방향을 통해 요수(遼水)의 위치를 고증하며, 요수(遼水)나 갈석(碣石)이 바로 고조선과 경계지역이라는 논리에 바탕을 두었다. 그러나 『산해경』에 나오는 강의 흐름만을 갖고 난하를 요수(遼水)라고 주장하는 것은 정황 논리일 뿐이지 그 옆을 흐르는 대릉하나 요하도 같은 방향으로 흐른다는 점에서 주장의 신빙성이 떨어진다.

설령 이 주장을 믿더라도 당시 요수(遼水)였던 난하(灤河)가 기원전 4세기(전국시대) 이후 현재의 요하(遼河)로 그 명칭이 옮겨지게 되는 이유와 그 과정을 전혀 입증할 수 없다는 점 등 많은 문제를 내포하고 있다.

고조선 중심지 재요령성설은 고고학적으로 비파형동검문화 분포지역이 바로 고조선의 영역이라고 해석하는 것이다. 비파형동검을 고조선 사람들이 창안한 것으로 해석해서 동검이 요서 지역에 집중 분포하는 것은 고조선이 요서 지역에 중심지를 두었던 증거라고 주장한다.

또 요서지역에서 청동기시대에 발전한 청동기문화, 하가점상층문화(=요서지역 청동기문화)를 고조선의 문화로 해석하고 그보다 앞서 존재한 홍산문화(이른바 요하문명론)에 대해서도 우리 민족 문화의 원류로 해석한다. 특히 요서지역에서 발전한 신석기시대에서 청동기시대로 넘어가는 시기에 유행한 하가점하층문화를 단군조선의 문화로 보고 있다.

그러나 이러한 주장은 『사기(史記)』 흉노열전(匈奴列傳)에 연(燕)나라가 기원전 4~3세기 경 중국 동북지역에 위치한 동호(東胡)를 몰아낸 뒤, 조양(造陽 : 하북성 회래현)으로부터 양평(襄平 : 요동 요양시)에 이르는 장성(長城)을 쌓고 이 지역에 오랑캐[胡]의 침입에 대비하기 위하여 5군(郡)을 설치했다는 기록이 있다.

현재 장성(長城)의 흔적은 요하(遼河)를 넘지 않는 선에서 확인되고 있는데, 이것은 중국 동북지방의 지형과 관계된 것으로 생각되며, 대개 요동 천산산맥(千山山脈) 일대까지를 연(燕) 장성(長城)의 경계로 설정하고 가장 동쪽인 요동(遼東) 지역의 장성(長城)을 관리하던 중심을 요양시(遼陽市)에 두고 있다.

④ 고조선은 단군조선의 역사이다 – 유사(類似) 역사학자의 주장

이른바 유사(類似) 역사학*의 주장은 학문적으로 접근하는 것이 큰 의미는 없지만, 본고의 내용이 이들 견해에 대한 비판의 의미가 크므로 간략히 정리하고자 한다.

유사 역사학자들은 고조선 중심지 요령성설을 주장하는 연구자와 달리, 기본적으로 고기류(古記類)에 근거하여, 단군신화를 실재한 역사로 완전히 인정하고 단군 중심의 역사가 고조선의 역사라는 입장에서 논지를 전개하고 있다.

유사 역사학자들 주장의 결론은 하느님을 도우던 '환인(桓因)'이 하늘을 다스리던 '환국시대(桓國時代)'(17세世)에서 '환웅(桓雄)'이 지상에 내려와 신시(神市)에 도읍한 '배달국시대(倍達國時代)'(18대, 1565년간)를 지나, 신인(神人) 왕검(王儉)이 아사달(阿斯達)에 도읍(기원전 2333년)한 '단군시대(檀君時代)'가 47대 2096년간 펼쳐졌다가 이것이 나중에 3한시대로 연결된다는 것이다. 우리 민족의 영역과 관련해서는 환국시대에는 인도와 아라비아 남부를 제외한 아시아 전역에 걸쳐 있었고, 환웅·단군시대에는 산동반도를 포함한 중국 동북부와 한반도 일본도 포함한다고 보았다.

유사 역사학자들 주장의 핵심은 한사군(漢四郡), 특히 낙랑군(樂浪郡)의 위치 문제이다. 논자마다 조금씩 차이는 있지만, 기본적으로 고조선의 옛 중심지대는 현 요령성 일대이므로 낙랑군은 당연히 이 부근에 있어야 한다는 것이다. 그리고 해석의 이설이 있는 낙랑(樂浪) 관련 문헌 기록을 인용하고 있다.

* 유사역사학이란 역사학의 방법론을 사용하는 것처럼 위장하고, 자신들의 주장을 입증하기 위해 비과학적, 비논리적, 비역사학적 주장을 하는 비정상적인 믿음을 가리키는 용어이다. 영어로는 Pseudohistory라고 쓰며, '사이비 역사학'이라고 번역된다.

대동강 유역 발굴 조사 후 복원된 낙랑 벽돌 무덤

벽돌무덤 입구

　한사군의 위치와 관련하여 만주에 비정하는 유사 역사학자의 견해는 현실 자료를 무시한 논리상의 주장이라 볼 수 있다. 한사군, 특히 낙랑군의 위치와 관련해서 주목해야 할 것은 바로 고조선 후기 단계(초기 철기시대)에 고조선(古朝鮮)의 문화와 한(漢)의 문화가 복합(複合)되어 나오는 곳이 어디인가가 중요하

다. 왜냐하면 낙랑군은 고조선의 수도 왕검성 지역에 우두머리 현인 조선현(朝鮮縣)을 두었기 때문이다. 그곳은 대동강 유역이 유일하다.

　『한서(漢書)』지리지를 보면, 중국 동북지역에 중국에서 가까운 순서로 5개 군현(郡縣)을 기록하고 있다. 즉, 우북평군 → 요서군 → 요동군 → 현도군 → 낙랑군 순이다. 중국고대사를 부정하지 않는다면 요동군 다음에 압록강 유역

에서 함흥을 중심으로 한 옥저에 이르는 지역에 현도군이 세워졌고, 평안남
도와 황해도 지역에 낙랑군이 세워졌음을 확인할 수 있다.

한편 낙랑군의 속현이었던 점제현(黏蟬縣)의 신사비(神祠碑)가 대동강 유역
에서 나왔고, 한(漢)에서 유행한 벽돌무덤과 한 관리들이 거주한 토성(土城)이
현재에도 대동강 유역에 위치하고 있다. 최근 대동강 남안 일대에 통일거리
를 조성하는 과정에서 수천 기의 낙랑 유물이 나왔다고 한다. 문헌 자료를 제
외하고 고고학 자료만 보아도 그렇다면 낙랑군(樂浪郡)과 왕검성(王儉城)이 위
치했던 곳은 바로 평양 대동강 유역임은 부정할 수 없다.

나오는 말

이상 학설들의 대립을 어떻게 보아야 할까.

전통시대 이래 최근까지 고조선사와 관련하여 벌어지고 있는 논쟁의 핵심
은 영역 문제이다. 그러나 한 왕조의 역사는 땅덩어리의 문제가 아니라 인간
들의 활동과 관련되어 있다. 한 왕조의 역사를 다룰 때는 그 속에서 살았던
사람들의 삶이 논의의 중심이 되어야 한다. 굳이 땅덩어리의 역사를 이야기
할 때도 역사의 발전 단계에 맞게 각 시대마다 수긍할 수 있는 상식선의 영토
범위가 전제되어야 한다.

그 동안 고조선사 연구는 민족주의적 시각에서 접근하는 논자들에 의해 지
나치게 확대 해석되거나 이른 시기부터 웅대한 역사를 가진 나라로 언급되어
왔다. 우리 민족사의 출발이라는 점에서 이러한 관심은 당연한 결과이지만
과연 그것이 실재한 고조선 역사를 반영하는 것인지 의문이다.

고조선의 영역 및 중심지 문제를 생각할 때 가장 먼저 고려해야 할 점은, 고
조선의 영역이 시대에 따라 다양하게 변화했을 가능성이다. 고조선의 역사가
비파형동검을 사용하는 청동기문화 단계에 그친 것이 아니라 철기를 사용하

는 시기에 국가 단계에 이르렀음을 염두에 두고 시간 흐름에 따른 영역의 변화 과정을 염두에 두어야 한다.

고대사회 초기에는 오늘날처럼 국경선이 확정적인 상황이 아니었다. 국가와 국가 사이에는 상당히 넓은 빈 땅들이 있었다. 특히 고조선의 서쪽 경계선은 매우 유동적이었다. 이 지역의 종족구성도 단일한 것이 아니어서 그야말로 다양한 종족들이 섞여 있었다.

따라서 고조선의 영역을 처음부터 멸망할 때까지 고정시켜 대동강 유역으로 한정하거나, 만주·한반도 북부에 걸친 대제국으로 그리는 것은 당시의 실상과 거리가 있다.

특히, 종족의 분포나 문화권의 범위를 곧바로 정치적 영역으로 비약해서 해석하는 견해는 더욱 경계해야 한다. 비파형동검문화 분포 지역이 고조선의 영토라는 선입관을 버려야 한다. 그리고 처음부터 대동강 유역을 고조선의 세력 범위와 관련하여 빠트려서는 안 되며, 요동(遼東) 지역을 넘어 요서(遼西) 지역에서 고조선의 세력권을 설정하는 것은 현재까지의 연구로서는 문헌 및 고고 자료와 부합하지 않는다.

문헌 기록을 종합하면 전국시대에 연나라가 동호(東胡)를 치고 동쪽으로 진출하였을 때 요동과 서북한 지역에는 고조선의 예맥족이 살고 있었다. 이는 미송리형 토기와 탁자식 고인돌이 요동에서 서북한 지역에 집중 분포하는 점에서도 알 수 있다. 이후 기원전 4~3세기경 중국 세력의 진출로 고조선의 세력이 위축되어 서북한 지방을 중심으로 국가를 이끌어갔다고 보는 것이 합리적이다.

〈참고문헌〉

김정배, 「고조선의 위치와 강역」, 『한국사』4 초기국가 - 고조선·부여·삼한 -, 국사편찬위원회, 1997.

노태돈, 「고조선 중심지의 변천에 대한 연구」, 『단군과 고조선사』, 사계절, 2000.

박선미, 「근대사학 이후 고조선사 연구의 현황과 쟁점」, 『한국사학보』23, 2006.

박준형, 『고조선사의 전개』, 신서원, 2014.

서영수, 「고조선의 위치와 강역」, 『한국사 시민강좌』2, 일조각, 1988.

송호정, 「고조선 중심지 및 사회성격 연구의 쟁점과 그 과제」, 『한국고대사연구논총』10, 가락국사
　　　　적개발연구원, 2000.

_____, 「청동기시대 대동강 유역 팽이형토기문화와 고조선」, 『동양학』55, 2014.

_____, 「고조선 중심지의 위치에 대한 쟁점과 과제」, 『역사와 현실』98집, 2015.

오강원, 「고조선 위치비정에 관한 연구사적 검토(1)」, 『백산학보』48, 1996.

_____, 「고조선 위치비정에 관한 연구사적 검토(2)」, 『백산학보』49, 1997.

오영찬, 「고조선 중심지 문제」, 『한국 고대사 연구의 새동향』, 서경문화사, 2007.

윤내현, 『고조선 연구』, 일지사, 1994.

이덕일·김병기 지음, 『고조선은 대륙의 지배자였다』, 역사의 아침, 2006.

이병도, 「古朝鮮問題의 硏究」, 『韓國古代史硏究』, 博英社, 1976.

조법종, 「고조선의 영역과 그 변천」, 『한국사론』34, 국사편찬위원회, 2002.

황해

우리 시대의 한국 고대사

고고학으로 본 낙랑군

오영찬(이화여대 사회과교육과 교수)

들어가는 말

낙랑군은 고조선에 설치된 한의 군현으로, 기원전 108년에서 기원 313년 까지 420여 년간 한반도 서북지방에 존속하였다. 고조선을 토대로 하였고 시기적·지역적으로 삼한 및 삼국문화의 형성과 발전에 많은 영향을 끼쳤다는 점에서 한국 고대사를 이해하는데 중요한 위치를 차지한다.

낙랑군에 대한 본격적인 연구는 조선후기 실학자들에 의한 한사군(漢四郡) 의 역사지리적 위치 고증작업에서 시작되었다. 조선후기 실학자들의 낙랑군 연구는 한백겸(韓百謙) 『동국지리지(東國地理誌)』, 이익(李瀷) 『성호사설(星湖僿 說)』, 안정복(安鼎福) 『동사강목(東史綱目)』, 정약용(丁若鏞) 『강역고(疆域考)』, 한치 윤(韓致奫) 『해동역사(海東繹史)』 등의 연구서에 수록되어 있다. 왜란과 호란 후 새로운 역사의식에 기반하여 실증적 역사지리 연구가 집대성된 사서들이 잇달아 편찬되었는데, 이 과정에서 한사군의 지리고증에 대해서도 여러 견해들 이 제기되었다.

20세기 들어 일제는 제국대학 학자들을 중심으로 식민지 조사의 일환으로 '고적조사'라는 미명 하에 고고학 조사를 실시하였다. 1909년부터 평양 일대 에서 평양 석암동 고분을 비롯한 다수의 낙랑군 관련 자료들을 조사하였는 데, 일제 강점기 동안 70여기가 넘은 낙랑고분들을 발굴하였다. 아울러 고고 학 조사 과정에서 낙랑군의 평양 존재를 입증해 주는 다수의 명문 자료들도 확인되었다. 이러한 고고학 자료와 명문 자료들은 낙랑군의 위치 문제와 아 울러 식민주의 역사관 정립에 결정적인 근거가 되었다.

이 글에서는 낙랑군의 고고학적 발굴조사가 언제부터 어떠한 과정을 거쳐 이루어졌으며, 그 결과물이 식민주의 역사관의 정립과 확산과 어떻게 결부되 었는지 추적해 보겠다. 아울러 고고학 유적에서 출토된 명문자료들이 낙랑군 의 평양 존재를 뒷받침하는데 어떻게 활용되었는지 검토하고, 이를 반박한 1930년대 위당 정인보의 견해와 해방 이후 북한학계의 견해를 살펴보도록 하겠다.

1
낙랑고고학의 성립

　일제 강점기 이루어진 평양 일대 낙랑군 유적에 대한 고고학 조사의 여정은 다음 세 단계로 나누어 살펴볼 수 있다.

1) 제1기: 세키노 다다시(關野貞) 등의 조사(1909~1915년)

　첫 번째 시기에는 도쿄제국대학 건축학자 세키노 다다시(關野貞) 교수 등을 중심으로 소수의 전실묘에 대한 조사가 이루어졌고, 새로운 유적과 유물의 발견을 통해 서북한 지역을 낙랑군과 연결시키기 시작하였다.

　통감정치 하에서 세키노 다다시는 주로 고건축을 조사하던 중, 1909년 전실묘인 석암동 고분의 구조적 특징에 주목하여 발굴조사를 실시하였다. 그는 당초 평양이 옛 고구려의 수도라는 점에 주목하여, 이 무덤을 낙랑군의 유적이 아니라 고구려의 유적으로 인식하였다. 한편 식민지 교과서 편찬을 위한 사료조사의 목적으로 한반도 조사에 참여한 인류학자 도리이 류조(鳥居龍藏)는 대동강변의 유적을 낙랑군으로 비정하는 논지의 글을 1910년 최초로 발표하였지만, 큰 반향을 일으키지 못하였다. 문헌사학자 이마니시 류(今西龍)도 처음에는 고구려설을 주장하였지만, 1910년 11월 도쿄제국대학에 수

효문묘동종

집된 전실묘 출토의 칠기 부속구에 새겨진 '王□'을 문헌에 등장하는 낙랑군의 왕씨(王氏)와 연결시킴으로써, 평양 일대 무덤을 낙랑군의 유적으로 주장하였다. 이후 1913년 이마니시 류는 야츠이 세이이치(谷井齊一)와 낙랑토성을 발견하였고, '낙랑예관(樂浪禮官)' 등 명문자료와 '낙랑태수장(樂浪太守長)' 봉니 등을 근거로 낙랑토성을 낙랑군치지로 비정하였다. 아울러 평남 용강군 어을 동에서 토성과 함께 발견된 「점제현신사비」와, 1920년 평양 선교리에서 '영광삼년(永光三年)' 연호가 새겨진 효문묘동종(孝文廟銅鍾) 등이 연이어 발견됨으로써, 낙랑군의 평양 존재는 의심의 여지가 없게 되었다.

2) 제2기: 조선총독부박물관 주도(1916~1931년)

조선총독부는 1916년 고적조사 5개년 계획을 수립하여 낙랑고분에 대한 계획적인 발굴을 추진하였다. 고적조사 5개년 계획은 전국을 대규모로 발굴

할 무모한 계획이었으나, 제1차년도인 1916년에는 과거 조사경험을 가진 세키노의 주도로 대동군 대동강면에서 모두 10기의 낙랑고분이 발굴되는데 그쳤다. 금제교구를 비롯하여 최고 수준의 부장품이 쏟아져 나온 석암리 9호분이 조사되어 세간의 이목을 집중시켰는데, 발굴결과는 『대정5년 고적조사보고』에 간단히 보고하였다가, 1919년 『고적조사특별보

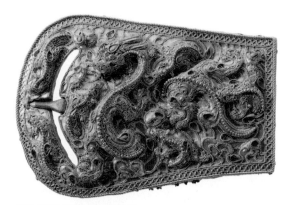

평양 석암리 9호분 출토 금제대구

고(古蹟調査特別報告)-낙랑군시대의 유적(樂浪郡時代ノ遺蹟)』이라는 거질로 별도로 간행하였다. 석암리 9호분의 조사 결과는 이후 낙랑문화에 대한 조사와 연구를 특정한 방향과 시각으로 제약하는 결과를 초래하기도 하였다.

통상 고고학 발굴조사는 조선총독부의 사업으로 진행되었지만, 1924년에는 낙랑유적을 관광자원화하기 위한 목적으로 평양부의 재정지원을 받고 석암리 20호[丁], 52호[戊], 194호[丙], 200호[乙]이 발굴되었다. 이중 석암리 194호묘에서는 중원의 광한군과 촉군에서 제작되어 낙랑군으로 직수입된 기년명칠기가 다량으로 출토되어 큰 주목을 끌었다. 발굴보고는 뒤늦게 도요분코(東洋文庫)의 지원을 받아 『낙랑한묘(樂浪漢墓)』1·2권(1975,76년)으로 간행되었다. 그리고 1926년에는 도쿄제국대학 문학부의 사업으로 석암리 205호(王旴墓) 조사가 이루어졌다. 발굴은 하라다 요시토(原田叔人)의 주도 하에 다자와 긴고(田澤金吾)·고이즈미 아키오(小泉顯夫)가 실무를 담당하였으며, 발굴 경비는 호소가와 모리타쓰(細川護立) 후작이 도쿄제국대학에 낸 기부금으로 충당되었다. 계획적인 발굴을 통해 봉분에서 목곽에 이르는 무덤의 축조과정을 밝히고자 하였으며, 완전한 형태의 목곽과 목관이 확인되었다. 발굴 보고서는 1930년 『낙랑(樂浪)』으로 간행되었다. 이 시기에는 중원제 유물이 다수 출토된 귀틀묘가 집중적으로 발굴되었다.

3) 제3기: 조선고적연구회 주도(1931~1945년)

평양 남정리 116호분

1931년 이후에는 조선고적연구회가 발굴조사를 주도하였다. 조선고적연구회는 조선총독부의 발굴사업을 지원하기 위해 구로이타 가츠미(黑板勝美)가 일본 유력자와 이왕가 등에서 기부금을 모금하여 설립한 총독부의 외곽단체이다. 이후 1931년에서 1945년까지 발굴조사는 조선고적연구회에 의해 거의 다 이루어졌다고 해도 과언이 아니다. 1931년 이와사키 고야타(岩崎小弥太)로부터 7,000엔의 보조금을 기부받아 평양과 경주에 연구소를 설치하여 낙랑군과 신라에 대한 연구에 집중하였다. 1931년 이후 조선고적연구회 주도로 발굴조사가 다시 활발히 진행되었지만, 자금을 외부로부터 끌어들이기 위해서는 가시적인 성과가 필요하였기 때문에 자연 조사는 화려한 유물이 출토되는 경주 신라고분과 평양의 낙랑고분에 집중하는 파행성을 띠게 되었다. 평양연구소에는 오바 츠네키치(小場恒吉)와 고이즈미 아키오를 연구원으로 하고, 후에 다쿠보 싱고(田窪眞吾)가 가세하였다. 1931년에는 횡혈식 목실구조를 지닌 남정리 116호분(채협총)을 조사하였으며, 1932년에는 인장을 통해 무덤의 주인공이 밝혀진 정백리 127호분(왕광묘)을 조사하였다. 1935년까지 조사한 고분에 대해서는 미진하나마 고적조사개보의 형식으로 소략하게나마 발굴보고가 이루어졌지만, 1936년 이후 조사한 고분의 경우 발굴 보고가 거의 이루어지지 않아 정확한 상황을 알 수가 없다.

조선고적연구회에 의해 1934년과 1937년 모두 3차에 걸친 낙랑토성의 조사가 이루어진 것은 주목할 만한 점이다. 14개의 트렌치에서 전돌이 깔린 보도, 우물, 자연 판돌로 조립된 암거(暗渠) 등의 유구와 다수의 봉니(封泥), 한대 동전 및 용범, '낙랑예관(樂浪禮官)', '낙랑부귀(樂琅富貴)' 등의 문자 와당이 출토됨으로써, 낙랑토성이 낙랑군 치지임을 분명히 해 주었다.

1920년대 조사 자료에 의하면, 평양 대동강 남안의 낙랑토성 주변에는 1,600여기의 고분이 있는 것으로 알려졌으며, 일제는 70여기의 고분을 발굴 조사하였다. 귀틀묘와 전실묘에 제한된 발굴 조사는 이후 낙랑군의 역사적 성격에 대한 논의에 결정적인 영향을 미쳤다. 낙랑고분의 피장자를 중국인으로 보아 귀틀묘는 한대 전성기의 유적으로, 전실묘는 군현 후반기에 성행한 유적으로 파악하게끔 하였다. 이러한 문화적 현상을 근거로 낙랑군은 중국인에 의해 직접 지배가 이루어진 직할 식민지로 규정되었다.

3
낙랑고고학과
식민주의의 확산

1) 낙랑군과 식민사학

낙랑군에 대한 고고학 조사와 해석이 본격적으로 이루어지기 이전, 낙랑군에 대한 식민주의적 역사인식이 이미 형성되어 있었다. 19세기 말 근대 역사학으로 포장된 일제의 식민주의 역사학은 침략주의적 대륙정책과 결부되었는데, 하야시 다이스케(林泰輔)의 『조선사(朝鮮史)』(1892)가 대표적이다. 하야시는 조선은 나라를 세운지 오래되었지만 영토가 중국에 가까운 까닭에 항상 견제를 받았으며, 중국인이 와서 왕이 되거나 그 땅을 군현으로 삼아서 거의 중국의 속국과 같았다고 하였다. 이러한 역사 인식에 기반하여 한사군을 중국의 식민지로 해석하기 시작하였는데, 이나바 이와키치(稻葉岩吉)는 위만 일족이 한반도에 도착했을 즈음에, 연(燕)의 압박을 받고 기왕에 온 한인(漢人)에 의해 만들어진 한인의 콜로니가 한반도에 있었던 것으로 보아 위만조선은 새로운 콜로니, 즉 신(新) 콜로니로 이해하였다. 사실 19세기 후반까지 일본에서는 유럽사에서 사용된 '콜로니'라는 용어에 해당되는 적절한 개념이 없었다. 1870년대 홋카이도 개발이 이루어지면서 '식민'이라는 용어가 사용되기 시작하였고, 후쿠자와 유키치(福澤諭吉) 등이 서양의 사상을 수입하는 과정에서, 그리고 1895년 타이완 복속을 시작으로 해외 침략을 실행하면서 이 용어가 본격적으로 사용되었다. 이러한 과정에서 수입된 '식민지'라는 개념이 한사군 뿐 아니라 위만조선과 심지어 연(燕)·제(齊)·조(趙) 유이민에 이르기까지 무차별적으로 적용되었다. 한사군을 식민지로 규정한 것은 단순히 다른 종족 지역에 대한 한의 군현 지배를 식민지로 해석하는 차원에서 그치지 않는다. 이러한 해석의 이면에는 역사에 대한 진화론적 시각과 함께 우월 및 차별 의식이 내재되어 있으면서, 제국주의를 뒷받침하는 식민주의가 전제되어 있는 것이다. 결국 고대사에서 이러한 '식민지'의 문제는 타율성론을 통해 이후 식민주의 역사학의 근간을 이루게 되었다.

2) 고적조사사업과 박물관

조선총독부는 1916년 7월 「고적급유물보존규칙(古蹟及遺物保存規則)」을 제정·발포하고, 중추원 산하에 정무총감을 위원장으로 하는 고적조사위원회를 설치하였으며, 5개년 계획으로 「고적조사계획」을 입안하였다. 이 계획에 의하면 제1차년도에는 한사군과 고구려, 제2차년도에는 삼한·가야·백제, 제3차년도에는 신라, 제4차년도에는 예맥·옥저·발해·여진, 제5차년도에는 고려를 배정하여 조사하도록 하였다. 각 시대의 정치 중심지였던 지역을 중점적 조사대상으로 한 이러한 계획은, 순수한 유물·유적 조사라기보다는, 박물관에 진열한 전시품의 확보와 함께 식민사관에 입각하여 조선의 역사를 재구성하는데 그 숨겨진 의도가 있었다. 결국 고고학적인 조사는 식민사관으로 왜곡된 문헌사를 보완해 주는 결과를 가져왔다.

평양 일대를 중심으로 한 고고학 조사는 식민사관에서 낙랑군의 위상을 부각시키는데 결정적인 기여를 하였다. 예컨대 세키노 다다시는 1909년부터 실시된 고적조사 성과를 정리해 『조선고적도보(朝鮮古蹟圖譜)』를 발간하여 제국주의 무단정치를 문화적 '선정(善政)'으로 포장하는 선전도구의 역할을 하였다. 『조선고적도보』의 제1권에서는 '낙랑군급대방군시대(樂浪郡及帶方郡時代)'가 별도의 시대로 설정되었다. 낙랑군은 일제 식민사학의 타율성론에서 중요한 논거의 하나로서, 한국사는 그 출발부터 낙랑군의 설치를 통한 대륙 선진문화의 이입에 따라 역사의 발전이 타율적으로 추동되었다는 식으로 설명되었던 것이다.

일제는 자신들의 식민지배 성과를 선전하기 위하여 1915년 '시정(施政) 5주년 기념 조선물산공진회'를 경복궁에서 개최하였다. 물산공진회 개최를 위한 대부분의 공간은 임시 가설 건물에 마련되었지만, 미술관은 영구적으로 사용될 2층 벽돌 건물로 지어졌다. 이후 물산공진회의 미술관은 상설화 과정을 거쳐 1915년 12월 1일 조선총독부박물관으로 개관되었다. 이후 조선총독부박물관은 식민주의적 역사관의 정립과 선전에 크게 기여하였다.

조선총독부박물관에는 제4실로 「낙랑대방시대」실이 별도 마련되었는데, 평양 석암리 9호분 출토품을 비롯하여 낙랑군과 대방군 유적 출토품이 전시되었다. 낙랑대방실의 전시 구성은 칠기, 동경, 토기, 청동기, 견직물 등 재질별로 이루어졌는데, 전시품들은 대부분 중원계 유물이 차지하였다. 이러한 전시 구성은 낙랑문화가 지니는 전반적인 성격을 체계적으로 보여주기 보다는, 중원계 유물을 부각시켜 전시함으로써 관람객들이 낙랑문화와 중국문화의 친연성과 아울러 중원의 선진문화가 낙랑군을 통해 한반도에 이식되었음을 자연스럽게 인식하도록 하는데 목적이 있었다. 그리고 봉니(封泥)나 와당, 명문전 등 명문자료의 전시를 통해 낙랑군 및 대방군의 역사적 실재에 대한 증거를 직접적으로 제시하였다. 결국 낙랑군의 역사적 실재와 아울러 낙랑군 유적에서 출토된 중원계 유물의 부각을 통해, 중원문화가 중심이 된 낙랑문화의 선진성을 강조하여 식민주의적 우열 의식을 심화시키고 동시에 한국 고대문화의 타율성을 부각시키고자 하는 의도를 드러낸 것이라 할 수 있다.

4
낙랑고고학과 명문자료

1) 정인보의 견해

낙랑군 연구가 지니는 일제의 식민주의적 함의를 정확히 간파한 이는 위당 정인보(1893~1950)였다. 그는 식민사학에서 낙랑군이 차지하는 위상과 함께 조선총독부 주도의 고적조사와 박물관 전시의 식민주의적 의도를 제대로 파악하고 있었다는 점은 높이 평가할 만하다.

> "……출토된 여러 유물들을 그 증거로 삼고 유물 사진들은 사진을 찍어 도록으로 만들더니 이른 바 『조선고적도보』라는 것이 생겼다. 해당 도보에서 낙랑과 관련된 것들만 취하여 설명을 덧붙이는 한편 영어로 번역한다고 부산을 떨더니 이른바 '낙랑'이라고 하는 것이 생겼다. 그리고 그것들을 두루 수집해 가지고 종류에 따라 나누어 진열하더니 이른바 '낙랑박물관'이라는 것이 만들어졌다. 역사를 연구하는 사람들은 보고 듣는 것에 놀란 나머지 '정말 그런가 보다'하고 여기기나 할 뿐 그것이 모두 조작이라는 사실은 모르더라." (『정무론』상편)

그는 전통 한학과 언어, 민속학 등 다양한 분야의 조예와 식견을 바탕으로 고대사에 대한 일련의 논설을 1935년 1월 1일부터 1년 7개월간 「오천년간 조선의 얼」이라는 제하로 「동아일보」에 연재하였고, 1946년 서울신문사 요청으로 『조선사연구』를 출판하였다. 여기에서 단군의 위상 문제, 기자동래설 부정, 삼한의 성격, 요하 난수설, 한사군의 시점과 위치 등을 치밀하게 논하였다. 특히 일제 강점기에 발견 또는 조사된 낙랑군 관련 자료의 학문적 신빙성에 대하여 근본적인 의문을 제기하였는데, 이를 통해 식민사학 타율성론의 근간이 되었던 낙랑군의 입론을 근본적으로 부정하고자 하였다.

낙랑군 출토 봉니

일제 강점기 일인 학자들이 새롭게 발견하고 제시한 명문자료에 주목하였는데, 봉니, 효문묘 동종, 점제현신사비 등이 주요 검토 대상이었다. 먼저 낙랑토성에서 출토되고 아울러 평양일대에서 수집된 다수의 봉니에 대해서는 다음과 같이 의문을 제기하였다. 봉니는 성격상 다른 군현으로 보내는 문서에 날인하는 것이므로 낙랑군에서 '낙랑태수장'과 같은 봉니가 발견되는 것은 논리적으로 맞지 않다는 것이다. 봉니에 새겨진 글자의 내용도 작은 규모의 현에서 좌위와 우위 2명이 존재한다든가 왕망대에 낙랑군이 낙선군으로 개명되었음에도 불구하고 여전히 낙랑군이라고 칭해지는 등 내용상의 오류가 확인되는 점, 글씨체가 너무 천편일률적인 점, 樂○長○와 ○浪○史처럼 서로 맞추면 내용이 복원되듯이 조작의 의심이 드는 점 등의 의문을 제기하고 있다.

1920년 평양 선교리에서 철로공사 중에 발견된 효문묘 동종의 명문에 대해서도 문제점을 지적하고 있다. 동종에는 '孝文廟銅鍾 容十升 重四十七斤 永光三年六月造'라는 명문이 있는데, 이는 평양에 한대 종묘가 있었으며 곧 평양에 낙랑군이 있었다는 유력한 증거로 제시되었다. 하지만 정인보는 한대 각 군국의 묘당은 황제가 친히 행차한 곳에만 세우는데, 효문제는 평양에 온 적이 없기 때문에 낙랑군에서 효문묘의 존재를 확증할 수 없다는 것이다. 자신은 동종이 위조품인지 진품인지 가릴 근거가 없지만, 진품이라고 하더라도 후대 시점에 흘러들어 왔을 수 있다는 점을 상기시키고 있다.

1913년 발견된 점제현신사비의 경우 만약 처음으로 세워진 곳이 점제현이었다면, 연월일 바로 뒤에 '점제장'이라는 표현을 사용하지 않았을 것이며,

점제현신사비

'保佑秥蟬[점제현을 도우소서]'라고 현 이름을 드러내지도 않았을 것이다. 새로 편입된 조선 고토의 현령, 현장들의 조근, 회합 때 그들 중 하나인 점제의 현령이 소원을 비석에 새긴 것(?)이라고 주장하고 있다. 하지만 1946년의 「정무론」에서는 상이한 견해를 제시하고 있는데 이를 요약하면 다음과 같다. 첫째, 점제현장 및 현승에 의해 새겨진 것은 맞지만, 비석이 발견된 곳이 점제현은 아니다. 둘째, 오환이 요서 땅을 공격할 때, 점제현장, 현위, 현승이 요서에서 군사를 이끌고 합류한 후, 의무려산에서 신사를 지나다가 제사를 지내고 비석을 남긴 것이다. 셋째, 평안남도 용강군에서 발견된 것은 낙랑군과 관련 사적을 조작할 사람들이 구해 온 것이다.

그렇다면 왜 낙랑군과 무관한 명문자료들이 평양 일대에서 발견된 것일까. 이에 대해 정인보는 고구려와 고려시대 역사적 사건과 결부시켜 추정하고 있다. 고구려 미천왕은 고토를 수복하고 전리품으로 한사군 시절 전적들을 도읍인 평양으로 운반해 왔는데, 그 과정에서 고문서의 서찰들을 봉니와 함께 보관하는 경우도 있었으며, 그 후 전란을 거치면서 찾을 수 없게 되었다는 다소 기발한 견해를 제시하고 있다. 아울러 고려 시대 송나라 귀화 관리인 호종조(胡宗旦) 같은 무리가 고려의 북방 진출 위지를 꺾기 위하여, 지금의 평양을 한대 낙랑군으로 조작하여 옛 와당까지 함께 조작해 묻었다는 것이다. 정인보는 한학자답게 주로 낙랑군과 관련된 명문자료에 대한 검토에 주력하였지만, 평양 일대에서 다수 분포하는 고분의 성격에 대해서도 언급하고 있다. 즉, 한나라 양식의 고분이 발견된다고 해서 한나라의 영역으로 볼 수는 없으며, 고대에는 전쟁에서 사로잡은 적과 항복하거나 귀순한 자들의 경우 정해진 구역에서 거주하였다고 언급하면서 이들의 무덤이었을 것으로 추정하고 있다.

2) 북한학계의 견해

북한학계에서 낙랑군의 위치 문제는 고조선의 중심지 논쟁과 밀접히 관련되어 있다. 1950년대 고조선의 중심지에 대한 논의 과정에서 평양의 낙랑군은 고조선 중심지의 평양설과 이동설을 뒷받침할 수 있는 유력한 근거가 되었다. 하지만 1963년 리지린의 『고조선연구』의 출간 이후 요녕설이 북한학계의 공식적인 입장이 됨에 따라 평양지역 낙랑군 유적에 대한 해석은 미궁속으로 빠지게 되었다. 요녕설에서는 고조선의 중심지가 줄곧 만주 일대에 있었기 때문에 고조선 수도 왕검성을 함락시키고 고조선의 영역에 설치한 낙랑군의 존재는 부정될 수 밖에 없었다. 그리하여 서북한의 고고학 유적과 유물은 마한, 고조선 유민, 고조선의 후신인 락랑국 또는 조선 등의 것으로 해석되었다.

이에 따라 종래 평양 유적의 낙랑군설을 결정적으로 뒷받침하였던 명문 자료에 대해서도 근본적인 재해석 작업이 불가피하였다. 이 문제는 1971년 황기덕, 정찬영, 박진욱에 의해 본격적으로 제기되었다. 봉니에 대한 견해는 정인보와 마찬가지로 발신자가 서신의 비밀을 보장하기 위해 찍은 것이므로 서신의 종점이어야 한다는 점을 지적하고, 봉니가 진품이라면 오히려 평양이 낙랑군현과 서신 거래를 하였던 별개의 중심지라는 것이다. 아울러 북한학자들이 실제 낙랑토성 내부를 발굴하였으나 한 개의 봉니도 얻지 못했다고도 하였다. 인장에서 드러나는 왕우(王旴), 왕광(王光) 등과 같은 관인들은 불우한 처지에 있던 망명객으로서 평양은 낙랑군 관리들이 자주 망명할 수 있었던 이웃 나라의 수도로 보았다. '낙랑예관', '낙랑부귀' 와당을 근거로 낙랑토성을 낙랑군치로 해석하는 견해에 대해 '락랑'은 서북조선과 요동지방에 산 주민들이 자기 나라의 수도를

낙랑예관 수막새

가리키는 말이며 최리의 낙랑국처럼 그들이 세운 나라에서는 아무데서나 자기 수도를 낙랑이라고 하였다는 특이한 견해를 제시하기도 하였다. 이들은 자료의 진위에 대한 논의에서 한걸음 나아가 자료의 내용에 대한 적극적인 해석을 통해 오히려 평양 일대가 낙랑군이 아님을 말해 주는 반증의 근거로 활용하고 있다.

리순진·장주협의 『고조선문제연구』(1973년)에서는 자료의 진위에 대해 적극적으로 다시 문제를 제기하고 있다. 먼저 효문묘 동종은 종묘에서 출토된 것이 아니라 100년 뒤인 기원 1세기 중엽의 귀틀무덤에서 출토되었으며, 효문제가 행차한 군국에만 효문묘가 세워졌는데 효문제(기원전 179~154) 재위 시기에는 낙랑군이 없었다는 점을 들어 낙랑군의 소재와 연관시킬 수 없음을 지적하고 있다. 그리고 남정리 116호분에서 출토된 목간의 경우 목간의 내용이 물건의 수량이나 보낸 사람 등 부조의 물목을 쓰는 전한의 관례와 다르며, 왕광인과 왕우인의 경우 도장의 재질, 형식, 서체, 규격이 한대의 도장 제도와 맞지 않다는 등 중국의 사례를 통해 자료의 진위에 대한 의문을 제기하고 있다. 마찬가지로 봉니의 경우에도 중국에서 유례가 없을 정도로 단일 유적에서 수집된 봉니로는 200여점(1936년 당시)의 숫자가 너무 많은 점, 중국에서도 유례가 없다는 점, 관인이 한변 1.5cm인데 반해 봉니에 찍힌 도장은 2~2.2cm이라는 점, 봉니에 찍힌 군현명이 오직 낙랑군에 국한되어 있다는 점, 그리고 '낙랑대윤장(樂浪大尹章)'처럼 당시의 관직제도와 맞지 않는 봉니가 있다는 점 등을 들고 있다.

이러한 주장은 1990년대를 거쳐 현재까지 지속되고 있으며, 1990년대 후반에는 점제비와 봉니에 대한 화학 성분 분석을 통해 기존의 주장을 강화하고 있다. '점제승인' 봉니는 점제현이 소재했던 온천군 성현리 토성 근방의 흙이 아니라 낙랑토성 근방의 흙으로 제작되었으며, 점제비의 화강암도 인근의 화강암과는 성분을 달리하므로 다른 지방의 화강암으로 제작되었다는 것이다. 이를 통해 봉니와 점제비의 진위에 대하여 보다 객관적으로 증빙하고자 하였다.

1970년대 이후 중국에서 한대 고고학 자료가 폭발적으로 증가하면서 봉니

자료의 발굴 조사 사례도 늘어났으며 이를 통해 새로운 지견을 확보하게 되었다. 봉니는 문서의 발송에만 사용되는 것이 아니라 문서나 물품의 보관에도 사용되었으며, 따라서 군현 성지에서 자기 군현의 봉니가 발견되는 사례도 확인되고 있어 낙랑토성에서 낙랑군과 예하 현들의 봉니가 발견되는 것이 문제가 되지는 않는다는 점이 확인되었다. 하남성 낙양시의 한대 하남현성의 사례는 참고가 된다. 한 하남현성은 문헌 및 여타 고고학 자료로 하남현성이 확실시 되는데, 여기에서도 '하남태수장(河南太守章)' 봉니가 출토되고 있다. 최근 중국에서 봉니가 물자를 보관할 때 사용한 사례도 발견되기 때문에, 현지 지명을 기록한 봉니가 출토되는 것이 불가사의한 것은 아니다. 아울러 명문 내용 상의 오류로 지적되었던 것과 유사한 사례들도 중국 한대 봉니에서 다수 확인되었으며, 서체의 경우에도 동시기 중원에서 사용된 봉니들과 크게 차이가 없다는 점이 밝혀졌다. 최근에는 국립중앙박물관에 보관 중인 200여 점의 봉니에 대한 후면과 측면의 세부 흔적에 대한 분석을 통해서도 다수의 봉니에 대한 진위가 입증되었다.

효문묘 동종과 관련해서도 앞서와 다른 견해가 제시되고 있다. 『한서』에 의하면 원제 때 68개 군국에 총 167개소의 묘가 황제가 친행한 지역에 설치되었다. 이는 지방민의 신민의식을 고취시키기 위하여 군국에 묘를 설치하고 제사를 지내게 한 것이다. 그리고 기원전 40년(원제 4년)에 모두 폐지된 것으로 기록되어 있다. 하지만 고조가 방문하지 않은 요동군이나 요서군의 군치인 차려현(且慮縣)에도 고조의 묘당이 있어 군국묘가 생전에 황제가 방문한 곳에만 설치되었던 것은 아니었음을 알 수 있다. 아울러 최근에는 서북 최전선의 돈황군에도 효문묘가 설치되었으며 원제 5년에도 제사를 지냈다는 사실이 돈황에서 발견된 목간을 통해 확인되었다. 당대 목간자료가 『한서』의 기록이 실제와는 달랐다는 사실을 말해준다. 따라서 효문묘 동종의 출토 사례는 황제가 친행하지는 않은 낙랑군 지역에도 군국묘가 설치되었을 가능성을 배제할 수 없음을 말해준다고 하겠다.

점제현신사비는 낙랑군 점제장이 산신 평산군을 제사한 경위를 기술한 내용으로 되어 있다는 점에는 이견이 없다. 당시 모든 산천의 공식 제사는 중앙

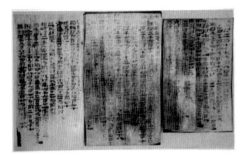
초원4년 낙랑군호구부

정부에 의해서 통제되었기 때문에 점제현의 제사 역시 중앙 정부의 인가 하에 이루어졌던 것이다. 비석의 규모로 보아 장거리의 이동이 가능해 보이지는 않으며, 현지에서 발견된 것으로 보는 것이 비교적 타당할 것이다.

인장의 경우에는 재질이 나무인 것이 한대 인장제도와 맞지 않는다고 하였지만, 이러한 규정은 관인에 적용되며 사인의 경우에는 피장자의 재력과 기호에 따라 자유로운 변형이 가능하였다. 관직명과 인명을 함께 새긴 경우나 전서체의 변형된 글자체도 한대 여타 고분에서 출토된 인장에서 확인되고 있다. 따라서 중국의 출토 인장 사례를 통해서는 오히려 낙랑고분 출토 인장이 위작임을 증명해주지는 못하게 되었다.

낙랑군의 평양 존재를 부정하는 북한학계에서 1950년대 이후 발굴조사하여 보고한 자료 중에서 낙랑군의 평양 존재를 입증하는 다양한 명문 자료가 출토되고 있다. 1958년 평양시 낙랑구역 정백동 1호분에서는 목곽묘에서 세형동검, 철기 등과 함께 '부조예군(夫租薉君)' 인장이 출토된 바 있으며, 1961년 조사된 인근의 정백동 2호분에서는 '부조장인(夫租長印)'과 '고상현인(高常賢印)' 인장이 출토되었다. 낙랑군의 군현과 관련된 인장 뿐 아니라 1990년초에는 정백동 364호분에서 기원전 45년 낙랑군이 관할하던 25개 현의 호구수가 기재된 「낙랑군초원사년현별호구부(樂浪郡初元四年縣別戶口簿)」가 발견되기도 하였다. 이러한 명문자료는 기존 출토된 명문자료들과 맥을 같이 하는 자료들로 이해해도 대과가 없을 것이다.

나오는 말

기원전 108년 한나라 무제는 1년여의 힘겨운 전쟁 끝에 왕검성을 함락하고 고조선을 멸망시켰다. 한나라가 고조선의 옛 땅에 설치한 4개의 군현을 '한사군(漢四郡)'이라고 부른다. 중국 역사서 『사기(史記)』에는 당시 사건이 생생히 기록되어 있다. 이 중 낙랑군을 제외한 진번·임둔·현도군은 토착민의 반발로 수십 년 만에 통폐합되거나 외곽으로 쫓겨났다. 낙랑군만 서기 313년 고구려에 멸망될 때까지 420여년간 존속했다.

20세기 들어 일본 학자들은 식민사관의 정립 과정에서 낙랑군을 중국 왕조의 '식민지'로 주목하였다. 여기에 적극 부응한 것이 고고학이었다. 식민 지배의 기초 자료를 수집하기 위해 한반도의 고건축을 조사하던 도쿄제국대학 세키노 다다시(關野貞) 교수는 1909년 평양 부근에서 벽돌무덤을 발견했다. 평양이 옛 고구려의 수도였으므로 그는 이를 고구려 무덤으로 여겼다. 하지만 논란 끝에 1910년 역사학자 이마니시 류(今西龍)에 의해 평양 일대의 무덤들이 낙랑군 유적이라는 사실이 밝혀졌다.

1920년대 통계에 의하면 평양 인근에는 1600여 기의 낙랑 무덤이 있었다. 일제 식민사학자들은 발굴 조사를 통해 낙랑 문화가 중국의 한나라 문화와 동일하다는 결론을 내렸다. 그리고 원시 미개(未開) 단계에 있던 조선인은 한나라 식민지인 낙랑군을 통해 중국 선진 문명을 받아들여서 문명의 단계로 나아갈 수 있었다고 주장했다.

하지만 이런 주장은 낙랑 무덤에서 그 이전 고조선의 독특한 세형동검 문화가 광범위하게 나타나고 중국 한나라 무덤과 다른 독자성을 지녔던 점을 인식하지 못한 데서 나온 것이었다. 평양 일대에는 중국 한나라 문화와는 다른 독특한 낙랑 문화가 형성되었다. 한나라계 주민은 고조선화하고 고조선계 주민은 한화(漢化)하면서 '낙랑인'이라는 독특한 종족 집단(ethnic group)을 형성했다는 견해도 있다.

일제의 식민주의적 의도를 간파한 사람은 정인보였다. 그는 낙랑군 관련 명문(銘文) 자료의 신빙성에 의문을 제기하고 낙랑군이 평양에 있었다는 것을 부정했다. 봉니는 다른 군현으로 보내는 문서에 날인한 것이므로 낙랑군과 예하 현의 봉니가 낙랑군에서 발견될 수 없다는 주장이었다. 또 평양에서 효문묘(孝文廟)라는 명문이 새겨진 청동 단지가 발견되었는데 효문묘는 효문제가 행차한 곳에만 설치되었기 때문에 낙랑군에는 효문묘가 있을 수 없다는 것이었다. 이런 의문 제기는 당시 신선한 충격을 던져주었지만 지금은 받아들이기 힘들다. 그 이후에 한대 하남군이 있었던 곳에서 하남군 관리의 봉니가 출토됐고, 한나라 효문제가 행차하지 않은 서쪽 변방의 돈황에 효문묘가 설치된 사실이 확인되었기 때문이다.

낙랑군 자료 조작설은 해방 후 북한 학계에 계승되었다. 1960년대 초부터 북한 학계는 고조선 중심지가 중국 요령성에 있었다고 주장하였다. 고조선을 멸망시키고 설치한 낙랑군도 당연히 만주에 있어야 했으므로 낙랑군의 평양 존재는 부정될 수밖에 없었다. 북한 학자들은 낙랑군 관련 명문 자료가 조작되었거나 낙랑군과는 관련이 없다고 주장했다.

1990년대까지 북한은 평양 일대에서 2600여 기의 무덤을 추가로 발굴하였다. 북한 학자들은 이 무덤들을 마한의 유적으로 해석하다가 최근에는 고조선의 후국(侯國)이었던 낙랑국의 유적이라고 보고 있다. 그러나 평양 일대 무덤들은 낙랑군 유적이 분명하다. 특히 1990년대 초 정백동 364호분에서 나온 기원전 45년 낙랑군의 현별 인구 통계를 정리한 목간은 낙랑군이 한반도에 있었다는 확실한 증거다. 고고학 100여 년의 조사와 연구 성과에 따르면 낙랑군이 평양에 존재했음을 의심할 어떠한 근거도 없다.

〈참고문헌〉

高久健二,『낙랑고분문화 연구』, 학연문화사, 1995.

국립중앙박물관 편,『낙랑』, 솔출판사, 2001.

권오중,『낙랑군 연구-중국고대변군에 대한 사례적 검토』, 일조각, 1993.

김원룡,「낙랑문화의 역사적 위치」,『한국문화의 기원』, 탐구당, 1976.

리순진,『평양일대 락랑무덤에 대한 연구』, 사회과학출판사(2001, 중심), 1997.

오영찬,『낙랑군 연구』, 사계절, 2006.

이성규 외,『낙랑문화연구』, 동북아역사재단, 2006.

정인보,『조선사연구』, 1946; 문성재 역주,『조선사연구』상·하, 우리역사재단, 2013.

정인성 외,『낙랑고고학 개론』, 진인진, 2015.

황기덕 외,「기원전 5~3세기 서북조선의 문화」,『고고민속론문집』3, 1971.

우리 시대의 한국 고대사

군현(郡縣)의 측면에서 본 한사군

김병준(서울대 동양사학과 교수)

들어가는 말

한사군(漢四郡)이란 한나라가 고조선의 땅에 설치한 낙랑·현도·임둔·진번의 4군을 말한다. 한나라는 군현이라는 행정조직을 통해 이 지역에 대한 지배를 관철시키려고 했다. 이러한 지배에 대해 토착민이 저항한 결과 기원전 82년 임둔군과 진번군이 폐지되고, 기원전 75년에는 현도군이 요동으로 후퇴했으며, 서기 313년에는 마침내 낙랑군이 멸망했다. 이 과정을 좀 더 분명히 이해하기 위해서는 토착민의 저항이라는 사실만 강조하기보다는 이러한 저항을 가져온 군현 지배의 실상을 정확히 알 필요가 있다.

[그림 1] 낙랑군 무덤에서 발견된 호구부

1

군현으로서의 낙랑군

군현제란 군주가 직접 임명한 지방관이 군현에 파견되어 중앙의 명령을 수행하는 중앙집권체제이다. 군주로부터 분봉받은 영역을 제후가 통치하는 봉건제가 간접지배 방식인 것과는 다른 개념이다. 한 무제 이후의 군현제는 예외 없이 전 영역에 걸쳐 시행되었다. 한나라 무제는 북쪽으로는 흉노를 내쫓고, 남쪽으로는 남월(南越)을 멸망시켰으며, 서쪽으로는 서남이(西南夷)를 정복하고, 동쪽으로는 고조선을 멸망시킨 뒤 모든 지역에 군현을 설치했다. 이렇게 말과 풍습이 크게 다른 광대한 지역을 일률적으로 지배하기 위해서 전국적으로 동일한 제도와 율령을 적용하였고 모든 행정은 문서에 의해 처리되었다. 그리고 이러한 통치의 기초 작업은 지배와 수취의 대상인 호구(戶口)를 파악하는 것에서 시작되었다.

이와 같은 군현지배의 기본적 속성이 낙랑군에도 그대로 적용되었음을 보여주는 증거가 평양시 정백동 364호분에서 발견된 낙랑군 호구 기록 장부이다.[그림 1] 〈樂浪郡初元四年縣別戶口多少□□〉라고 명명되어 있는 이 목독은 세로 23cm, 가로 5cm 정도의 작은 크기의 목판에 전한(前漢) 원제(元帝) 초원(初元) 4년에 집계된 낙랑군 25개 현들의 호수(戶數)와 구수(口數)가 기록되고, 이어서 전년에 비해 얼마나 인구의 증감이 있었는지가 덧붙여졌다. 호수는 43,845호이고 구수는 약 28만 여명이며, 전년보다 584호, 7,598명 증가하였다. 낙랑군 호구부는 작은 하나의 목독에 불과하며 낙랑군의 현명과 호구의 숫자만이 기록되어 있을 뿐이라서 얼핏 그저 낙랑군의 호구수를 알려주는 자료에 불과한 것처럼 보일지도 모른다.

그러나 이 호구부가 어떻게 만들어졌는지를 알려주는 한대 호적 관련 율령 조문을 살펴보면, 이 호구부가 내포하고 있는 의미가 매우 크다는 것을 알게 된다. 먼저 호적은 매년 8월 향(鄕)에서 작성되고, 그 호적의 부본(副本)과 리(里) 별로 호구가 집계된 장부가 현(縣)으로 이송된다. 현은 이를 받아 현의 문서고에 보관하고 봉인하고, 다시 향별로 호구가 집계된 장부를 군(郡)에 보고한다. 「樂浪郡初元四年縣別戶口多少□□」 낙랑목간은 바로 이 단계에서 작성되었다. 그러므로 낙랑 호구부 목간은 호구부가 만들어지기 이전 단계의 과정, 즉 민(民)이 리전(里典)과 리부로(里父老)의 책임 하에 자신의 인적 사항을 직접 관에 신고하는 단계, 이를 기초로 향에서 호적이 작성되는 단계, 그리고 호적의 원본은 향에 보관되고 부본(副本)은 현으로 이송되어 현에서 향별로 호구가 집계되는 단계, 다시 그 집계된 문서가 군으로 이송되어 군에서 현별로 호구가 집계되는 단계의 과정이 전제되어야 비로소 작성될 수 있는 것이다. 따라서 낙랑 호구부 목간은 그 기록 자체만으로도 낙랑군에서 정밀한 문서행정이 실시되고 있었다는 것을 말해준다.

　더욱이 율령에 의하면, 향에서 작성된 호적에는 호주(戶主) 및 호인(戶人)의 이름과 작위가 기록될 뿐 아니라, 나이 등이 추가 기재된 연세적(年細籍), 집과 뜰의 상황이 기재된 민택원호적(民宅園戶籍), 또 토지가 어디에 위치해 있는지가 기재된 전비지적(田比地籍), 전조(田租)가 얼마나 되는지가 기재된 전조적(田租籍) 등 다양한 장부가 동시에 작성되었다. 그리고 이를 기초로 해서 호구수의 증감, 연령별·성별 숫자, 세역을 징발하기 시작한 신부(新傅)의 숫자, 세역이 면제되는 면로(免老)의 숫자, 세역의 감면 대상인 장애인 파륭(罷癃)의 숫자, 토지 및 새로 개간된 간전(墾田)의 양이 각각 별도로 집계되었다. 언뜻 번잡해 보이기도 하지만, 이렇게 각종 장부가 작성되었다는 사실은 실제 출토 간독 자료에 의해 확인된다. 호북성 형주(荊州) 출토 송백한간(松柏漢簡)에는 남군(南郡)에 소속된 현과 후국별로 면로·신부·파륭의 숫자가 집계되었으며, 강소성 연운항(連雲港) 출토 윤만한간의 집부(集簿)에서도 토지와 조세 그리고 연령별·성별 등의 항목에 걸쳐 집계가 이루어졌다.[그림 2] 윤만한간 집부를 비롯한 여러 장부에는 금년도 통계 숫자와 함께 전년도 대비 인구 증감분이 어느 정도인지가 기록되었는데, 낙랑 호구부에도 동일한 항목이 포함되어 있다. 따라서 낙랑군의 장부 제작과 형식이 다른 곳과 다를 바가 없으며, 호구부 이외의 각종 장부도 다른 지역과 마찬가지로 낙랑군에서 모두 작성되었을 것이라고 보아도 무방하다.

호적을 비롯한 여러 장부를 작성하는 이유는 후한말 서간(徐幹)의 『중론(中論)』 민수편(民數篇)에 잘 드러나 있듯이, 호적 제도를 통해 백성들의 신분과 재산을 파악하고, 이를 기초로 각종 세역을 징수하며 치안을 확보하기 위해서이다. 안휘성 천장(天長) 출토 호적부의 앞면에 호구 집계가 기록되었고 그 뒷면에 산부(算賦)가 기록되어 있는 것, 호북성 형주 출토 장부 및 윤만한간 집부에 호구수와 간전(墾田)과 전곡(田穀)의 수가 기록되어 있는 것은 모두 호적이 세역의 징발을 위해 작성되었음을 증명한다. 치안을 확보하기 위한 십오제(什伍制), 연좌제도 호적이 마련되어야 비로소 가능한 것이었다. 그러므로 낙

YM6D1反   YM6D1正

[그림 2] 윤만한간 집부

랑군 호구부가 작성되었다는 사실은 곧 낙랑군에서 세역 징수 및 치안 유지를 위한 기초적 작업이 착실히 전개되었다는 사실을 의미한다.

또한 이렇게 일일이 각종 장부를 작성하고 이를 이송, 접수, 확인하는 등 복잡한 문서행정이 시행되고 있었다는 사실은 곧 이러한 문서를 이해하고 작성할 수 있는 다수의 관리가 존재했고, 나아가 관리조직 및 운영 시스템이 작동하고 있었다는 사실을 말해준다. 예컨대 향에서 문서를 작성하는 일을 담당했던 향색부(鄕嗇夫), 향으로부터 문서를 전달받아 이를 확인하고 집계하며 그에 기초해서 세역을 징발하였던 현정(縣廷)의 관리, 나아가 현으로부터 문서를 받아 이를 처리하여 다시 중앙에 보고하며 동시에 중앙으로부터 내려온 명령을 전달하는 군(郡) 태수부의 관리가 낙랑군에 다수 배치되어 있었다는 것이다.

이처럼 낙랑목간 호구부 그 자체는 낙랑군 소속 25개현의 호구수가 적힌 하나의 간독에 불과하지만, 이 간독은 낙랑군에서 세역 징수 및 율령 지배를 위한 기초인 호적 작성 및 문서행정이 착실히 진행되었다는 사실을 전해준다. 그 결과 43,845호와 약 28만여 명을 낙랑군의 호적에 편입하고 이들로부터 세역을 징수하게 되었던 것이다. 이 수치는 전한 말기 다른 군의 호구수와 비교해 볼 때 결코 적은 숫자가 아니다. 기왕의 연구 중에서는 중심과 변경이라는 이원적 구도를 상정하고 중심 지역에서는 율령지배와 문서행정이 잘 전개된 반면 변경 지역에서는 이민족이 다수 거주하고 있어서 이들을 제대로 파악하기 어려웠고 따라서 중심 지역과 같은 율령지배가 실시되지 못했을 것이라는 선입견을 갖고 있는 경우가 많았다. 그러나 이 낙랑 호구부는 변경 지역이라고 하더라도 내지와 동일한 문서행정과 그에 율령지배가 시행되었다는 사실을 웅변해 주며, 나아가 군현지배의 원칙이 제국의 내군이나 변경이나 모두 보편적으로 실시되었다는 사실을 알려주고 있다. 제국이 주변의 이민족을 점령한 후 그곳을 그대로 방기하거나 토착민에게 그 지배를 위임하는 방식이 아니라, 중심에서 시행하였던 율령지배를 그대로 적용하려고 하는 보편적 지배방식의 원칙을 확인할 수 있다.

낙랑군 호구부가 발견된 같은 무덤에서 『논어』가 함께 발견되었다.[그림 3] 그 내용은 하북성에서 발견된 정주본(定州本) 『논어』 및 거연(居延)이나 돈황(敦煌)에서 발견된 『논어』의 잔편(殘編) 그리고 현행본 『논어』와도 큰 차이가 없다. 유가의 핵심적 경전이었던 『논어』가 제국의 변경 끝에 해당하는 낙랑군에서 발견되었다는 것은 중요한 의미를 지닌다. 첫째, 군현의 설치와 함께 내지의 문화가 대거 유입되었다는 것을 말한다. 관리나 상인 그리고 사민(徙民)과 같은 인구의 이동에 따라 선진 물질문화가 주변으로 전파되는 것은 매우 자연스러운 현상이다. 한 제국의 남서쪽에 위치한 광한군(廣漢郡)에서 제작된 칠기가 낙

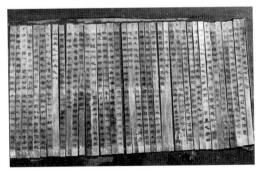

[그림 3] 낙랑군 무덤에서 발견된 논어

랑군에서 발견되는 것은 이러한 물류 현상의 증거라고 할 수 있다. 그런데 물질문화만이 아니라 진한시대의 주요 사상인 유학이 전래되었다는 것은 내지와 변군 간의 문화적 교류가 대단히 활발했으며, 그 문화적 차이도 의외로 크지 않았음을 추정케 한다. 둘째, 율령지배와 함께 유학적 이념을 통해 편호제민에 대한 지배를 견고하게 하려는 의도를 엿볼 수 있다. 『논어』로 대표되는 유학은 한 무제 시기에 이르러 국가의 핵심적 이데올로기가 되어 율령과 함께 황제지배의 이념적 도구 기능을 담당했다. 중앙과는 달리 변경의 경우 이풍역속(移風易俗)의 명분을 내걸었지만, 결국 유학적 이념에 의해 변경 지역의 상이한 습속을 바꿈으로서 일률적인 제민지배를 용이하게 하려는 의도가 내포되어 있었다.

낙랑군에 대한 제국의 편호제민 지배는 군현을 설치한 이후 지속적으로 진행되었던 것으로 판단된다. 낙랑군이 설치된 시점이 무제 원봉3년(기원전 108)이므로 낙랑군 호구부의 시점인 원제(元帝) 초원 4년(기원전 46)까지 62년 동안 43,845호와 약 28만여 명을 세역의 대상으로서 파악했다는 의미이다. 그런데 낙랑 호구부에 의하면 그 전년에 비해 호수는 0.64%, 구수는 2.82% 증가하였다. 한편 『한서』 지리지에는 이보다 48년이 지난 시점인 전한 평제(平帝) 원시(元始) 2년(기원후 2년)의 호구수가 기록되어 있다. 그 호수가 62,812, 구수가 406,748이므로, 이 기간 동안 매년 평균 호수가 0.79%, 구수는 0.76% 증가하였다. 앞서 설명한 적극적 율령지배와 문화적 지배가 효율적으로 정착되었기 때문에 가능한 수치이다. 아울러 그 수치는 요동군의 27만명, 요서군의 35만명을 비롯해 어느 변경지역보다 많으며, 심지어 내지에 가까운 군현보다 많다.

제국의 끝자락에 해당되는 변군에서도 제국의 중앙에서 제정한 율령과 그에 기초한 문서행정이 거의 그대로 실시되고 있었다는 사실은 낙랑군과 정반대 편에 위치한 하서지역의 돈황과 거연에서 발견된 간독을 통해서도 여실히 드러난다. 또 최근 호남성 리야(里耶)에서는 진대 동정군(洞庭郡) 천릉현(遷陵縣)의 문서가 대량으로 발견되었는데, 매우 험준하고 편벽된 변군 속 자그마한 변현(邊縣)에서도 내지와 유사한 행정조직과 문서행정이 시행되고 있었다. 진한 제국의 끄트머리 변경에서조차 내지와 동일한 편호제민 지배의 모습이 확인되고 있다는 것이다. 결국 진한이라는 제국의 통치 방침은 내지와 변경을 포함한 제국의 영역 전체를 동일한 방식으로 지배하려는 것이었다는 것이며, 낙랑군도 결코 예외가 될 수 없었다.

2
변군으로서의 낙랑군

그러나 제국의 내지와 변경은 엄연히 다를 수밖에 없다. 비록 기본적인 제도와 율령이 그대로 실시되고 있기는 했지만, 변경과 내지의 상황이 동일할 수는 없다. 우선 변경지역에는 국경 바깥에 있는 외적을 방어하기 위해 군사 방어 시스템이 설치되어 있었다. 돈황한간과 거연한간의 대부분은 이 방어 시스템을 구성하는 거연도위(居延都尉)와 견수도위(肩水都尉) 등 도위 소속 후관(候官)과 봉수대에서 발견되었고 그 내용도 군사방어와 관련된 내용이 주를 이룬다. 리야진간에서도 만이(蠻夷)의 항상적인 공격, 그를 막기 위해 각지로부터 징발된 수졸의 배치가 확인된다. 낙랑군도 주변의 고구려와 예맥에 의한 공격이 끊이지 않아서 이곳에 동부도위와 남부도위가 설치되었다. 군사적 측면이 훨씬 강조된다는 점이 변경 지역 지배의 특성이다. 이러한 특성은 변경지역의 군현지배에 적지 않은 영향을 미쳤을 것이다. 상시적인 군사적 긴장감은 군현민에 대해 그 생활과 이동에 대해 더욱 엄격한 통제를 가했을 것이며, 추가적인 군역의 징발도 수시로 이루어졌을 가능성이 크다.

다만 그렇다고 그 지배체제가 근본적으로 달랐던 것은 아니다. 치민기구 외에 군사기구가 추가 배치되었던 것이지 군사기구가 치민의 기능을 대신했

던 것은 아니다. 부도위가 설치되었지만, 호적 작성과 세역 징발 등 치민기능
은 여전히 군현이 담당했다. 오히려 이러한 추가적 군사적 지배가 변경지역
의 군현민을 더욱 곤궁에 몰아넣었다고 보아야 한다.

　둘째, 군현의 규모에서 차이를 보인다. 변군의 현별 호구수가 내지의 그것
에 비해 크게 적다는 점이다. 『한서』 백관공경표에 의하면 일반적으로 1현의
규모를 1만호로 규정하고 있다. 그런데 변군의 경우는 이에 훨씬 못 미친다.
『한서』 지리지에 의하면, 변군의 경우 2~3000호에 불과하다. 변군의 속한 변
현의 경우는 그 숫자가 더욱 적다. 리야진간에 드러난 동정군 천릉현의 호수
는 150호에서 200호 사이에 머물며, 낙랑군 호구부에 기록된 낙랑군 제해현
(提奚縣)은 173호, 해명현(海冥縣)은 338호, 함자현(含資縣)은 343호에 불과하
다. 현의 평균 규모는커녕 1향 1000호에도 못 미치고, 1리 100호의 2~3개
정도에 불과하다. 따라서 내군과 같은 전형적 군현지배가 이루어지지 못했을
것이라고 예상하는 것도 무리는 아니다.

　다만 비록 1현이 2~300호에 미치지 못하는 작은 규모이지만, 현의 조직과
그것을 담당하는 관리, 그리고 이에 기초한 율령지배와 문서행정은 대현(大
縣)과 거의 다르지 않다. 동정군 천릉현의 경우 위조(尉曹)·리조(吏曹)·호조(戶
曹)·창조(倉曹)·사공조(司空曹)·금포조(金布曹)·옥조(獄曹)·령조(令曹) 8조와 관
색부가 주관하는 10여개의 부서, 그리고 이들 부서에 100여명의 관리, 400
여명의 관노비, 수백 명의 수졸이 배치되어 있었다. 낙랑군의 변현에도 공조
(功曹)를 비롯한 조직과 주부(主簿) 등이 설치되어 있었다. 그런데 이렇게 규모
는 매우 적으면서도 동일한 업무와 관리가 배당되었다는 사실 자체가 변군의
군현지배를 왜곡시킬 위험이 컸던 것이다. 예컨대 이곳에서 거두어들이는 세
액으로는 많은 숫자의 관리와 수졸 등이 소비하는 경비를 도저히 충당할 수
없었으며 무언가 중앙 혹은 다른 곳으로부터의 보조가 필요했고, 나아가 행
정구획의 변동을 가져오게 되었던 것이다.

　이처럼 군사적 위험이 커서 별도의 군사기구가 추가 배치되기도 하고, 민
정기구의 규모가 대단히 작았다는 특징을 갖지만, 그렇다고 변경지역이 내지
의 다른 별도의 체제 하에서 운영된 것은 아니었다. 모든 사람들을 호적에 편

입시켜 그들을 동일한 지배의 대상으로 삼으려는 기본적인 군현지배 시스템이 제국의 구석구석까지 침투해 들어가 작동하고 있었던 것이다. 한 제국이 군현제를 보편적으로 운영하려고 했던 원칙을 갖고 있었던 이상, 중심과 변경의 차이를 제도적 측면에서 찾기란 쉽지 않다.

따라서 그 차이를 읽으려면 그곳에 거주하고 있는 토착민의 존재, 특히 사회 조직과 그에 대한 제국의 대응에 주목해야 한다. 군현 지배의 대상은 땅이 아니라 사람이기 때문이다. 제국이 주변의 이민족을 점령한 뒤 그곳에 거주하고 있던 사람을 좇아내고 그 지역을 통치한 것이 아니라, 그 토착민을 대상으로 지배가 실시되었다.

토착민과 관련해서 먼저 살펴보아야 할 것은 고조선의 지배계층에 해당되는 위만집단과 피지배계층에 해당되는 고조선계 토착민이 한의 군현제 하에서 차별적으로 대우받았는가라는 점이다. 전자는 한에서 도망한 자들이라고 할 수 있고, 후자는 오래전부터 이곳에 거주하며 토착적 전통을 계승한 집단이다. 그렇다면 한이 주변국을 점령하고 난 뒤 그 곳에 거주하고 있던 자들의 과거 출신을 따져서 그들이 한에서 도망친 자라면 자국과의 본래적 관련성을 중시하여 그들을 토착민보다 더 우대하는 정책을 폈을까? 이와 관련해서는 장가산한간(張家山漢簡)과 악록진간(岳麓秦簡)에 포함된 주언서(奏讞書)의 안례(案例)를 참조할 만하다. 여기서는 진(秦)이 초(楚)를 점령하고 군현을 설치할 때 초 지역에 살고 있었던 두 가지 계층, 즉 토착민인 초나라 사람과 진에서 초로 도망간 진나라 사람을 어떻게 처리할 것인지를 다루고 있는데, 진은 이 두 부류를 나누어 차별적으로 지배하지 않았다는 사실을 확인할 수 있다. 그들의 과거 출신이 무엇이든 간에 일단 항복한 자들이 진의 호적에 공식적으로 등록을 하면 그 이전의 재산을 모두 인정하고 그들을 동등하게 편호제민으로 인정했다. 아울러 적극적 통혼 정책을 통해 주변에 남아있는 호(胡)도 한인(漢人)의 범주로 편제하려고 노력했다.

이렇게 종족의 계통을 한인 계통과 비한인 계통으로 나누어 차별적으로 지배하지는 않았지만, 피지배자의 현실적 사회조직 형태에 따라서는 지배 방식의 약간의 차이가 나타난다. 가령 고조선의 중심 지역에는 낙랑군을 설치하였고, 주변 소국 지역에는 진번군, 임둔군, 현토군을 두었다. 그런데 고조선의 중심 지역과 그 주변의 지역 사이에는 어느 정도 사회적 발전단계에 차이가 있었다고 추정된다. 고조선의 직할 영역이었던 낙랑군 지역은 위만조선 단계 이전부터 이미 화폐 경제가 도입되고 또 군장질서가 상당히 해체된 곳이었으며, 주변의 나머지 세 군 지역은 군장질서가 비교적 강고하게 남아있었던 곳이었다. 그런데 진한시기 군현은 이렇게 군장질서가 해체되어 소농가족이 위주가 된 지역인지, 군장질서가 잔존해 있었던 지역인지 여하에 따라 각각 다른 편호 방식을 취했다. 가령 진(秦)이 파촉(巴蜀)을 점령한 이후 각각 상이한 통치방식을 취했던 것이 좋은 사례이다. 즉 군장질서가 상당부분 해체되었던 촉국(蜀國)의 영역에는 촉군(蜀郡)을 설치하여 그 거주민을 내지와 똑같이 개별인신적으로 호적에 편입하는 방식을 취했던 반면, 군장질서가 많이 남아있던 파국(巴國)의 영역에는 파군(巴郡)을 설치하여 군장질서를 인정한 상태에서의 편호 방식을 취했다. 마찬가지로 낙랑군에서는 촉군처럼 철저한 편호제민 지배방식이 적용되었고, 진번·임둔·현토군과 같은 주변의 군현에서는 파군(巴郡)처럼 군장질서를 어느 정도 인정하면서 이들을 군현지배 하에 편호화시키려는 방식을 취했다고 판단된다.

　이를 뒷받침해주는 증거를 낙랑 호구부에서 찾을 수 있다. 군장질서를 어느 정도 인정하느냐 여부가 호적의 호당 구수에 반영되어 나타나기 때문이다. 즉 군장질서를 인정하는 경우 호적의 호당 구수가 평균보다 훨씬 높아지게 된다. 진번군과 임둔군이 폐지된 이후의 시점에 해당되는 낙랑군 호구부의 초원4년(기원후 46)의 수치를 계산하면, 고조선의 직할 영역에 해당되는 곳은 그 수치가 5.60명이지만, 본래 진번군과 임둔군에 해당되는 곳의 수치는 7.24~7.71명에 도달한다. 원시2년(기원후 2년) 『한서』 지리지에 의하면 낙랑군의 호당 구수는 9.48명에 이르기까지 한다. 군현 설치 초기에 군현을 안정시키기 위해 외지로부터 이주 혹은 사민된 관리 및 일반민들이 다수 거주했을 것이라고 생각되는데, 그들은 한대 내군의 호당 구수인 평균 4~5명의 규모였을 것이다. 그런데 고조선의 직할 지역의 호당 구수가 5.60명이라는 사실은 나머지 토착민의 호당 구수 역시 5~6명을 넘지 않았다는 뜻이 된다. 즉 본래 고조선 직할 지역의 군장질서가 상당부분 해체되어 평균 4~5명으로 구성되어 있었고, 이들이 그 상태로 낙랑군에 귀속되었기 때문에 생겨난 결과라고 할 수 있다. 반면 주변 군현의 호당 구수가 7~10명이라는 사실은 이주민의 규모에 따라 달라지겠지만, 이곳에도 초기 군현을 설치하면서 다수의 관리와 이주민이 거주했을 것이라는 사실을 참작하면 나머지 토착민의 호당 구수는 대략 15명~20명 이상으로 추산된다. 이러한 수치는 일반적인 가족의 구성일 수 없다. 이는 소규모의 군장을 호주로 인정하고 그 휘하의 속민을 호구로 파악한 결과 이외에는 상정하기 어렵다. 이러한 현상은 다른 지역의 사례에서 구체적으로 증명된다. 앞서 사례로 들었던 진대 동정군 천릉현의 경우가 매우 적절한 사례가 된다. 이곳 천릉현의 호구수가 작다는 것은 이미 전술한 바와 같지만, 이 중에서 토착민으로 보이는 신검수(新黔首)가 106호를 차지하는데 인구는 성인 남자 1046명을 포함해 약 2000여 명 이상이라는 사실이 확인된다. 1호당 10명 이상의 남자 성인이 포함된 경우, 전체로는 1호당 20여명 이상의 호구로 구성되었다는 것이다. 이런 현상은 군장질서를 그대로 호적에 편입시켰던 결과였다. 낙랑군 호구부에 보이는 호당 구수의 이상(異常) 현상도 같은 맥락으로 설명해야 한다는 것이다.

3
토착민과 낙랑군

이제까지 새로운 출토자료를 중심으로 한 제국의 입장에서 낙랑군에 어떠한 군현지배를 실시했는가에 대해 주로 살펴보았다. 그렇다면 이러한 지배를 받게 된 토착민의 입장은 어떠했을까? 이를 전해 주는 자료는 많지 않지만, 확실한 것은 내지와 다름없는 군현지배의 관철이 결국 변경 지역 토착민의 저항과 이탈을 가져왔다는 사실이다. 변경 지역에 대해 내지보다 특별히 더 무거운 세역을 징수했던 것은 아니다. 그러나 전술한 바와 같이 변경 지역의 군사적 특수성, 그리고 작은 규모의 군현에 내지와 동일한 업무를 부과하면서 각종 문제가 발생하게 되었다. 특히 신군(新郡)을 개척하게 되면 각종 방어용 성벽과 취락, 그리고 개간 사업을 하는데 많은 노동력과 엄청난 비용이 필요하다. 처음에는 중앙정부 및 주변 군현의 도움을 받지만, 일정 시간이 지나면 군현 내에서 자체적으로 이를 감당해야 했다. 특히 현토군, 임둔군, 진번군과 같이 비교적 험준한 지형이 많고 경지가 부족해 경제적으로 열악하고 적은 수의 인구를 갖고 있는 경우, 결과적으로 그들이 져야 할 부담은 아무래도 과중해 질 수밖에 없다. 이 과정에서 토착민의 불만이 커지게 되는데, 이때 한 제국은 본래 군현 경계를 포기하고 이들을 인근의 군에 함께 편제하는 방법을 동원하게 된다. 군현 운영에 필요한 비용을 인근의 경제적 여유가 있는 군과 공동으로 부담하게 되어, 작은 규모로 군을 독립적으로 운영할 때에 비해 적은 부담을 질 수 있기 때문이다. 그리하여 한은 현토군이 고구려 서북으로 이동한 뒤 이 곳의 옥저를 낙랑군에 포함시켰고, 임둔군과 진번군을 폐지한 이후에도 이 지역을 낙랑군과 현토군에 합병했다. 이른바 대(大)낙랑군의 성립은 이렇게 이루어졌다. 토착민의 저항으로 말미암아 임둔군과 진번군이 폐지되고 현토군이 퇴축되었지만, 한은 그 지역 전체를 곧바로 포기하지 않고 지속적인 지배를 관철하려고 했던 것이다.

이러한 갈등은 상당 기간 지속되었다. 한의 군현지배와 토착민의 갈등은 왕망 말기에 왕조(王調)의 난으로 나타나게 되었지만, 그렇다고 곧바로 군현지배가 크게 축소되지도 않았다. 후한에 접어들면서 광무제(光武帝)는 낙랑군의 동부도위와 남부도위를 폐지했다. 마치 이곳에 속한 지역 다시 군현지배를 포기한 것 같은 인상을 주지만, 동부도위와 남부도위 폐지는 광무제가 전국적으로 실시한 도위(都尉) 폐지 정책의 결과일 뿐이었다. 즉 광무제는 그동안 적극적인 군사정책으로 말미암아 야기되었던 각종 비용 부담을 줄이겠다는 차원에서 전국적으로 지방군을 축소하겠다는 의지를 표명한 것일 뿐, 도위가 군사적 방어를 맡고 있었던 지역을 포기하려고 했던 것은 결코 아니었다. 낙랑군의 동부도위와 남부도위가 맡고 있었던 군사적 책무는 낙랑군의 태수 및 현위(縣尉)에게로 전가되었던 것이다. 도위가 폐지된 이후 낙랑군의 주변 지역을 회유하는 차원에서 토착민의 군장을 현후(縣侯)로 임명하였지만, 이 때의 현후는 여전히 군현지배 체제 안의 존재였다. 즉 후한 역시 정도의 차이는 있을지언정 지속적인 군현지배를 관철시키려고 했던 것이다.

그러나 한 제국이 여전히 이곳에 내지와 동일한 군현지배 원칙을 포기하지 않았던 이상, 또 낙랑군을 제외한 주변 지역의 군사적, 경제적 환경이 크게 개선되지 않는 한, 이곳의 토착민의 부담과 불만은 역시 줄어들 수 없었고, 결국 이들 토착민의 지속적인 저항이 발생하여 군현의 편호지배로부터 이탈하는 현상이 심화되기에 이르렀다. 『삼국지』 동이전에 '호한초별(胡漢稍別)' 현상은 이러한 과정에 해당된다. 군현을 설치할 때에는 호(胡)를 호적에 편입시켜 한인(漢人)으로 삼아 호한(胡漢)의 구별을 최소화하려고 했으나, 토착민 즉 호의 불만과 이탈이 지속되면서 군현의 편호지배로부터 벗어나 호적에서 빠져나가는 호인이 점차 많아져 양자 사이의 구분이 점차 커져갔다는 의미라고 풀이된다. 결국 고구려가 華麗城을 공격하는 118년에 영동 7현은 낙랑군의 지배에서 벗어나게 되었다.

낙랑군에 편입된 토착민들은 한으로부터의 세역 수취를 당했지만, 반면 한나라의 문화와 접촉하고 이를 수용하기도 했다. 군현의 문서행정이란 엄청난 양의 문서가 작성되고 다른 행정부서로 전달되는 과정의 연속이었다. 이를 담당했던 많은 토착민은 자연스럽게 한자를 습득하였고, 이를 기초로 여러 지식과 사상을 접하게 되었다. 낙랑군 호구 장부와 함께 발견된 '논어'가 이를 증명한다. 한자를 빌어 우리말을 표현한 이두(吏讀) 역시 오랜 기간 동안 한자문화에 접촉하면서 생성될 수 있었다.

마지막으로 한사군과 관련해 한 가지 언급할 부분은 한사군이 설치된 지역 전체가 한나라의 지배에 귀속된 것은 아니라는 점이다. 낙랑군 호구 장부에 기록된 25개 현 중에는 호수(戶數)가 몇 백호에 불과한 것이 많다. 한나라의 내지에는 현의 규모가 1만 호(戶) 정도였던 것과는 크게 다르다. 그렇다고 원래 낙랑군 지역에 인구가 적었던 것도 아니다. 기원전 128년에 예맥의 수령인 남려(南閭)가 28만 명을 이끌고 한나라에 항복했던 것만 봐도 알 수 있다. 이는 결국 한나라가 군현을 설치하고 호적에 편입한 토착민이 전체 거주민의 일부였다는 것을 말해준다. 한나라 군현에 귀속된 사람들은 성으로 둘러싸인 몇몇 도시와 취락에 거주하였던 반면 그 바깥 공간에는 한나라에 저항하며 편입을 거부하였던 다수의 토착민이 있었다. 한나라 입장에서는 군현이 설치된 지역을 모두 자기 영역으로 인식했겠지만 토착민의 입장에서는 여전히 자신들의 땅인 곳에 한나라 사람이 들어와 거점을 만들어 놓았을 뿐이었다.

〈참고문헌〉

권오중 외, 「낙랑군 호구부 연구」, 동북아역사재단, 2010.

김병준, 「중국 고대문화와 군현지배」, 일조각, 1997.

_____, 「중국고대 간독자료를 통해 본 낙랑군의 군현지배」, 『역사학보』189, 2006.

_____, 「漢이 구성한 고조선 멸망과정 −『사기』조선열전의 재검토」, 『한국고대사연구』50, 2008.

_____, 「낙랑군 초기 편호과정과 '胡漢稍別' −「樂浪郡初元四年縣別戶口多少□□」목간을 단서
　　　로−」, 『목간과 문자』1, 2008.

_____, 「3세기 이전 동아시아 국제질서와 한중관계」, 『동아시아 세계론과 한중관계사상의 책봉조
　　　공과 실제』, 동북아역사재단, 2010.

_____, 「낙랑군의 한자 사용과 변용」, 『고대 동아시아의 문자교류와 소통』, 동북아역사재단, 2011.

_____, 「敦煌 懸泉置漢簡에 보이는 한대 변경무역 − 삼한과 낙랑군의 교역과 관련하여」, 『한국출
　　　토 외래유물: 초기철기 −삼국시대』, 한국문화재조사연구기관협회, 2011.

_____, 「진한제국의 이민족 지배 − 부도위 및 속국도위에 대한 재검토」, 『역사학보』217, 2013.

_____, 「낙랑 동부도위 지역 邊縣과 군현지배」, 『한국고대사연구』78, 2015.

마크 바잉턴, 「기원전 45년의 낙랑군 호구부와 패수의 위치 비정」, 『한국 고대사 연구의 자료와 해
　　　석』, 사계절, 2014.

박대재, 「낙랑군과 고조선 유민」, 『낙랑고고학개론』, 진인진, 2014.

윤용구, 「새로 발견된 낙랑목간 −樂浪郡 初元四年 縣別戶口簿」, 『한국고대사연구』46, 2007.

_____, 「평양 출토 '樂浪郡初元四年縣別戶口簿' 연구」, 『목간과 문자』3, 2009.

_____, 「낙랑군 호구부의 발견' −100년 낙랑 고고학의 최대 수확」, 『내일을 여는 역사』63, 2016.

이성시·윤용구·김경호, 「평양 정백동364호분 출토 죽간 『논어』에 대하여」, 『목간과 문자』4, 2009.

단군릉,
대동강문명론과
북한의 선사고고학

이선복(서울대 고고미술사학과 명예교수)

들어가는 말

분단 이후 70년이 넘는 긴 세월이 흐르며, 남북한은 모든 면에서 점점 더 이질적 사회가 되어왔다. 그런 상황인 만큼, 한국사의 시원에 대한 논의와 직결된 고조선과 단군은 '민족 동질성 회복'을 생각함에 있어 중요한 관건사가 되지 않을 수 없다. 고조선과 단군에 대한 관심은 역사학이라는 학문의 영역을 뛰어넘어 중요한 사회적 관심사항의 하나로서 커다란 정치적 함의를 지니고 있기도 하다. 이에 대한 관심이 우리 사회 저변에 널리 깔려 있음은 그 내용의 옳고 그름이나 주장의 객관성 혹은 논리적 타당성과 상관없이 비전공자가 쓴 관련 간행물이 시중에 넘치고 있을 뿐만 아니라, 그런 주장들을 여과 없이 내보내는 방송 프로그램이 계속되고 있다는 사정이 잘 말해주고 있다.

고조선과 단군에 대한 관심은 남한에서 뿐만 아니라 북한에서도 마찬가지라고 할 수 있다. 잘 알려져 있듯, 북한에서 단군은 오래 동안 신화의 영역으로 치부되었으며, 고조선의 실체에 대해서도 증거의 유무와 해석을 둘러싼 논쟁이 해방 직후부터 20년 가량 계속되었다. 고조선과 단군에 대한 해석이 1960년대 말 소위 주체사상과 주체사관이 대두하며 어느 정도 정리가 이루어진 때문인지 한동안 새로운 소식을 들을 수 없었지만, 1990년대에 들어와 하루아침에 갑자기 충격적인 내용으로 바뀌어 버렸다. 즉, 마치 단군과 고조선에 대한 남한에서의 높은 사회적 관심에 부응하기라도 하듯, 단군은 실존 인물로서 심지어 단군 부부의 무덤과 그 유해까지 발견했다는 주장이 나타났던 것이다. 이어 몇 해 뒤에는 평양 일대의 대동강 유역은 세계 4대문명과 맞먹는 수준의 고대문명인 소위 "대동강문화"가 존재했던 곳으로서 이미 구석기시대부터 그러한 문명의 싹을 엿볼 수 있다는 놀라운 주장, 즉 소위 대동강문명론이 나타났다. 다시 말해, 대동강 유역에는 단군 시대에 들어와 완숙한 청동기문화를 누리던 고도의 문명사회가 있었으니, "인류 5대문명"의 하나로 꼽을 수 있다는 주장이 나타난 것이다.

단군릉 전경

　그러나 결론부터 말하자면 북한이 1990년대부터 내세우고 있는 이 소위 대동강문명론이나 단군과 고조선에 대한 주장들은 증거에 의해 뒷받침된 학문적 성과에 바탕하고 있는 것이 아니다. 이것들은 오로지 정치적으로 제시된 '역사관'에 따른 역사적 사실의 견강부회라는 점은 이미 여러 연구자가 반복해서 지적한 바 있다. 단군릉이 발견되었다는 발표가 나오기 2년 전에 필자 역시 북한에서 고고학이라는 학문의 과제와 임무는 이미 충족된 것일지도 모르며 학문연구 현황과 그 내용에 대한 비판은 북한 입장에서는 전혀 아무런 의미가 없을 것임을 지적한 바 있으며, 고대사 해석과 관련해 앞으로도 우리는 정치적 요구에 의한 뜻밖의 주장과 '깜짝쇼'를 계속 접할 것임을 예고한 바 있다.

　이렇듯 단군이나 대동강문명론을 비롯한 일련의 문제에 대해서는 그 내용이 이미 널리 소개되고 비판을 받은 만큼, 이 글의 내용이 특별히 새로울 것은 없으며 기존의 비판을 다시 요약 소개하는 수준에 그칠 것임을 미리 밝혀

둔다. 아래에서는 단군릉과 대동강문명론의 요체와 문제점 및 그러한 주장이 등장한 배경을 살펴보고, 앞으로의 전망에 대해 간단히 언급함으로써 맺음말에 대신하고자 한다.

1
단군릉

1) 단군릉 '발견' 전후의 사정

1993년 개천절을 며칠 앞둔 9월 28일, 언론매체는 북한학계가 평양 근처에서 단군릉을 발견했다는 소식을 보도하였다. 보도 내용은 일부 소위 재야 사학자들이 단군과 고조선에 대해 주장하고 있는 바와도 맞아떨어지기 때문에, 보도가 계속되며 상당한 사회적 파장이 일기 시작했다. 이것은 또 고대사나 고고학 연구자들에게도 놀라운 소식이 아닐 수 없었다. 해방 이후 북한학

해방 직후의 단군릉(왼쪽)과 개건 전의 단군릉(오른쪽)

계도 단군은 단지 신화의 주인공일 뿐 실존인물이 아니라는 입장을 일관되게 유지해왔으나, 어떤 예고도 없이 갑자기 단군이 실존인물임을 말해주는 물증인 무덤과 그의 유해가 발견되었다는 충격적인 발표가 나온 것이다.

언론 발표 며칠 뒤인 10월 2일에 북한 사회과학원은 「단군릉발굴보고」라는 첫 공식 보고문을 발표했으며, 10월 12일과 13일 이틀에 걸쳐 평양의 인민대학습당에서 단군 및 고조선에 관한 학술발표회를 개최하였다. 이를

단군릉 개건기념비 앞의 김일성(1993년 9월)

계기로 단군은 역사적 실존인물로서 공식적으로 부각되었다. 이듬해 10월에는 단군릉 복원을 기념하는 제2차 학술발표회가 열렸다. 1993년도의 1차 학술발표회 내용은 1994년 1월 사회과학출판사가 발간한 「단군과 고조선에 관한 연구론문집」이라는 책자로 정리되었으며, 2차 학술발표회의 내용도 유사한 제목의 책자로 발간되었다고 한다. 두 학술발표회는 모두 처음부터 끝까지 텔레비전으로 중계되었고 우리 관계당국이 전 진행과정을 녹취해 자료로 만들어 관계분야 전공자들에게 배포한바 있다.

북한에서 간행된 관계 문헌을 보면, 단군릉의 발굴과 복원은 김일성의 깊은 관심과 직접 지시에 따라 일사천리로 이루어졌음이 분명하다. 즉, 단군릉 발굴 직후 김일성의 지시에 따라 단군릉복구위원회가 구성되어 단군릉의 복원이 이루어지기 시작했다. 김일성은 1993년 1월 8일 단군릉 발굴에 대한 첫 교시를 내리기 시작해 10월까지 모두 20여 차례에 걸쳐 단군과 고조선에 대한 각종 교시를 내렸으며, 1994년에도 단군릉 복원에 대해 모두 47차례 교시를 내렸다고 한다. 즉, 단군릉의 발굴과 복원은 사망하기 직전까지 생애 마지막 1년 반 동안 1~2주에 한 번씩 교시를 내릴 정도로 깊은 관심을 기울인 김일성의 직접 지휘에 따라 처음부터 끝까지 이루어진 것이다.

북한쪽의 주장에도 불구하고, 단군릉이 정말로 단군의 무덤이라는 증거는 어디에도 없으며, 무덤에서 발견된 뼈의 주인공이 단군과 그 부인임을 말해주는 객관적 근거 역시 전혀 없다. 그럼에도 불구하고 북한이 그런 주장을 했다는 사실 그 자체야말로 우리가 북한의 사회상을 이해하고 학문 연구의 현실과 한계를 이해할 수 있게 해주는 큰 단서가 된다.

소위 단군릉이란 평양시 강동군 강동읍 북서쪽에 있는 대박산의 동남쪽 사면에 위치한 고구려 양식의 반지하식 돌칸흙무덤, 즉 석실분이다. 그 내부에서는 남녀 각 1개체 분의 뼈가 발견되었는데, 이것이 바로 단군과 그 부인의 유해라는 것이다. 나아가 단군의 뼈는 연대가 5,011년 전으로 측정되었다고 한다. 1994년 개천절에 치르기로 한 준공식에는 남한의 여러 인사를 초청했다. 이를 계기로 언론의 관심과 보도는 그 절정에 다다랐으니 심지어 이 무덤이 실제로 단군의 무덤일 가능성이 있다는 해설까지 나타나기도 했다. 그렇지만 곧 주장의 내용이 일련의 정치적 선전전의 연장선상에 있음이 인식되며 남한에서는 단군릉에 대한 관심도 시들해졌으며, 1995년 이후로는 북한으로부터도 단군릉에 대한 새로운 소식은 나오지 않았다. 수년전까지 평양을 공식 방문한 남한인사들이 단군릉을 돌아보거나 개천절 남북공동행사를 단군릉에서 실시하는 것처럼 단군릉은 이제 정치적 상징물로서 기능하고 있는 셈이다.

2) 단군릉의 근거

전술한 바와도 같이, 단군릉을 발견했다는 주장은 고조선과 단군에 대한 당시까지의 입장을 아무런 예고 없이 완전히 뒤집어버린 사건이다. 1993년까지 북한에서 간행된 최신판 통사서인 1991년 간행 「조선전사」나 1987년 간행 「조선통사」는 단군신화를 고대의 문학작품으로서 오래 동안 전해지며 글로 정착할 때까지 덧붙여지고 윤색된 환상적이며 비과학적 건국신화로 규정하였다. 즉, 이러한 공식 역사서에서 단군은 신화의 주인공일 뿐이라고 규정하였으며 기원전 2천년 무렵 국가단계 사회가 평양 일대에 있었음을 조

단군릉 개건기념비

심스럽게 언급하고 있었을 뿐이다. 그러한 입장이 달라지고 있다는 조짐은 1992년에 발간된 어떠한 문헌에서도 찾아볼 수 없었지만, 느닷없이 단군이 기원전 31세기에 국가를 다스리던 실존인물이라고 하는, 모든 것을 뒤집는 주장이 발표된 것이다. 이와 관련된 여러 글에서 잡다한 내용을 빼면, 단군이 기원전 3천년 경의 실존인물이고 소위 단군릉이 단군의 무덤이라는 주장은 다음과 같은 세 가지 내용을 그 골자로 하고 있다.

즉, 이 무덤이 틀림없는 단군의 무덤인 것은 무엇보다도 우선 이 일대에 단군과 관계된 각종 지명과 사적이 많이 남아 있으며 조선시대 문헌과 구전에 이 무덤이 단군릉이라고 내려오기 때문이라는 것이다. 1993년 벽두에 김일성이 단군릉 발굴을 지시했다는 것은 그가 이런 구전과 기록의 내용을 그대로 수용해 이것이 단군의 무덤이라고 규정한바, 그 지시에 따라 발굴을 실시했음을 뜻한다. 이러한 사정은 학술발표회 발표문에 그대로 드러나 있으니, 단군릉에 대한 구비전승과 문헌기록의 내용은 소위 단군릉이 단군의 무덤임을 말해주는 일종의 선험명제로서 받아들여진 것이다.

다음으로, 고고학 발굴 결과는 이 무덤이 단군릉임을 확인시켜 주었다는 것이다. 무덤 내에서 발견된 남성 뼈의 연대가 최신 방법으로 5천여 년 전으로 측정된 만큼, 이 무덤은 구전과 문헌기록의 내용대로 바로 중국 고대의 요 임금과 동시대 인물이라고 하는 단군의 무덤임에 틀림없다는 것이다.

마지막으로, 무덤이 고구려 양식인 것은 이 무덤이 단군릉이라는 주장의 신빙성을 훼손하는 것이 아니며, 오히려 충분히 이해할 수 있다는 '설명'이 제시되었다. 즉, 이 무덤은 고조선의 계승자임을 자처하며 단군을 섬기던 고구려 사람들이 개축한 것이기 때문에 당연히 고구려 양식의 구조를 하고 있다는 것이다. 다시 말해 원 무덤은 5천 년 전 단군 사후에 만들어졌고 이후 3천년 동안 고조선 지배계급이 잘 유지해왔으나 고조선 멸망 후 퇴락해졌고, 이에 고구려 사람들이 다시 자기들의 무덤 양식으로 개축했다는 것이다.

이상과 같은 이유에서 단군이 실존인물임이 확실한 만큼, 평양 일대에는 단군이라는 임금이 지배하던 고대국가가 기원전 3천년대에 존재했다는 주장이 뒤따르는 것은 당연한 일이다. 무덤에서 발견된 금동관 파편은 고구려 때 무덤을 개축하며 묻힌 것이 아니라 원래 단군이 쓰던 왕관이라고 해석되었는데, 이것은 이미 기원전 3천년 무렵 고조선이 높은 수준의 금동 가공기술을 지닌 발달한 국가단계 사회였음을 말해주는 물증이라는 것이다. 이러한 주장을 비롯해 두 차례의 학술발표회에서는 단군 당시에 평양 일대에 발달한 국가단계사회가 존재했음을 말해주는 제반 징표를 확인했다는 각종 주장과 근거가 제시되었다. 즉, 평양 일대에는 절대권력의 상징인 순장제도라든지 발달한 군사제도를 갖춘 사회가 이미 5천여 년 전부터 있었으며, 심지어 고유한 문자와 종교도 갖추고 있었다는 것이다. 이렇게 단군이 실제인물로서 설정됨과 더불어 대동강문명론이라는 주장은 서서히 대두하기 시작했다.

3) 단군릉의 허구성

위에 요약한 단군과 단군릉에 대한 주장의 골자를 살펴보면 관련분야 전공자가 아니라고 해도 무언가 허점이 있음을 느낄 수 있을 것이다. 즉, 설령 무덤에서 발견된 뼈가 정말로 5천여 년 전 유해라고 해도, 또 이 무덤에 단군이

묻혔다는 기록이 있다고 해도, 어째서 이 무덤이 단군의 무덤임에 틀림없다고 생각해야만 하는지 그 설명의 논리적 근거는 제시되지 못하고 있다. 예를 들어, 이 무덤이 고구려 사람들이 개축한 단군의 무덤이 되기 위해서는 무덤이 원래 5천 년 전에 만들어졌으며 다시 3천년 뒤에 개축되었음을 말해주는 독립적이며 객관적인 증거가 필요할 텐데, 최소한의 형식논리를 충족시켜 줄 수 있는 이러한 필요조건은 전혀 제시되지 않은 채 그저 결론으로서의 주장만을 강변하고 있을 뿐이다.

다시 말해 단군릉에 대한 주장을 논리적으로 정리해보면 단지 예전부터 사람들이 단군릉이라고 하니 단군의 무덤에 틀림없을 것이라는 '대충 짐작'을 사실이라고 주장하고 있음에 불과하다. 설령 무덤에서 발견된 뼈가 정말로 5천 여 년 전의 것이라고 해도, 그러한 연대 자체가 무덤의 주인공이 누구인가를 말해주지 못한다. 무덤에 묻힌 사람이 5천 년 전 살던 수많은 사람 중에서 하필이면 단군이라고 생각해야만 하는 것은 단지 예전부터 이 무덤을 단군의 무덤이라고 해왔기 때문이라는 이유만으로 성립할 수 있는 주장은 아니다.

이러한 근본적인 논리구조의 결함에 더해, 주장을 뒷받침하는 증거라고 제시된 내용 하나하나는 모두 큰 약점을 안고 있다. 심지어 단군릉을 고구려 사람들이 개축했다는 주장은 그나마 뒷받침할 만한 증거도 없는 그저 막연한 강변일 뿐이다. 이 무덤이 단군릉이라는 주장을 뒷받침한다고 제시된 무엇보다도 중요한 증거는 문헌기록인데, 이에 대한 가장 오래 된 기록은 16세기 초에 편찬된 신증동국여지승람에서 찾아볼 수 있다고 한다. 이를 비롯해 이후의 모든 문헌기록은 예외 없이 민간에서 이 무덤을 단군릉이라고 하는바, 이 무덤이 단군릉이라는 것이다. 그러나 그러한 기록은 모두 조선 중기 이후 민간에 떠도는 이야기를 정리한 것으로서, 적어도 천 년 이상 4천 수백 여 년 전의 사실에 대한 사료로서 가치를 부여할 수 있는 내용이 아니다. 또한 뼈의 연대측정 결과는 그 방법의 신뢰도와 측정결과의 해석에서 모두 문제가 있어, 액면 그대로 받아들일 수 없다. 그런가 하면, 무덤 내에서 발견된 금동관이 고조선 시기의 것이라는 주장도 근거가 없는데, 그 형태적 특징을 볼 때 이것은 아마도 고구려 금동관일 것이다.

단군릉에 대한 주장의 논리적 결함과 증거의 부재는 소위 단군릉이란 고구려 때 개축된 단군과 그 부인의 무덤이라는 주장이 사실일 가능성은 전혀 없다는 결론을 내리게끔 해준다. 단군릉에 대한 주장은 논리 구성과 증거 제시에서 설득력이 없다. 이것은 단지 신빙할 수 없는 구전과 문헌기록을 토대로 해당 무덤을 단군릉이라고 설정한 다음 동원할 수 있는 모든 자료를 거기에 꿰어 맞춘 억지주장 그 이상도 이하도 아니라고 보아야 한다. 소위 단군릉이라 전해져 내려 온 이 무덤을 아무 선입견 없이 발굴했다면, 이것은 500년 전후한 시기의 어느 고구려 유력자의 무덤이라고 보고했을 것이다.

2
대동강문명론

1) '대동강문화'의 등장

'단군릉 발견'의 경우에도 그랬듯, 1998년 3월 11일 로동신문과 조선중앙통신은 북한 역사학계가 평양 일대의 고대문화를 '대동강문화'로 명명했다는 내용의 보도를 예고 없이 공표하였다. 또 그해 10월 2일에는 평양의 인민문화궁전에서 「대동강문화에 관한 학술발표회」가 개최되었다. 이 학술회의의 핵심주제는 "단군릉 발굴을 비롯한 고고학적 발굴과 조사연구에 의해 우리나라의 첫 고대국가 고조선이 기원전 30세기 초에 섰다는 것이 확인됐다"는 점 및 따라서 "이는 대동강문화가 세계 5대문명의 하나로 된다는 것을 확증해준다"는 것으로서, 그러한 주장들은 이듬해 특히 「조선고고연구」를 통해 정리, 발표되었다.

대동강문명론은 이후 현재까지 북한에서 고대사 서술의 기본시각이자 설명으로서 주장되고 있는바, 1993년의 단군릉 발견으로부터 시작된 일련의 북한판 고대사 재해석 작업의 최종 결과물인 셈이다. 이것은 또 1989년 김정일이 "조선민족"을 소위 "김일성민족"으

단군릉 전경

로 설정하며 제시한 "조선민족제일주의"에 입각한 역사 재해석의 산물이기도 하다.

"조선민족제일주의"란 1980년대 사회주의권의 몰락으로 인한 체제유지 위기의식에서 등장한 정치사상으로서, 주체사상에 따른 민족주의적 역사해석인 주체사관을 더욱 극단적으로 발전시킨 것이다. 그 핵심적 내용은 단군을 민족의 원 시조로, 또 김일성을 사회주의 조선의 시조로 떠받들며, 우리 역사가 단군에서 김일성으로 연결된다는 인식체계 구축을 목표로 하고 있다. 결국 단군릉의 조사와 복원과정에서 최고 권력자가 깊은 관심을 기울인 것도 그러한 이유 때문이라고 하겠다. 북한정권의 정통성 확립을 위한 역사 재해석과 직접적인 관계를 갖는 동명왕릉이나 왕건릉을 비롯한 고구려와 고려의 주요 유적에 대한 복원과 정비는 이미 1980년대 말부터 이루어지기 시작했는데, 대동강문명론의 본격적 대두는 그러한 역사 재해석의 마지막 단계를 수놓았다고 할 수 있다.

그런데 이러한 역사 재해석은 1960년대 말에서 1970년대 초에 걸쳐 주체사상과 주체사관이 확립되던 시기부터 출발했다고 생각할 수 있다. 김일성은 1968년 3월 14일 조선로동당 제5차대회의 중앙위원회사업총화보고에서 소위 복고주의의 해독과 반동성을 지적하였다고 한다. 이 연설의 지침에 따라 이후 사회과학원 소속 학자들이 수년의 합동연구를 하였는데, 그 결과물로서 1972년 역사와 문화유산의 해석과 계승발전에 대한 종합적인 연구 지침서인

「위대한 수령 김일성동지의 혁명사상에 의한 민족문화유산연구」라는 긴 제목의 책자가 발간되었다.

이 책은 민족문화유산의 비판적 계승발전은 어떤 기준에 입각해야 하며 "민족문화의 형식에 사회주의적 내용"을 지닌 "진정한 사회주의적 민족문화 건설"을 이룩하기 위해서는 각 부문에서 무엇을 어떻게 연구해야만 하는지 하나하나 사례를 구체적으로 적시하며 해설하고 있다. 다른 많은 부문과 마찬가지로 이후 고고학과 고대사 분야의 연구도 이 책에서 정리한 바에서 조금도 벗어나지 않은 판박이로 이루어지게 되었다. 물론 대동강문명론이 제시되며 사실과 관계된 여러 해석들은 폐기된 셈이긴 하지만, 중요한 점은 이 책을 통해 역사 해석은 주체성의 원칙, 다시 말해 소위 당성·로동계급성의 원칙 및 역사주의의 원칙을 따라야 한다는 점이 명시적으로 강조되었다는 사실이다. 즉, 고고학과 역사학을 비롯한 모든 학문은 오로지 인민에게 주체사상에 따른 혁명적 세계관을 교양함에 그 사회적 존재의의가 있으며, 이를 위해서는 일제의 극복이 중요함이 강조되고 있다. 이후 10여년 뒤에 등장한 "조선민족제일주의"에 입각해 주장된 대동강문화론은 일제 어용사가가 제시한 구석기 부재와 신석기문화 전파론 및 단군과 고조선 역사의 부정을 극복하는 것에서 그 정당성을 주장하고 있다. 그렇다면 대동강문화론은 1970년 전후 등장한 당성·로동계급성의 원칙과 역사주의의 원칙을 내세운 주체사관에서 출발해 김일성과 그 가계를 역사의 주인공으로 거리낌 없이 설정한 퇴행적 역사해석이라고 할 수 있다. 바로 이 점이 주체사상 등장 이전까지의 역사해석과 다른 근본적 차이라고 하겠다.

2) 대동강문명론의 허구성

조선민족제일주의에 입각해 단군을 실존인물로 또 단군과 김일성을 동격으로 설정하기 위해서는 당연히 모든 고고학적 시기의 편년과 내용은 크게 달라질 수밖에 없다. 즉, 대동강문명론 이전까지 북한의 고고학 편년은 신석기시대의 시작을 기원전 5천년기 말, 청동기시대의 시작을 기원전 2천년기,

고조선의 성립을 기원전 1천년기 초, 그리고 고구려의 성립을 기원전 1세기 경으로 설정하였다. 따라서 단군을 기원전 3천년 무렵의 실존인물로 설정하기 위해서는 이러한 편년체계와 연대관은 완전히 폐기되지 않을 수 없었다. 그에 따라 이후의 모든 문헌에서 선사시대와 고대의 문화상에 대한 서술은 크게 변하게 되었다.

우선, 대동강 유역은 인류문화의 발상지로 '격상'되었다. 즉, 종래까지 조선민족은 이 지역에서 50만 년 전에 기원해 하나의 핏줄로 내려왔다는 소위 민족단혈성론을 주장하고 있었지만, 대동강문명론의 대두 이후 이곳은 100만 년 전부터 독자적인 인류 진화의 중심지가 되었다고 설정되었다. 구석기시대의 종식 이후 신석기시대부터 이곳은 신석기 농경문화의 중심지가 되어 소위 '조선옛유형사람'이 정착생활을 하며 활동한 곳이었다고 설정되었다. 이러한 정착농경문화를 바탕으로 대동강유역은 단군조선이 성립한 시기에서 최소한 천년 이전의 시기인 기원전 4천년대 후반기에 청동기시대로 접어들었다는 것이다. 많은 고인돌과 주거유적의 연대가 기원전 3천년 전후로 측정되었다는 주장과 더불어, 그런 자료는 단군조선이 성립할 무렵 평양 일대에 권력과 부를 독점하며 노예노동을 기반으로 한 계급사회가 성립했음을 말해주고 있다는 것이다. 그로부터 단군조선은 평양 일대를 중심으로 멀리 중국의 동북3성 지역 대부분을 다스렸다고 설정되었다. 또한 그러한 사정은 무덤에서 발견된 높은 수준의 금속가공기술의 증거와 대규모 마을과 성터와 같은 권력중심지의 존재에서 알 수 있다는 것이다. 다시 시간이 흐르며 기원전 2천년기 말 이전에는 철기문화가 대동강유역에 자리를 잡았고 천문학이 발달하고 문자도 사용했고, 이후 중국 세력과 대립하며 쇠퇴하고 멸망하는 과정에서도 여전히 요동과 평안도, 황해도 및 경기도와 강원도의 북부지방을 그 영역으로 거느리고 있었다는 것이다.

이러한 주장이 왜 문제인가에 대해서 일일이 논박하는 것은 사실 불필요하다. 예를 들어, 한반도의 특정지역에서 100만 년 전부터 현대에 이르기까지 독자적인 계보를 이루는 인류가 진화했다는 것은 모든 과학적 상식을 무시하는 터무니없는 주장이다. 만약 그렇다면 한반도 주민은 한반도 이외 지역의 모든 사람들과 전혀 다른 이상한 모습이 되었을 것이다. 그런가 하면, 연대측정과 같은 소위 과학적 증거가 믿을 만한지도 의심스럽다. 또 발굴보고서의 내용은 유구의 층서 관계와 유물의 출토 맥락에 대해 무어라 판단할 수 없는 방식으로 매우 소략하며 일방적인 결론과 주장으로 시작해서 끝나고 있으며, 과거의 주장과 판단이 바뀐 경우에도 그 이유는 전혀 설명되지 않고 있다. 더구나 소위 '신지문자'와 같은 주장은 남한 일부 인사들의 환상적인 주장을 그대로 답습하는 내용으로서, 낡은 통일전선전략을 연상케 한다.

결국 대동강문명론과 관련한 여러 주장은 일방적인 주장만이 제시되고 있을 뿐인바, 그러한 놀라운 주장들이 제시된 이유를 이해하고 평가하는 것은 불가능하다. 대동강문명론이란 지난 50년 동안 반복되어왔듯 단지 최고지도자의 정치적 필요에서 제시된 지침에 따라 일사불란하게 이루어진 선사시대와 고대사에 대한 선전에 불과할 뿐이다. 이것은 1998년 북한정권 창설 50주년이라는 역사적 시점을 맞아 세습독재체제 공고화를 위한 김일성민족주의 확립을 위해 평양을 민족사의 중심지로 설정하고 김일성 가계를 역사의 핵심으로 추앙하기 위해 동원한 질 낮은 역사 해석과 서술로서, 중국학계 일각에서 제시된 요하문명론과 마찬가지로 국가의 정치적 목적 달성을 위해 제시된 선사시대와 고대사에 대한 극도의 민족주의적 해석일 뿐이다.

3
북한고고학의 전망

단군릉과 대동강문명론의 등장은 한국의 선사시대와 고대사 연구에 잠깐 파장을 일으켰지만, 그 주장하는 바가 사실일 가능성은 전혀 없다. 1950년대의 고조선 논쟁 이래 북한에서 고조선 문제는 정권의 정통성 확립과 직결된 역사 서술의 핵심주제였다. 단군릉 발견 주장 이전까지, 고조선에 대한 공식적 설명은 객관적 사실을 나름대로 논리적으로 해석하며 그 존재시기와 중심지 및 역사적 변천과정을 설정하려는 흔적이 드러나고 있었다. 그러나 단군릉 발견이란 최소한의 이성적 해석과 학문적 객관성을 무시한 채 이루어진 정치적 소동에 다름 아닌 일이며, 대동강문명론은 그 연장선상에 서있는 강변에 지나지 않는다.

그런데 대동강문명론이 요란하게 등장했지만, 21세기 들어와 이와 관련된 새로운 주장이나 설명은 나오지 않고 있다. 이러한 사정은 「위대한 수령 김일성동지의 혁명사상에 의한 민족문화유산연구」라는 책에서 주체사관에 입각한 역사와 문화에 대한 해석이 정립된 때부터 단군릉 소동이 있기까지 20여 년 동안 관련 부문 연구가 어떻게 있는지 잘 알 수 없을 정도로 모든 활동이 소강상태에 들어갔던 사정을 연상시킨다. 그 이유를 추측하자면, 대동강문명론이라는 새로운 역사해석체계가 완결된 상태에서는 역사서술을 다시 완전히 새롭게 써야만 하는 이유가 없는 한 모든 연구란 단지 완성된 지침에 따라 세부사항을 채워나가는 과정에 불과하고, 따라서 이미 제시된 대동강문명론을 고치거나 다듬어야 할 이유는 없을 것이기 때문이 아닐까 여겨진다. 이와 관련되어서는 한동안 조용한 상태가 계속 유지될 것이라고 예상된다. 즉, 대동강문명론을 대체할 새로운 역사해석체계가 등장하지 않는 한, 우리는 앞으로도 대동강문명론이 제시한 바에 따른 유적과 유물의 해석과도 같은 기술적인 내용의 보고나 주장을 계속 접하게 될 것이다.

주체사상이 등장한 1960년대 말 이래 50년의 세월이 흐르며 북한에서 고고학과 고대사 연구는 고도의 정치적 수단이 되어버렸다. 단군릉 발견이나 대동강문명론과 같은 주장은 북한 정권의 정치적 필요에 따라 언제든지 어떤 형태로든지 또 나타날 수 있지만, 그러나 우리가 그런 류의 근거 없는 주장에 흔들릴 필요는 없을 것이다.

〈참고문헌〉

권오영, 「단군릉 사건과 대동강문화론의 전개」, 『북한의 역사 만들기』, 푸른역사, 2003.

력사편집실 편, 『단군과 고조선에 관한 연구론문집』, 사회과학출판사, 1994.

리순진, 「대동강문화의 기본내용과 우수성에 대하여」, 『조선고고연구』1999-1, 1999.

북한문제조사연구소, 「북한의 '단군릉' 발굴관련자료」 – 사회과학원 「보고문」 및 학술논문, 1993.

_____, 「북한의 '단군 및 고조선' 논문자료」 – 제2차 학술토론회 발표, 1994.

서일범, 「북한 고고학의 최근 동향과 대동강문화론」, 『백산학보』53, 1999.

이선복, 「민족 단혈성기원론의 검토」, 『북한의 고대사 연구』, 일조각, 1991.

_____, 「북한고고학사시론」, 『동방학지』74, 1992.

_____, 「최근의 '단군릉' 문제」, 『한국사시민강좌』21, 일조각, 1997.

_____, 「화석인골 연구와 한민족의 기원」, 『한국사시민강좌』32, 2003.

조법종, 「북한의 '大同江文化論'과 고조선 인식 검토」, 『先史와 古代』43, 2015.

하문식, 「대동강문화론에서 본 북한학계의 연구경향」, 『단군학연구』14, 2006.

허종호, 「학계소식 – 조선의 대동강문화는 세계 5대문명의 하나」, 『력사과학』1999-1호, 1999.

9강

홍산문화의
이해

김정열(숭실대 사학과 교수)

들어가는 말

중국의 이른바 '동북'은 역사적으로 볼 때 줄곧 '중원'과는 다른 독자적 문화가 발전한 지역이었다. 특히, 신석기시대 후기에 요서(遼西) 일대를 중심으로 번영한 홍산문화(紅山文化)는 대형 적석총(積石塚)과 독특한 형태의 옥기 등으로 말미암아 세간에 비교적 널리 알려져 있다. 1980년대 이래 중국에서는 이 홍산문화가 '문명'의 출현을 알리는 여러 가지 지표를 갖추고 있으며, 따라서 중국의 '문명'이 바로 여기에서 시작되었다고 주장하는 연구자도 적잖이 등장하였다.

이런 견해는 중화민족 다원일체론(多元一體論)의 기치 하에 변경 지역까지 '중화(中華)'의 틀 속에 포섭하고자 하는 정부의 정책적 지원과, 반만년의 유구한 문명을 강조하여 민족적 자긍심을 고취하려는 민족주의적 정서와 맞물리면서 중국에서 널리 수용되고 있다. 한편, 한국의 일부 지식인들은 홍산문화가 '우리' 것이라고 주장한다. 그것은 이 문화의 의례용 옥기 장식에 곰[熊]이 소재로 사용되었다든지, 아니면 고조선의 묘제가 홍산문화의 적석총을 계승하였다는 생각과 밀접한 관련을 맺고 있다.

따라서 홍산문화는 한국과 중국의 연구자뿐만 아니라, 양국의 관심 있는 일반시민들도 주목하는 뜨거운 이슈가 되었다. 그러나 홍산문화에 대한 관심에 비하면, 우리들에게는 그 논의의 기초가 되어야 할 고고학적 조사나 학계의 연구성과는 잘 알려져 있지 않고, 그에 대한 이해도 부족한 것이 사실이다. 때문에, 홍산문화의 '소유권'이 어디에 있는지에 대한 갑론을박은 심심찮게 볼 수 있어도, 사실에 대한 합리적 이해를 바탕으로 그 성격을 파악하려는 입장은 찾아보기 어려운 형편이 되고 말았다.

이 글은 지금까지 진행되어 온 홍산문화의 조사·연구성과를 소개하고, 홍산문화를 어떻게 이해하면 좋을지에 대해 궁금증을 가진 독자들에게 관련된 정보를 제공하기 위한 것이다. 먼저 홍산문화의 면모를 여러 측면에서 살펴보고, 이어 이 문화를 대표하는 우하량 유적을 중심으로 홍산문화의 문명사적, 문화사적 위치를 따져보고자 한다. 후자는 중국학계에서 유행하는 이를 테면 '홍산문명론'에 대한 검토를 위주로 하겠지만, 그와 더불어 홍산문화와 고조선의 관계에 대해서도 약간 언급하고자 한다. 홍산문화에 대한 우리들의 관심은 필경 여기에서 유래할 것이기 때문이다.

1
홍산문화의 시공(時空)

중국 내몽골자치구 동남부에 위치해 있는 적봉(赤峰) 시에는 멀리서도 한 눈에 들어오는 붉은 색의 아름다운 바위산이 있다. 이 산의 이름이 홍산이며, 적봉이라는 도시의 이름도 여기에서 유래하였다. 홍산문화는 1935년 홍산의 북쪽 기슭에 위치한 홍산후(紅山後)에서 처음으로 발견되었다. 초기에는 적봉 제1기문화(赤峰第1期文化)라는 명칭도 썼지만, 1954년에 '홍산문화'라는 이름이 사용된 후부터 지금까지 널리 통용되고 있다.

홍산문화에 속하는 유적은 요령성을 관통하는 요하(遼河) 서쪽 지역, 즉 요서의 산간지대, 그 중에서도 특히 시라무렌하[西拉木倫河]와 대릉하, 소릉하[大·小凌河] 유역에서 주로 발견된다. 물론 홍산문화의 실제 분포 면은 그보다 넓다. 북쪽 경계는 시라무렌하를 지나 내몽골 초원까지, 동쪽 경계는 의무려산(醫巫閭山)을 넘어 하료하(下遼河) 서안(西岸)까지, 남쪽 경계의 동쪽 끝과 서쪽 끝은 각각 발해 연안과 화북평원 북부까지 뻗어간다. 그러나 주요 유적들은 그보다 좁은 지역에 집중되어 있으며, 요령의 건평(建平)과 조양(朝陽), 그리고 적봉(赤峰) 등이 그 중심지에 해당한다.[그림 1]

홍산문화가 존속한 시간 범위는 대개 기원전 4500년경부터 기원전 3000

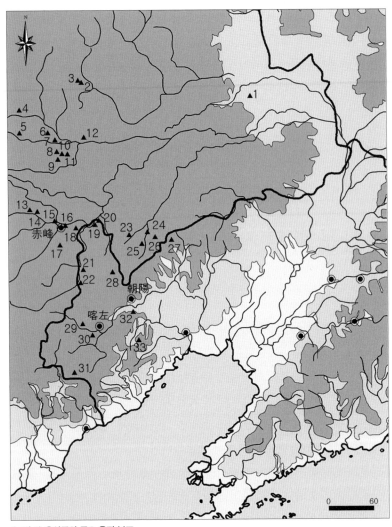

[그림 1] 홍산문화 주요 유적 분포

1. 합민망합(哈民忙哈) 2. 이도량(二道梁) 3. 우호촌(友好村) 4. 수천(水泉) 5. 백음장한(白音長汗) 6. 사일사대(査日斯臺) 7. 나사대(那斯臺) 8. 하산만(下山灣) 9. 장방천(杖房川) 10. 이도와포(二道窩鋪) 11. 노우조구(老牛槽溝) 12. 전산자(轉山子) 13. 상기방영자(上機房營子) 14. 지주산(蜘蛛山) 15. 서 수천(西水泉) 16. 홍산후(紅山後) 17. 위가와포(魏家窩鋪) 18. 합나해구(哈喇海溝) 19. 사릉산(四稜 山) 20. 삼도만자(三道灣子) 21. 전산자(轉山子) 22. 오포산(敖包山) 23. 두력영자(杜力營子) 24. 흥 륭구(興隆溝) 25. 서대(西臺) 26. 흥륭와(興隆窪) 27. 호두구(胡頭溝) 28. 초모산(草帽山) 29. 우하량 (牛河梁) 30. 동산취(東山嘴) 31. 전가구(田家溝) 32. 소동산(小東山) 33. 사과둔(沙鍋屯)

년경까지 약 1500년가량에 걸쳐 있다. 그러나 지금까지 발견된 홍산문화 유적의 수량이 많지 않고, 또 대부분의 경우에는 복수의 문화층을 식별해 낼 수 있을 만큼 유적의 퇴적도 두껍지 않다. 따라서 홍산문화를 전후 몇 개의 단계로 구분하여, 그 발전 추세를 명료하게 재구성하여 이해하는 데에는 많은 어려움이 있다. 그렇지만 현재 대부분의 연구자는 홍산문화를 전·중·후기 등 세 개의 문화기로 구분하는 데 대해 동의하며, 그 각각의 단계를 다시 둘로 쪼개어 모두 여섯 단계까지 세분하는 경우도 있다.

세 단계로 구분할 경우, 각 단계는 약 500년가량의 시간 폭을 가지는 것으로 추정된다. 다만 지금 볼 수 있는 각 단계의 유적과 유물이, 양과 질의 측면에서 모두 균등한 것은 아니다. 이를테면 전기에 속하는 유적은 소동산(小東山) 유적, 흥륭와(興隆窪) 유적 등으로 수량이 매우 적고 유적의 규모도 크지 않다. 따라서 일상생활용의 질그릇[土器] 등에서는 시기에 따른 변화상이 부분적으로 확인되지만, 전체적인 문화상을 볼 때에 전기와 중기의 구별은 뚜렷하지 않다. 그렇지만 중기에서 후기로의 변화는 비교적 뚜렷하게 관찰할 수 있다.

2
유물과 유적

1) 유물

홍산문화인이 사용한 대표적인 질그릇은 지그재그 형태의 문양[之字紋]을 눌러 새긴, 아가리가 넓고 몸통이 길며 바닥이 좁은 항아리[筒形罐], 아가리

〔그림 2〕 홍산문화의 질그릇
1~4. 통형관, 5. 사구기, 6. 호, 7~8. 통형기, 9~12. 발

부분을 비스듬히 잘라낸 사구기(斜口器), 각종 동이[盆]와 사발[鉢] 그리고 붉은
색 질그릇에 검은 색 그림을 그려 넣은 채색토기 등이 대표적이다. 채색토기
의 그림에는 직선과 곡선, 삼각형 등 기하학적 요소가 많이 보인다. 여기에는
중원 지역 앙소문화나 산동 지역 대문구문화의 영향도 더러 관찰되지만, 그
보다는 지역 고유의 색채가 농후하다. 채색토기는 대체로 의례용기라 생각되
는데, 묘역의 경계를 표시하는 데 사용된 바닥이 없는 파이프 모양의 '통형기
(筒形器)'는 다른 지역에서 유례를 볼 수 없는 물건이다.[그림 2]

석기는 주로 생산도구로 사용되었다. 마제석기, 타제석기, 세석기가 두루
발달하였지만, 타제석기의 비중은 작다. 기능별로 살펴보면, 농기구가 차지
하는 비중이 큰 반면 수렵도구가 차지하는 비중은 적다. 이것은 홍산문화인

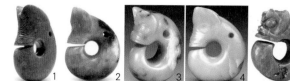

[그림 3] 홍산문화의 C자형 수형결식(1~5)과 고형기(6~8)

이 수렵을 영위하면서도 농업을 주요한 생업으로 경영하였음을 의미한다. 특히 농기구에는 개간용의 도끼, 경작도구인 보습, 수확도구인 돌칼, 가공도구인 갈돌, 갈판 등이 두루 포함되어 있으므로, 그들의 농경이 어느 정도 원시적인 단계를 벗어났음을 짐작할 수 있다.

옥기는 홍산문화의 주요한 문화전통 가운데 하나이다. 옥기의 종류는 매우 다양하다. 특히 이 문화 특유의 것으로 거론되는 수형결식(獸形玦飾), 구운형기(勾雲形器), 고형기(箍形器) 등은 대부분 후기 유적에서 출토된다. 이 중 C자 모양을 한 수형결식이 특히 유명한데, 한쪽 끝에는 동물의 머리가 세밀하게 조각된 반면 나머지 몸통 부분은 간략히 처리되었다. 소재가 되는 동물은 원래 돼지라 했으나, 후에 곰을 형상한 것이라는 견해도 제기되었다. 고형기는 한쪽을 비스듬히 잘라낸 원통형으로 속은 비어 있다. 원래 두발을 정리하는 데 사용되었다고 추정되었지만, 근래에는 점복용구라는 주장도 제기되었다.[그림 3]

약간의 수집품을 제외하면, 수형결식을 포함한 모든 옥기는 무덤에서 출토되고 있다. 옥기는 무구(巫具)라고 추정하는 연구자가 많지만, 구체적인 용도는 알 수 없다. 대부분의 옥기에는 하나 이상의 작은 구멍이 뚫려 있으므로, 의복에 부착하거나 몸에 다는 장신구라 생각된다. 장신구라 해도 그것이 특정한 신분이나 직능을 표시하는 것일 가능성이 있다. 그렇지만 서로 다른 등급의 무덤에서 발견된 옥기의 종류에서 일정한 규칙이 보이지 않고, 그 형태에서 재부나 권력을 상징하는 요소 또한 확인할 수 없으므로, 아직까지 특정 옥기를 특정한 신분이나 직능과 연계시켜 생각하기 어렵다.

홍산문화인의 옥기 제작기술은 재료의 절단과 천공, 조각이나 연마 등 여러 공정에서 상당한 수준에 도달한 것으로 보인다. 따라서 옥기 제작은 전문적 장인의 손에 의해 이루어졌을 것으로 생각된다. 그렇지만 옥기가 어떤 특정 공장에서 집중적으로 제작되었는지, 아니면 여러 집단이 자체 제작하여 공물(貢物)로 바치거나 다른 물건과 교환하였는지는 알 수 없다. 홍산문화 옥기의 원료는 투섬석 혹은 사문석 계통의 연옥(軟玉)이다. 이 원료의 산출지는 요령성 수암(岫巖) 일대일 것이라 막연하게 추정되었지만 근래 홍산문화 분포 중심지 중 하나인 적봉 시 오한기(敖漢旗) 일대에서 그 원료가 매장되어 있는 것이 확인되었으므로 그렇게 단정할 수 없다.

2) 유적

지금까지 조사되거나 발굴된 홍산문화 유적의 대부분은 마을과 무덤이다.

마을 유적은 모두 10여 곳 조사되었다. 그렇지만 대부분의 경우에는 일부만 발굴되었기 때문에 전모를 알 수 있는 경우가 드물다. 마을은 대체로 산간을 흐르는 하천 주변의 대지(臺地)나 구릉 위에 건설되었으며, 특히 남쪽이나 동쪽의 경사면을 선호했다. 마을을 둘러싼 도랑[環濠]이 발견되는 경우가 많지만, 이것이 모든 마을에 공통된 현상인지 단언하기 어렵다. 도랑은 폭과 깊이가 모두 1~2m가량이다. 혹자는 이것을 방어용 시설이라 생각하고 혹자는 경계표시라 주장하지만, 다양한 목적을 겸하였을 것이다. 다만 도랑에서 전투에 관련된 흔적은 아직 발견된 바 없다.

마을 내에서는 집터와 구덩이가 발견된다. 마을마다 집터의 수량은 일정하지 않다. 마을 전체가 발굴된 서대(西臺) 유적과 위가와포(魏家窩鋪) 유적에서는 집터가 각각 15기와 103기 발견되었으므로, 마을 규모에 어느 정도 차이가 있었음을 확인할 수 있는 정도이다.[그림 4] 집터는 대부분 평면 직사각형의 반지하이며, 대다수는 한쪽 벽면 중앙에 출입구를 두어 전체적으로 보면 철(凸)자형의 평면 형태를 보인다. 보통 집자리 중앙에서 출입문 쪽으로 약간 치우진 곳에 화덕[爐]이 설치되었다. 화덕의 형태는 원형, 표주박형, 사각형 등으로 다양하지만 그 중에서도 원형과 표주박형이 유행했다. 집터 주변에서

1

2

[그림 4] 홍산문화의 취락

1. 위가와포 유적, 2. 합민망합(哈民忙哈) 유적

저장이나 폐기물 처리를 목적으로 한 다양한 형태의 구덩이도 발견된다.

집터의 면적은 일반적인 경우 10~30㎡가량이지만, 왕왕 대형도 있다. 마을 안에 집터가 분포되어 있는 양상을 보면, 하나의 대형 집터를 중심으로 3~5기 가량의 소형 집터가 무리를 이루는 현상을 볼 수 있다. 이것은 앞선 시대의 흥륭와문화 마을에서 집터가 줄을 맞추어 나란히 분포되어 있는 것과는 다른 형태이다. 따라서 홍산문화기에 들어서는 마을 내 생산과 소비 등의 일상생활 패턴에 변화가 생겼을 가능성도 있다.

내몽골자치구 객랄심기(喀喇沁旗) 석백하(錫伯河)와 적봉시 반지전하(半支箭河) 일대에서 진행된 구역 지표조사 결과를 보면 홍산문화 마을은 하나의 대형 마을을 중심으로 3~4개, 혹은 7~8개의 일반 마을이 군집을 이루어 분포한다. 조사 자료의 성격 상 마을의 규모를 정확하게 알 수도 없고, 그 마을들이 동시에 존재한 것인지도 확인하기 어렵다. 그렇지만 일정한 구역 내에 위치한 마을 사이에 중심 마을이 존재하고, 그것을 중심으로 몇 개의 주변 마을이 무리를 형성하였을 가능성도 있다.

무덤은 보통 마을 주변이나 마을 배후의 종심지에 해당하는 산지에서 발견된다. 무덤의 구조는 시신을 안치하는 묘실과 지상시설 등 크게 두 부분으로 구분하여 볼 수 있다. 묘실에는 토광묘와 석관묘 등 두 종류가 있다. 전자는 구덩이를 파고 시신을 안치한 것이며, 후자는 구덩이 벽면에다 다시 석판이나 석괴를 입치하거나 횡적하여 시신을 묻을 공간을 확보한 것이다. 만드는 데 후자에 좀 더 공이 들고, 거기에 옥기가 부장된 빈도 또한 높기 때문에, 토광묘와 석관묘에 매장된 사람 사이에는 신분 차이가 있었을 것으로 생각된다.

지상시설은 토광묘와 석관묘에서 모두 발견되지만, 역시 석관묘에서 확인되는 비율이 높다. 지상시설 중 가장 간단한 것은 묘실 위에 돌무지를 쌓은 것[積石墓]이다. 이밖에 통형기(筒形器)나 돌담[石墻]으로 묘역(墓域) 경계를 표시한 경우가 있으며, 호두구(胡頭溝) 유적과 우하량(牛河梁) 유적의 사례처럼 통형기와 돌담을 복합적으로 이용한 경우도 있다[界墻墓]. 묘역 내에는 1기의 무덤만 안치된 경우도 있고, 여러 개의 무덤이 설치된 경우도 있다. 후자의 경우에는 보통 중심묘 1기가 중앙부에 위치하고, 주변묘가 그 주위에 배치된

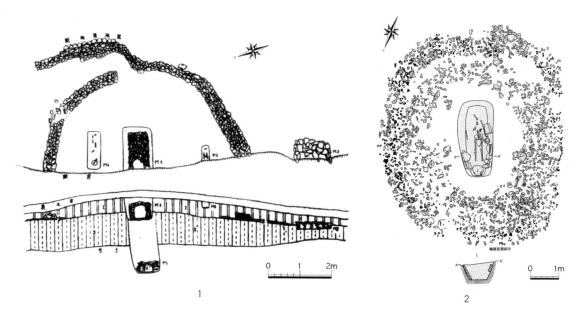

〔그림 5〕 계장묘(界墻墓)와 부석묘(敷石墓)
1. 호두구 묘지, 2. 우하량 N2Z4M5

다.[그림 5]

　돌담이나 통형기로 구획된 묘역 전체를 돌로 덮은 것은 좀 더 발전한 형태라 생각된다. 이런 것을 부석묘(敷石墓)라 부르기도 하는데, 이것을 다시 계단형의 피라미드 모양으로 거대하게 조영한 것도 있다. 적석총은 이것을 의미한다. 적석총의 평면 형태는 원형이 많지만 직사각형도 있으며, 후자가 전자보다 좀 더 발전된 것이다. 적석총은 초모산(草帽山) 유적이나 우하량 유적 등 대릉하 상류 지역을 중심으로, 그것도 홍산문화 후기에 속하는 소수 유적에서만 확인된다. 지상시설을 기준으로 볼 때, 적석묘, 계장묘, 부석묘, 적석총으로의 발전 순서를 그릴 수 있다. 그러나 이런 순서가 시간의 흐름에 따른 발전의 과정만을 의미하는 것은 아니다. 적석총의 성립에는 당연히 시간적인 요인 이외에 사회적, 경제적 요인도 복합적으로 고려되어야 한다.

　무덤에 시체를 안장하는 방식에는 일인장과 다인장이 있으나 전자가 대부분을 차지한다. 어느 경우에나 시신을 그대로 묻는 일차장과 뼈만 간추려 매장한 세골장이 모두 확인된다. 매장 방식의 차이가 신분에서 말미암은 것인지, 아니면 다른 원인이 작용하였는지는 아직 알 수 없다. 부장품은 동 시대의 중원 지역이나 양자강 지역에 비하면 다소 빈약한 편이다. 부장품으로는 질그릇과 옥기가 주로 사용되었는데, 후기의 적석총에는 부장품 거의 전부가 옥기로 충당되는 현상을 볼 수 있다.

적석총은 모두 산지(山地)에서 발견되었다. 그것은 마을의 배후지에 무덤을 조영하는 전통과 적석묘 등의 묘제가 결합하면서, 홍산문화 후기에 들어 그 구조가 복잡화되고 대형화되는 과정을 통해 성립되었다고 이해할 수 있다. 정식으로 발굴된 홍산문화의 적석총 유적은 아직까지 많은 편은 아니지만, 이보다 훨씬 많은 수의 유적이 발견되었다는 보고가 있으므로 앞으로 그 사례는 더욱 풍부해질 전망이다.

3
우하량(牛河梁) 유적

우하량 유적은 홍산문화 최대 규모의 유적이다. 이 유적은 요령성 서부 건평(建平)과 조양(朝陽) 사이, 노로아호산(努鲁兒虎山) 산등성이 위의 약 50㎢의 범위에 걸쳐 흩어져 있는 약 27개의 지점으로 구성되어 있다. 우하량 유적은 규모도 크고, 출토된 유물에도 각종 옥기와 의례용 채색토기 등 홍산문화 최고 수준의 것이 많기 때문에, 1979년 처음 발견된 이후 이 문화를 대표하는 유적으로 인식되어 왔다. 우하량 유적에는 다수의 적석총과 이른바 '여신묘(女神廟)'로 불리는 건물지 등이 포함되어 있다.

1) 적석총

우하량 유적의 모두 14개 지점에서 적석총이 확인되었다. 이 가운데 지금까지 발굴된 것은 다섯 지점이다. 적석총은 정상부에 가까운 산등성이에 위치하는데, 각 지점에 위치한 적석총의 크기와 수량에는 차이가 있다. 대개 한 지점에 하나의 적석총이 있지만, 그렇지 않은 경우도 있다. 이를테면 제5지점에는 2기의 적석총이 있고, 제2지점은 4기의 적석총과 2기의 제단으로 구성되어 있다.[그림 6]

적석총의 지상 부분은 석회암을 쌓아 만든 백색 구조물이다. 벽면은 가공

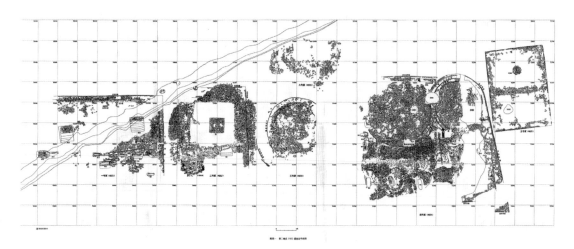

[그림 6] 우하량 유적 제2지점
우하량 유적 제2지점은 4기의 적석총과 2기의 제단으로 이루어져 있다. 중간에 보이는 원형 구조물은 제단으로 추정한다.

된 석재로 반듯하게 축조되었으며, 벽면을 따라 통형기를 가지런히 매설하였다. 적석총의 평면 형태는 직사각형, 원형 또는 전방후원형 등으로 다양하며, 외관은 다층의 계단형이다. 꼭대기 부분은 평탄한데, 여기서는 매장시설을 갖추지 않은 인골이나 채색토기 파편 등 희생이나 제사용품의 흔적이 발견되기도 한다. 따라서 적석총은 무덤이면서 동시에 제단의 성격도 겸하였던 것으로 추정된다.

적석총의 지하에서는 1기 또는 그 이상의 무덤이 발견된다. 제2지점 제1호 적석총에서는 모두 25기의 무덤이 확인되었다. 복수의 무덤이 있는 경우에는 그 가운데 통상 1기의 대형묘가 포함되어 있다. 이것을 중심묘라 한다. 한 지점에 복수의 적석총이 있는 경우에는, 어느 한 적석총의 중심묘가 다른 적석총의 중심묘보다 크기도 크고 그 구조 또한 복잡하다. 중심묘와 그 밖의 주변묘를 포함한 적석총 내의 모든 무덤은 그 크기와 구조, 부장품의 양과 질 등에서 차이를 보이므로 발굴자는 그것을 4개의 등급으로 구분하였다.

우하량의 적석총은 오랜 시간에 걸쳐 축조되었다. 예컨대 제2지점, 제5지점, 제16지점의 적석총은 크게 하층 적석총과 상층 적석총으로 구분되며, 제2지점의 경우에는 상층 적석총도 원형과 장방형 등 두 단계로 세분할 수 있다. 개별 무덤 역시 일시에 조영된 것이 아니며, 오랜 시간에 걸쳐 하나하나 추가됨으로써 현재의 모습을 가지게 된 것으로 생각된다.

하층 적석총은 크기도 작고 구조도 간단하며, 내부에 위치한 무덤 역시 그 묘실이나 부장품이 인상적이지 않다. 반면에, 상층 적석총은 크기도 대형화되고 다층의 계단형도 나타난다. 뿐만 아니라 상층 적석총 단계에는 무덤 중에서도 복잡한 구조를 가진 것이 등장하며, 부장품도 옥기 일색으로 변한다. 적석총은 대부분 홍산문화 후기의 것이지만 하층의 일부는 중기까지 소급될 가능성이 있으므로, 우하량 적석총은 이르면 중기의 어느 시점부터 시작되어 후기로 이어지는, 적어도 500년 이상 동안 몇 차례의 변모를 거쳤다. 지금의 모습은 홍산문화 후기에 들어 비로소 완성된 것이다.

2) 여신묘

　여신묘는 우하량 유적 전체의 북쪽 중앙부에 위치하며, 표고 또한 다른 유적 지점들보다 높다. 평면 형태는 좁고 긴 불규칙형으로, 남북 길이는 약 22m이다. 여신묘는 반지하 건물이며, 풀을 섞은 진흙으로 벽면을 만들었다. 벽면에는 홍색과 백색으로 구성된 기하학 문양의 벽화가 장식되었다.

　여신묘는 일부만 시굴되었을 뿐이지만, 그 내부에서 인물상을 비롯한 여러 가지 흥미로운 물건들이 출토되었다. 인물상은 이미 파편이 되어 여러 곳에 흩어졌다. 인물상 파편 가운데서 그 형태를 알 수 있는 것에 얼굴, 다리, 어깨, 유방, 손, 안구 등이 있는데 대체로 여성의 특징을 보인다. 따라서 이곳을 '여신을 모신 사당'이란 의미에서 '여신묘'라 부른다. 출토된 파편의 종류와 크기를 감안하면, 인물상은 모두 7개 개체 이상이다.[그림 7]

〔그림 7〕 여신묘와 출토 유물
여신묘(1)에서는 사람의 소조상(2), 향로 뚜껑(3)을 비롯해서 포유류와 조류 동물의 소조상 파편(4~6)이 발견되었다. 발굴자는 포유동물 소조상 파편(6)이 곰[熊]의 신체적 특징을 가진다고 하였으나 형태로 보아 단언하기 어렵다. 여기에는 홍산문화를 황제(黃帝) 유웅씨(有熊氏)와 연관지으려는 의도가 숨겨져 있다.

인물상 파편 중 가장 잘 보존된 것은 한 점의 두상이다. 이 두상의 크기는 높이 22.5㎝, 귀를 포함한 폭 23.5㎝로 실제 사람의 크기와 비슷하다. 형태로 보아 벽면에 부착할 수 있는 부조상의 일부로 추정된다. 포유류와 조류 동물의 소조상도 있다. 포유동물의 경우에는 주둥이, 귀 그리고 발의 파편이, 조류의 경우에는 발톱과 날개 파편이 출토되었다. 발굴자는, 이들이 각각 곰과 독수리일 것이라 추정하였다. 이밖에 '탑형기'라 부르는 특이한 형태의 채색 토기와 향로 뚜껑 등도 발견되었는데, 모두 의례용기일 것이다.

4
홍산문명론

홍산문화에 관련된 문명론은 대개 중국 연구자들에 의해 제기된 것인데, 크게 두 가지 내용으로 구성되어 있다. 그 하나는 홍산문화가 '문명'의 단계에 도달하였다는 것이고, 다른 하나는 거기에서 '중화' 문명이 시작되었다는 것이다.

1) 문명사회론

홍산문화가 '문명'의 단계에 도달했다는 주장은 주로 우하량 유적에서 관찰되는 현상에 바탕을 둔 것인데, 다음과 같이 정리할 수 있다.

우하량 유적은 약 50㎢에 걸쳐 분포되어 있는 거대한 유적군이며, 또한 여신묘와 적석총 그리고 제단 등으로 구성된 제사유적이다. 따라서 우하량 유적은 어떤 한 집단에 속한 것이라기보다는 홍산문화인 전체를 여신 숭배 신앙으로 통합하는 성소(聖所)였을 것이다.

우하량 유적의 무덤에서는 주로 옥기가 부장되었는데, 이것은 일종의 의례 용기이다. 즉 이곳에 매장된 사람들은 종교의례를 주관하는 제사장이었을 것이다. 적석총을 포함한 우하량 유적의 각종 구조물은 상당한 노동력이 투입되어야 건설할 수 있는 규모이다. 그것은 어느 정도 조직적인 행정력과 이를 장악한 권력자 없이는 불가능한 일이다. 따라서 우하량 유적은 제정일체의 통치자들이 출현하였음을 보여주는 증거이다.

우하량 유적에서 발견된 각종 무덤은, 크기와 부장품으로 보아 서너 등급으로 구분할 수 있다. 이것은 홍산문화 사회의 통치자가 최고 권력자와 하위 권력자 등 복수의 계층으로 구성되었음을 의미한다. 부장품으로 사용된 각종 옥기와 채도 등의 의례용기는 전문적 장인이 아니고서는 제작하기 어려운 수준의 물건이다. 이것은 홍산문화 사회에 직능에 따른 분업이 존재하였음을 시사한다.

이상의 내용을 요약하면, 홍산문화인은 여신 신앙을 배경으로 공동체를 형성하였으며, 이 공동체는 직능에 의해 분업화되었을 뿐만 아니라 최고 권력자와 그에 의해 관리되는 일정한 통치조직까지 갖추고 있었으므로 '문명'의 단계에 진입했다고 간주할 수 있다는 것이다.

그러나 이런 생각이 타당한 지에 대해서는 적지 않은 논란이 있다.

홍산문화가 문명의 단계에 도달했다고 할 때의 '문명'은 '야만'에 상대되는 추상적 개념이 아니라, 사회의 특정한 발전 단계를 가리키는 것으로서 '국가' 성립을 핵심적 지표로 한다. 무엇을 '국가'라 부를 것인지에 대해서는 다양한 견해가 있다. 그러나 계층과 분업을 바탕으로 한 상호의존적이며 협력적인 사회체제, 그것을 관리하는 정부, 그리고 이를 유지하기 위한 규범 혹은 법률 등이 존재하는 사회를 국가라 부르는 것이 일반적이다.

그런데 우하량 유적의 중심묘와 주변묘 사이에는 그 부장품 내역에 일정한 규범이 보이지 않을 뿐더러 일부 주변묘에서 중심묘보다 화려하고 더 많은 부장품이 발견된다. 이것은 권력 획득 수단이 사회적인 규범보다 개인적인 역량에 달려있었음을 의미한다.

뿐만 아니라 지금까지 홍산문화 마을에서 권력자의 통치행위가 이루어진 신전이나 궁전이 발견된 적도 없고 발견될 가능성도 그다지 높지 않아 보인다. 또한 우하량 유적이 홍산문화인 '전체'의 성소라는 판단 역시 근거가 분명하지 않다. 게다가 우하량의 적석총이나 각종 부장품, 그리고 여신묘의 규모가 같은 시기 인접한 중원 지역의 그것에 비해 탁월한 것도 아니다.

이상의 사실이 의미하는 것은, 홍산문화의 사회가 후기 단계에 들어 커다란 변화를 맞이한 것이 사실이라 해도 거기에서 '국가'의 성립을 입증할 수 있는 증거를 볼 수 없다는 것이다.

모름지기 인류사회의 발전과 국가의 출현은 점진적인 과정을 통해 이루어진다. 홍산문화가 문명인지 아닌지 하는 문제에 집착하는 것은 오히려 신석기시대 후기에 요서 지역의 사회 발전이 어떤 인과관계와 과정을 통해 전개되고 있었는지를 체계적으로 이해하지 못하도록 하는 걸림돌이 될 수도 있다.

2) 황제문명론

홍산문화를 중국문명의 시작점에 위치시키는 견해는 그 주인공을 황제의 족속[黃帝族]으로 간주하는 것과 깊은 관련을 맺고 있다. 황제는 중국인의 시조로 인식되는 신화 상의 인물인데, 홍산문화가 바로 그들의 문화라는 것이다.

황제문명론은 우선 황제가 기원전 3000년경 북방을 근거지로 활약하였다는 전승에 근거를 두고 있다. 북방민족 가운데서도 특히 홍산문화와 황제를 연결하는 것은 곰이다. 『사기』에는 황제가 세운 나라의 국호가 '유웅씨(有熊氏)', 즉 곰의 나라라 기록되어 있다. 이 곰은 홍산문화를 대표하는 옥기 가운데 하나인 수형결식과 연결된다. 수형결식에 장식된 짐승을 처음에는 돼지라 하다가 나중에 곰(熊)이라 정정한 것에는 이런 이유가 있다. 여신묘에서 곰의 발 모양 조소(彫塑) 파편이 발견되었다든지, 여신묘에서 남쪽 먼발치에 보이는 산의 이름이 웅산(熊山)이라는 설명도 황제와 홍산문화를 연결하기 위한 장치이다.

홍산문화를 황제와 연계하는 것은 그것을 중국문명의 시작점에 위치시키기 위한 것만은 아니다. 초점은 오히려 홍산문화가 중국문명을 구성하는 일부라는 점을 강조하는 데 있다.

황제문명론에 의하면 홍산문화는 황제족의 문화이자 중국 최초의 문명이지만, 독자적으로 발전한 것이 아니다. 그것은 남방의 문화와 교류하고 충돌하여 발전할 수 있었다. 교류와 충돌은 홍산문화의 채색토기에서 입증된다. 홍산문화의 채색토기는 남방의 영향을 받아 출현하였는데, 현재의 하북성 장가구시(張家口市) 일대에서 양 문화의 채색토기가 혼합된 현상을 볼 수 있다. 장가구시에는 황제가 남방의 치우족, 염제족과 싸웠다고 하는 '탁록'과 '판천'이 있는 도시이기도 하다. 황제와 염제, 치우의 전쟁은 남북 문화의 교류를 상징하는 신화적 표현이다.

요컨대 황제문명론의 핵심은 홍산문화는 남북문화의 교류와 융합을 바탕으로 해서 기원전 3000년경 중국 최초로 문명사회를 창조했다는 것이다. 이것은 중국문명의 성립 시점을 메소포타미아의 그것과 대등한 연대까지 끌어올려 민족적 자긍심을 부여하는 한편, 현 중국의 변경지대조차도 원래부터 중국문명의 떼어낼 수 없는 일부라는 점을 강조함으로써, 중국 내 모든 지역과 민족의 일체감을 제고하려는 의도를 담고 있다.

그렇지만 이와 같은 주장 역시 많은 문제를 안고 있다. 황제는 신화 상의 인물로서, 기원전 5세기 이후, 전국시대에 이르러 비로소 현실세계에 존재한 사람으로 변모했다. 또한 황제가 중국인의 국조(國祖)로 간주되기 시작한 것도 청 왕조의 몰락 후 민국시기의 일이다. 즉 황제는 실질적인 중국인의 시조가 아니며 따라서 그가 살았다는 기원전 3000년이란 시간도 가공된 것이다.

황제가 북방민족이란 것도 사실은 근거가 박약하다. 그것은 황제와 관련된 사적이 전 중국에 두루 퍼져 있는 것을 보아도 명백하다. 황제의 탄생지는 산동 곡부(曲阜)에, 황제의 도읍은 하남 신정(新鄭)에, 황제의 무덤은 섬서 연안(延安)에 있다. 판천과 탁록도 현재의 장가구시가 아니라 하북성, 산동성, 강소성에 이르는 넓은 지역 어딘가에 위치했다는 주장도 일찍부터 제기되어 왔다.

홍산문화의 수형결식이 곰을 소재로 했다거나, 여신묘에서 곰의 발 조소 파편이 출토됐다는 견해 또한 자의적이다. 수형결식의 짐승은 현실에 존재

〔그림 8〕 우하량 유적 제5지점에서 바라 본 웅산(熊山)
1993년까지 이 산은 돼지 산[猪山]이라 불렸으나 이후 슬그머니 곰 산[熊山]으로 이름이 바뀌었다.

하는 짐승이 아니고, 조소 파편이 곰인지 아닌지는 근본적으로 입증불가이다. 여신묘 남쪽의 산이 웅산이라 하지만, 원래 이 산의 이름은 '저산(猪山)'이었다. 홍산문화와 곰의 관계를 강조하는 것은 이미 지의 조작에 불과하다.[그림 8]

홍산문화의 채색토기가 남방과의 교류를 통해 만들어졌다는 것은 사실로 보인다. 홍산문화 권역에서는 이전까지 채색토기가 사용된 적이 없다. 채도에 보이는 문양은 현지에서 발전해 온 질그릇 문양에 남방적 요소가 가미되어 성립된 것이다. 그러나 이것은 인접한 문화 사이의 상호 교류를 입증하는 자료임에 분명하지만, 그렇다고 해서 그것 때문에 홍산문화가 곧 중국문명의 뗄 수 없는 일부임이 입증하는 것은 아니다.

5
홍산문화와 고조선

우리나라에서 홍산문화에 대해 각별한 관심을 갖는 이유는 홍산문화와 고조선이 관련되어 있을지도 모른다는 생각 때문일 것이다. 이에 대해 긍정이나 부정, 어느 입장에 서든지 그것을 입증할 수 있는 최선의 방법은 문자기록이다. 그러나 홍산문화에서 문자를 사용한 흔적을 볼 수 없고, 후대의 신뢰할 만한 문헌자료에서도 홍산문화에 관련된 기록을 찾을 수 없다.

[표 1] 기원전 4000년기 이래 요하 주변 지역 선사시대 여러 문화의 시공간적 위치

연대 (기원전)	지역					
	요서		요중	요북	요동	
	노로아호산 이서	노로아호산 이동			요동	요동반도 남부
3500	홍산문화					소주산중층문화
3000	소하연문화		편보자문화			소주산상층문화
2500						쌍타자1기문화
2000	하가점하층문화		고대산문화	마성자문화		쌍타자2기문화
1500		위영자문화	묘후산문화			쌍타자3기문화
1000	하가점상층문화	십이대영자문화			쌍방문화	강상문화

문자기록을 통해 검증할 수 없다면 간접적인 방법을 생각해 볼 수 있다. 그것은 유물과 유적 등 물질자료를 바탕으로 홍산문화와 고조선의 계승관계를 가늠해보는 것이다. 그러나 이것 역시 용이하지 않다. 왜냐하면 고조선의 존재가 확인되는 것은 대체로 중국의 춘추전국시대경으로, 어림잡아도 홍산문화가 종결된 시점과 2500년의 시간적 거리를 두고 있기 때문이다.

그러므로 다음과 같은 방법을 동원한 추정만이 현재로서는 최선의 방법이다. 우선 홍산문화가 발전한 지역에서 홍산문화 이후의 문화발전 양상을 살펴보는 것이다. 이것은 홍산문화가 현지에서 후대까지 계승되어 고조선과 연결될 수 있는지 판단하기 위한 것이다. 다음으로는 우리 학계에서 고조선의 물질문화라 인식하고 있는 것을 홍산문화의 그것과 비교해 보는 것이다. 이것은 고조선의 물질문화와 홍산문화의 그것 사이에서 무언가 연결고리를 찾을 수 있는지 확인하기 위한 것이다.

홍산문화는 기원전 3000년경 소멸하였다. 이후 같은 지역에서 발전한 것이 소하연문화(小河沿文化)와 하가점하층문화(夏家店下層文化)이다.[표 1] 소하연문화는 말기 신석기문화인데 옥기의 출현 빈도가 매우 낮고, 집자리의 평면 형태와 묘지의 양상이 홍산문화와 크게 다르며, 적석총도 확인되지 않는다. 하가점하층문화는 초기 청동기문화로서 소하연문화와 약 500년가량의 시간적 공백을 두고 출현하였다. 홍산문화의 특징적 옥기가 일부 사용되었지만 전반적으로 옥기공예는 발전하지 않았다. 무덤은 토광묘 일색이며 적석총도 발견되지 않았다. 하가점하층문화에는 그보다 중원 지역의 문화적 영향이 강하게 나타난다.

이처럼 홍산문화와 소하연문화, 그리고 후자와 하가점하층문화 사이에는 연속적 측면도 있지만, 옥기 등 특징적 유물의 존재 여부와 또는 집자리나 무덤의 구조 등에서의 차이도 상당하여 후자가 전자를 계승한 것이라 보기는 어렵다. 이것은 하가점하층문화와 그 이후의 여러 문화 사이에서도 마찬가지이다.

홍산문화의 주요 무대인 시라무렌하 유역과 대·소릉하 유역은 홍산문화의 소멸 이후 긴 문화공백기와 잦은 문화 변동을 경험하였다. 거기에다 중원과 북방 지역 인구의 유입과 그들의 문화적 영향은 무려 2000년 이상 지속되었으며, 홍산문화의 고유한 특징은 소멸되어 갔다. 따라서 이곳에서 홍산문화인의 공동체가 존속되어 그 정체성이 유지되어 갔다고 생각하기 어렵다.

고조선의 물질문화와 홍산문화와의 사이에 존재할지도 모를 관계를 찾기 위해 '확인되는' 고조선의 물질문화라고 지목되는 것과 홍산문화의 그것을 비교하는 일은 출발점부터 난관에 봉착한다. 그것은 크게 두 가지 이유 때문이다. 그 하나는 고조선과 홍산문화의 시간적 공백이 크고 다른 하나는 연구자마다 고조선의 중심지에 대한 인식이 엇갈리고, 그에 따라 고조선의 물질문화에 대한 이해 역시 다르기 때문이다.

고조선의 중심지에 대한 견해는 크게 요령설, 서북한설, 중심지이동설 등이 있다. 고조선의 물질문화 지표도 그에 따라 비파형동검과 다뉴경 혹은 고인돌과 팽이형토기, 때로는 거기에 점토대토기가 추가되기도 한다. 그런데 어느 설을 따른다 해도 이들 지표 중에서 홍산문화와의 계승성을 볼 수 있는 것은 없다.

근래에 들어 기원전 2500년경 요동반도 남단에서 발달한 쌍타자1기문화의 적석총[그림 9]이 홍산문화의 적석총을 계승하였다는 견해가 중국 연구자

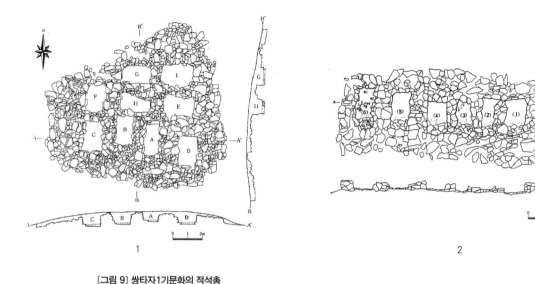

〔그림 9〕 쌍타자1기문화의 적석총
1. 장군산 M1, 2. 노철산 M1

에 의해 제기되고, 이 견해를 수용한 우리 학계의 일부 연구자는 쌍타자1기 문화의 후신인 강상문화가 고조선의 물질문화이기 때문에 홍산문화는 고조 선의 배경 문화가 될 수 있다고 주장한 바 있다.

　그러나 쌍타자1기문화와 홍산문화 사이에는 어림잡아 500년가량의 시간 적 공백이 존재하므로, 홍산문화의 소멸 이후 긴 공백기를 거쳐 요동반도 남 단에서 그 매장문화가 돌연 재개되었다는 주장은 설득력이 없다. 게다가 쌍 타자1기문화 적석총은 홍산문화의 것에 비해 더욱 원시적인 형태이고, 전자 의 적석총은 묘실을 지상에 구축하여 지하에 묘실을 조영한 홍산문화와 다른 구조이다. 무엇보다 쌍타자1기문화의 경우 중심묘와 주변묘의 차이가 크지 않고, 집단 구성원 모두가 매장된 집체묘인 반면, 홍산문화의 그것은 특정한 계층의 사람만이 매장된 성소로서의 성격이 강하다.

　쌍타자1기문화의 적석총과 홍산문화의 그것은 외관과 묘실의 구조는 물론 매장시설로서의 성격에서 서로 차이를 보이므로, 이를 매개로 홍산문화와 고 조선을 연계하려는 주장도 타당하지 않다.

나오는 말

　기원전 4000년기를 전후하여 요서의 산간 지역에서 홍산문화가 번영했다. 홍산문화는 후기 신석기문화의 한 유형으로 그들이 남겨놓은 독특한 사유와 기술적 성취는 지역적 문화전통으로 수렴되고, 이렇게 형성된 문화전통은 해당 지역뿐만 아니라 더 넓은 지역이 공유하는 문화적 자산으로 축적되었다. 홍산문화에 대한 이해는 동북아시아 선사문화의 발전을 전체적으로 조망하는 데 흥미로우면서도 유용한 작업이 될 것이다.

　그러나 홍산문화의 성격을 둘러싼 지금의 논의는 그와는 무관한 지점에 집중되어 있다. 중국에서는 홍산문화가 문명사회에 진입했다든지 황제족의 것이라든지 하는 입증되기 어려운 주장이 유행하고 있다. 우리사회 안에도, 홍산문화와 곰을 연결하여 홍산문화가 황제의 것임을 입증하려는 일부 중국 연구자들의 의도를 읽지 못하고, 오히려 그것을 통해 대륙을 지배한 우리민족의 위대한 과거를 찾으려는 사람도 적지 않은 듯하다.

　홍산문화가 우리 것인지 아니면 중국의 것인지에 대한 집착과 논쟁은 본디부터 근대 국민국가 성립 이후 이 관점을 선사시대까지 무제한 확장하여 투영하는 가공의 영역을 넘어서지 못한다. 그보다는 홍산문화에 대해 정확히 이해하고 그것을 바탕으로 해서 선사시대 동북아시아의 문화 발전을 이해하는 것이 우리에게 훨씬 유익하지 않을까?

　홍산문화에 여러 가지 현실적 요구를 담아 사실을 왜곡하거나 배타적인 소유권을 주장하는 것은 우리들에게 아무런 도움이 되지 않는다. 그것은 자칫하면, 지금까지 왕왕 입증되어 왔듯이, 역사라는 이름으로 그럴듯하게 포장되어, 현실세계의 각종 모순을 희석하기 위해 악용되는 맹목적 신념으로 변질될 가능성도 다분하다.

〈참고문헌〉

郭大順,『紅山文化』, 文物出版社, 2005.

궈다순·장싱더,『동북문화와 유연문명』상·하, 동북아역사재단, 2008.

김선자,『황제신화 – 만들어진 민족주의-』, 책세상, 2007.

_____,「홍산문화의 황제영역설에 대한 비판-곰 신화를 중심으로」,『동북아 곰 신화와 중화주의 신

화론 비판』, 동북아역사재단, 2009.

김정열,「홍산문화론-牛河梁 유적과 중국 초기 문명론을 중심으로」,『韓國古代史研究』76, 2014.

樂豊實,「論遼西和遼東南部史前時期的積石冢」,『紅山文化研究』, 文物出版社, 2006.

劉國祥,『紅山文化研究』, 中國社會科學院研究生院 博士學位論文, 2015.

索秀芬·李少兵,「紅山文化研究」,『考古學報』2011年 第3期.

蘇秉琦,『華人·龍的傳人·中國人-考古尋根記』, 遼寧大學出版社, 1994.

安志敏,「論"文明的曙光"和牛河梁遺址的考古實證」,『北方文物』2002年 第1期, 2002.

王仁湘,「紅山文化彩陶簡論」,『紅山文化研究』, 文物出版社, 2006.

이청규,「고조선과 요하문명」,『한국사시민강좌』제49집, 2011.

張星德,『紅山文化研究』, 中國社會科學出版社.

張弛,「比較視野中的紅山社會」,『紅山文化研究』, 文物出版社, 2006.

中國社會科學院考古研究所, 2010,『中國考古學』新石器時代卷, 中國社會科學出版社, 2005.

陳淳,「中國文明與國家探源的思考」,『復旦學報(社會科學版)』2002年 第1期, 2002.

송화강 (쑹화강)

요하강 (랴오허강)

황해

우리 시대의 한국 고대사

삼국은 언제 건국되었을까

노중국(계명대 사학과 명예교수)

들어가는 말

청동기시대 이래 만주와 한반도 각 지역에서는 크고 작은 초기국가들이 성립하였다. 한반도 남부 지역의 경우 마한, 진한, 변한을 구성한 70여 초기국가들이 보이고, 한반도 북부 및 만주 지역에도 이에 못지않게 많은 초기국가들이 존재하였다. 삼국도 이러한 초기국가들 중의 하나로 각각 성립하여 발전하였다.

이후 각 지역의 초기국가들 사이에서는 지역별로 통합운동이 전개되었다. 이 통합운동은 크게 두 단계로 진행되었다. 첫 단계는 각 지역별로 초기국가들이 서로의 관계망을 형성하는 것이다. 이것이 바로 연맹체의 형성이다. 마한, 진한, 변한연맹체의 형성이 그 사례가 된다. 다음 단계는 정치, 군사, 경제적으로 우세한 국이 관계망 형성에 참여한 열세 국들을 흡수하거나 정복해 가는 것이다.

이러한 통합운동의 결과로서 중앙집권체제를 갖춘 고대 왕국이 성립하였다. 만주 지역에서는 고구려가 주변국들을 정복, 병합하여 고구려왕국을 성립시켰다. 한반도 남부 지역에서는 백제가 마한연맹체를 구성한 국들을 정복, 병합하여 백제왕국을 이루었고, 신라는 진한연맹체를 구성한 국들을 정복, 병합하여 신라왕국을 이루었다. 이리하여 삼국시대가 전개되었다.

만주와 한반도에서 성립한 초기국가의 모습과 그 전개과정을 보여주는 것이 『삼국사기』 초기기록과 『삼국지』 동이전이다. 이 두 사서는 한국고대사를 이해하는데 수레의 두 바퀴와 같은 역할을 한다. 여기서는 먼저 두 사서의 사료적 가치를 정리한 후 만주와 한반도 북부 지역에 위치한 고구려와 한반도 남부 지역에 위치한 백제, 신라가 초기국가를 이루고 관계망을 형성해 가는 과정을 국가발전단계와 연계하여 정리한 후 이를 토대로 '삼국의 건국 시기'에 대해 종합적으로 점검해 보기로 한다.

1
만주와 한반도 각 지역에서 성립한 국들

1) 한반도 남부 지역의 초기국가들

만주와 한반도 각 지역에서는 청동기 문화 및 초기철기 문화를 기반으로 대소의 초기국가들이 시기를 달리하면서 성립하였다. 이렇게 성립한 초기국가 가운데 가장 먼저 성립한 국이 고조선이다. 고조선은 단군조선, 기자조선, 위만조선을 아우른 표현이다. 초기국가들 가운데 고조선 이외에 국명을 알수 있는 것은 거의 대다수가 한반도 남부 지역에 자리한 나라들이다. 이를 보여주는 것이 『삼국지』 동이전 한전에 나오는 삼한을 구성한 국들과 『삼국사기』 신라본기에 나오는 국들이다.

마한연맹체를 구성한 국은 54국, 진한연맹체를 구성한 국은 12국, 변한연맹체를 구성한 국 역시 12국이다. 마한연맹체를 구성한 54국 가운데 대표적인 국으로는 서울 지역에 자리한 백제국, 익산에 자리한 건마국, 천안·직산에 자리한 목지국 등을 들 수 있다. 진변한 24국 가운데 주요한 국으로는 경주의 사로국, 김해의 구야국, 함안의 안라국, 고성의 고자국, 고령의 반로국, 창녕의 불사국 등이다.

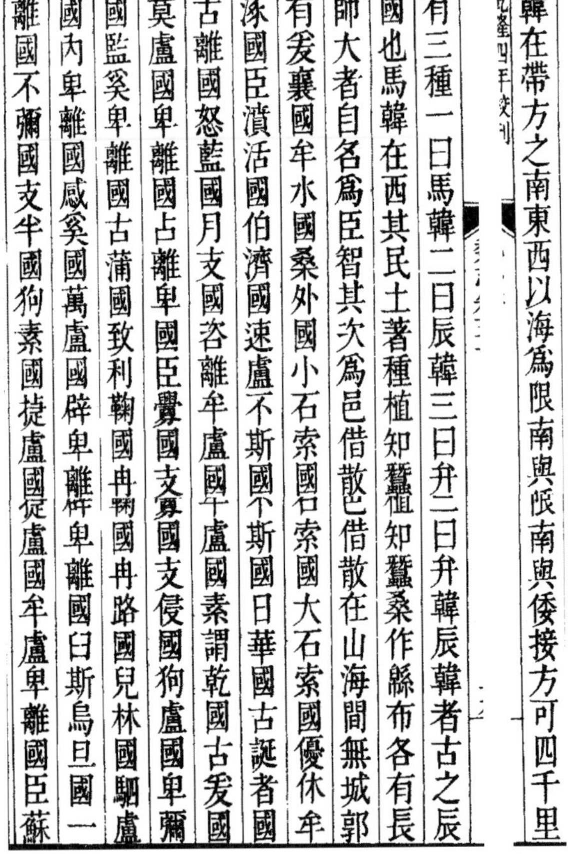

韓在帶方之南東西以海爲限南與倭接方可四千里
乾隆四年校刊
有三種一曰馬韓二曰辰韓三曰弁韓辰韓者古之辰
國也馬韓在西其民土著種植知蠶桑作緜布各有長
帥大者自名爲臣智其次爲邑借散在山海間無城郭
有爰襄國牟水國桑外國小石索國大石索國優休牟
涿國臣濆活國伯濟國速盧不斯國日華國古誕者國
古離國怒藍國月支國咨離牟盧國素謂乾國古爰國
莫盧國卑離國占離卑國臣釁國支侵國狗盧國卑彌
國監奚卑離國古蒲國致利鞠國冉鞠國冉路國兒林國駟盧
國內卑離國感奚國萬盧國辟卑離辟卑離國臼斯烏旦國一
離國不彌國支半國狗素國捷盧國促盧國牟盧卑離國臣蘇

[사진 1]『삼국지』권30 위서 동이전 한전의 첫 페이지(武英殿本)

『삼국사기』신라본기에는 소백산맥 이남의 경상도 일대에 자리한 국들의 이름이 나온다. 경주의 서라벌국(사로국)을 비롯하여 안강의 음즙벌국, 영천의 골벌국, 청도의 이서국, 경산의 압독국, 상주의 사벌국, 김천의 감문국, 울산의 우시산국, 동래의 거칠산국, 함안의 안라국, 마산의 골포국, 고성의 고사포국 등과 강원도 삼척의 실직국 등이다. 이 가운데『삼국지』한전에 나오는 국명과 일치하는 것은 경주의 사로국, 김해의 구야국, 함안의 안야국, 고성의 고자국(고사포국) 정도이다.

2) 한반도 북부 및 만주 지역의 초기국가들

한반도 북부의 평안도 및 함경도 지역에서 그 존재가 확인되는 초기국가는 많지 않다. 『삼국사기』고구려본기에는 비류국, 개마국, 행인국 등이 보이고, 『삼국지』예전과 동옥저전에는 옥저국, 불내국, 화려국 등이 나온다. 그러나 실제로는 이보다 많은 국들이 있었을 것이다. 이를 추정하는데 단서가 되는 것

[사진 2] 초원4년 낙랑군호구부

이 평양 낙랑구역 정백동 364호분에서 출토된 「낙랑군초원4년현별다소호구부(樂浪郡初元四年縣別多少戶口簿)」 목독 3점이다.

이 「호구부」는 초원 4년(서기전 45) 당시 낙랑군이 관할하던 25개현의 호구수의 증감치를 집계한 장부이다. 25개현은 네 구역으로 나누어진다. 1구역은 6개현, 2구역은 7개현, 3구역은 5개현, 4구역은 7개현으로 이루어져 있다. 각 구역 별로 호수와 인구수가 가장 많은 현과 적은 현을 보면 다음과 같다.

> 1구역 : 조선현(9,678호, 56,890구), 증지현(548호, 3,353)
> 2구역 : 대방현(4,346호, 28,941구), 제해현(173호, 1,303구)
> 3구역 : 수성현(3,005호, 19,092구), 패수현(1,152호, 8,837구)
> 4구역 : 불이현(1,564호, 12,348구), 동이현(279호, 2013구)

이 자료를 보면 현을 구성하고 있는 호수와 인구수는 현별로 큰 차이가 난다. 가장 많은 조선현의 경우 호수와 인구수는 9678호, 56,890구이다. 반면에 가장 적은 제해현은 173호에 1303구여서 조선현의 2% 정도 밖에 되지 않는다.

각 지역은 호구 수에 불균형이 심함에도 모두 동일하게 현이었다. 이는 현의 편제가 호구 수를 기준으로 한 것이 아니라 한사군이 설치되기 이전에 한

반도 북부 지역에 성립하고 있던 크고 작은 초기국가들을 그대로 현으로 편제한 결과로 보인다. 이는 비록 후대의 일이지만 4구역의 7개현이 후일 동부도위 산하로 편입되었다가 동부도위가 폐지되자 모두 후국(侯國)이 되었다는 사실에서 입증이 되리라 본다.

이렇게 보면 「호구부」의 25개현의 이름은 본래는 한반도 북부에서 성립한 25개국의 이름이고 현의 규모는 각국의 규모였다고 하겠다. 그렇다면 『한서』 지리지에 나오는 현도군 소속의 고구려현, 상은대현, 서개마현도 본래는 이 지역에서 성립한 국의 명칭으로 파악할 수 있겠다. 이는 만주의 각 지역에도 여러 초기국가들이 성립해 있었음을 보여주는 것이다.

「호구부」에 보이는 현이 본래 국이었다고 하면 현별 호구 수는 각국의 호구 수를 반영해 주는 것으로 볼 수 있다. 각국의 호구 수의 심한 차이는 마한연맹체의 경우 대국은 1만여 가(家), 소국은 수천 가였다는 사실 및 진한과 변한 연맹체의 경우 대국은 4~5천 가, 소국은 600여 가 정도였다는 사실과 대응된다. 이는 만주 및 한반도 북부 지역과 한반도 남부 지역의 상황이 비슷하였음을 보여주는 것이다.

2
『삼국사기』 초기기록과
『삼국지』 동이전

1) 초기기록과 동이전을 보는 기본 시각

한국고대사회에서 초기국가의 형성 과정을 이해하려고 할 때 기본이 되는 자료가 『삼국사기』 초기기록과 『삼국지』 동이전이다. 『삼국사기』는 고려시대의 정치가이자 학자인 김부식(1075~1151)이 왕명을 받아 인종 23년(1145) 12월에 완성한 기전체(紀傳體)의 관찬 역사서이다. 본기는 건국 순서에 따라 신라, 고구려, 백제 순으로 하였으며, 중국 왕조와의 교섭 기사가 많다. 열전과 악지, 제사지, 직관지 등의 내용은 신라와 관련한 것이 대부분을 차지한다. 불교 관련 기사는 매우 소략하다. 그래서 『삼국사기』는 기본적으로 신라 중심, 유교 중심, 정치외교사 중심 사관에 의해 편찬된 것으로 이해되고 있다.

『삼국사기』 초기기록은 중국 왕조와의 교섭 기사가 본격적으로 나오기 이전의 기록이라는 의미로 고구려의 경우 태조왕 이전, 백제의 경우 고이왕 이전, 신라의 경우 나물왕 이전의 기록을 말한다. 일제시기 일인사학자들은 중국과의 교섭 기사를 기준으로 동진과의 교섭이 처음 보이는 근초고왕(346~375) 이전의 백제 역사와 전진과의 교섭이 처음 보이는 나물왕(356~402) 이전의 신라 역사는 믿을 수 없는 역사로 취급하였다. 이를 '초기기록 불신론'이라 한다.

그러나 1970년대에 들어와서 고고학적인 연구 성과의 축적에 따라 『삼국사기』 초기기록을 그대로 취신(取信)하여 삼국의 초기 역사를 재구성해야 한다는 주장이 대두되었다. 이러한 견해는 낙랑군 지역에서 한대(漢代)의 유물이 출토되는 유적의 분포 범위가 매우 좁다는 것과 군현의 치소 가까이에까지 토착인의 묘제인 지석묘가 분포하고 있어 낙랑군의 세력 범위는 평양을 중심으로 한 대동강구의 조그만 조계지 같은 존재에 지나지 않는다는 고고학적 성과에 근거하여 나온 것이다. 이를 '초기기록 신빙론'이라 할 수 있다.

'초기기록 신빙론'은 근초고왕 이전의 기록은 믿을 수 없다고 한 극단적인 부정론을 극복하려는 노력이라는 점에서 주목된다. 그래서 이러한 신빙론을 토대로 백제의 경우 온조왕대를 영역국가의 단계로까지 파악한 견해도 나왔고, 더 나아가 고이왕대에는 중앙집권적 전제왕권을 확립한 것으로 보는 견해도 나왔다.

『삼국지』는 서진의 정치가이자 역사가인 진수(233~297)가 편찬한 중국 삼국시대 역사서이다. 그리고 유송(劉宋) 시대의 역사가 배송지(372~451)는 여러 사서를 인용하여 사실을 보충하고, 본문의 오류나 모순을 시정한 주를 달아 내용을 보완하였다. 『삼국지』 동이전은 만주와 한반도에서 성립한 부여, 고구려, 동옥저, 읍루, 예, 한 등과 일본열도에서 성립한 왜의 위치와 강역, 인구, 정치체제, 사회조직과 의식주와 풍속, 신앙 등과 중국 군현과의 교섭을 알 수 있게 하는 최초의 자료이다.

『삼국지』 동이전의 사료적 가치와 그 성격에 대해서는 오래 전부터 여러 각도에서 검토되어 왔다. 이러한 검토를 통해 『삼국지』 동이전은 중국과 주변 국가와의 단순한 교섭 기사로만 이루어진 것이 아니라 민족지적 성격을 띠고 있으며 앞 시대의 사실도 당시대와 연관하여 압축하여 기록하고 있다는 점이 밝혀졌다. 서술 시기는 256년경을 하한으로 한다는 점과 진국(辰國), 진왕(辰王), 삼한(三韓) 문제에 대해서는 『후한서』 보다는 『삼국지』 동이전을 취신해야 한다는 점 등도 정리되었다.

『삼국지』 동이전은 초기기록이 보여주는 시기와 그다지 멀지 않은 시기에 편찬되어 1~3세기 만주와 한반도의 정치 상황과 문화를 보여준다는 점은 강점이다. 그러나 그 내용은 소략할 뿐만 아니라 중국과의 접촉 기사가 중심을 이룬다. 또 만주와 한반도에서 성립한 각국들의 자체 발전의 모습을 보여주는 연대기적 기록은 거의 없다. 따라서 『삼국지』 동이전만으로는 기원 전후한 시기부터 3세기 말까지 약 300년 동안에 이루어진 각국의 변화와 발전의 모습을 살펴볼 수 없다.

그렇다고 하여 『삼국사기』 초기기록을 그대로 신빙하는 것도 문제이다. 『삼국사기』 초기기록과 『삼국지』 동이전은 삼국 초기의 상황에 대한 내용이나 연대에서 커다란 차이를 보여주고 있기 때문이다. 예를 들면 『삼국사기』 백제본기에 따르면 백제는 온조왕 27년(서기 9)에 이미 마한을 멸망시켰고, 3세기 중엽의 고이왕(234~286)대에는 6좌평·16관등제라고 하는 잘 짜진 국가체제를 만든 것으로 되어 있다. 그러나 『삼국지』 동이전에 의하면 마한은 3세기 후반 경까지 존재하고 있었고, 백제국은 마한을 구성한 54국 가운데 하나로 나오고 있다. 그럼에도 이를 무시하고 초기기록의 내용과 연대를 그대로 취신하면 『삼국지』 동이전이 보여주는 반면의 실상마저 버리는 오류에 빠지게 된다.

이처럼 『삼국사기』 초기기록과 『삼국지』 동이전은 제3의 결정적인 자료가 나오지 않는 한 어느 하나만을 전폭적으로 취신 할 수는 없다. 때문에 양 사서의 성격을 파악하고 그 내용을 종합하여 체계화할 수 있는 방법이 모색되어야 한다. 그 방법으로 필자는 『삼국지』 동이전의 내용을 단계화하고 『삼국사기』 초기기록의 내용을 분해하여 이를 재구성하고자 한다. 전자를 동이전의 단계화론(段階化論)으로, 후자를 초기기록 분해론(分解論)으로 부를 수 있다. 이렇게 하면 양 사서의 내용은 상호 모순되는 것이 아니라 보완 관계의 자료로 활용할 수 있게 된다.

2) 초기기록 분해론(分解論)

『삼국사기』 초기기록은 기본적으로 여러 초기국가들을 통합하여 통일왕국을 이룬 삼국을 중심으로 하여 서술되었다. 그 결과 통일왕국 형성 이전에 다양한 세력들에 의해 이루어진 사건들이 통일왕국을 이룬 왕실세력 중심으로 재편집되어졌다. 나아가 신라왕국과 백제왕국을 성립시킨 모태인 사로국 세력과 십제국(백제국) 세력이 처음부터 가장 우월한 세력으로 파악하였다. 초기기록의 이러한 성격을 고려함이 없이 그대로 취신하면 통일왕국 형성 이전에 삼국을 성립시킨 주체 세력과 비슷한 힘과 성격을 가졌던 여러 정치 세력들의 존재 양태를 제대로 파악할 수 없다. 또 삼국을 성립시킨 주체 세력들이 주변 세력들을 통합해 가는 과정도 분명히 하기 어렵게 된다. 이러한 문제를 극복하기 위한 방법이 바로 초기기록 분해론이다.

초기기록 분해론은 삼국이 통일왕국을 형성하기 이전에는 여러 정치 세력들이 분립해 있었다는 것과 이들에 의해 이루어진 일들이 초기기록 속에 포함되어 있다는 것을 전제로 하고 초기기록의 내용을 국가형성 단계와 연관시켜 재정리하자는 것이다. 초기기록에서 분해의 주 대상은 정복 관계 기사, 일원화된 초기 왕계, 관등과 관직 설치 기사 등이다.

『삼국사기』 백제본기를 보면 백제의 정복 기사는 온조왕기에 집중되어 있

[사진 3] 「포항냉수리신라비」 전면 사진

다. 이는 시조의 탁월한 능력을 드러내기 위해 백제가 건국 이후 이룩한 정복 활동을 모두 시조 온조왕이 한 것처럼 소급·부회해 정리하였기 때문이다. 정복 기사 분해는 온조왕기에 집중되어 있는 정복 관계 기사를 백제의 성장 과정에 맞추어 재정리하는 것이다. 예를 들면 온조왕 13년(서기전 6)조에 보이는 백제와 마한의 강역 획정 기사는 고이왕(234~286) 대의 상황을 반영하는 것으로, 온조왕 26년(서기 8)조와 27년(서기 9)조에 보이는 백제의 마한 멸망 기사는 근초고왕(346~375) 대의 사실을 반영해 주는 것으로 파악하는 것이다.

한편 『삼국사기』에서 왕실의 성씨를 보면 고구려에는 해씨(解氏)와 고씨(高氏)가, 백제에는 해씨(解氏)와 부여씨(扶餘氏)가, 신라의 경우 박씨(朴氏), 석씨(昔氏), 김씨(金氏)가 나온다. 왕성(王姓)이 두 개 내지 세 개로 나오는 것은 연맹체 단계에서의 정치 운영과 연관된다. 연맹체 단계에서 연맹장의 지위는 힘의 우열에 의해 교체되기도 하였다. 신라에서 연맹장을 의미하는 이사금의 지위가 박씨에서 석씨로, 석씨에서 김씨로 바뀐 것이 이를 보여준다. 초기왕계 분해론은 시조 주몽왕과 시조 온조왕의 후손으로 일원화되어 있는 초기 왕계를 고구려의 경우 해씨계와 고씨계로, 백제의 경우 해씨계와 부여씨계로 분해한 후 이들을 연맹체단계와 연결시켜 연맹장의 교립(交立)을 보여주는 것으로 재정리하는 것이다.

관등과 관직은 국가 운영에 핵심적인 기능을 하는 제도이다. 『삼국사기』에 의하면 백제는 제8대 고이왕 27년(260)에 6좌평, 16관등제, 3색공복제를 모두 마련한 것으로 나온다. 신라는 제3대 유리왕 9년(서기 32)에 6부가 만들어지고 6부에 6성이 사여되고 또 17관등제가 만들어진 것으로 나온다. 그러나 『주서』 백제전에 의하면 백제 16관등제는 사비로 천도한 이후에 만들어진 것으로, 『구당서』 백제전에 의하면 6좌평은 성왕의 전사 이후에 설치된 것으로 나온다. 신라의 경우도 「포항중성리신라비」, 「포항냉수리신라비」, 「울진봉평리신라비」 등 금석문에 의하면 5세기 후반에 아간지, 6세기 초반에 들어와서야 대아간지 등이 나오고 있어 『삼국사기』의 기사와 시간적으로 큰 차이가 난다. 관등과 관직의 분해는 특정 왕대에 집중되어 있는 관제 정비 기사를 백제와 신라의 국가 발전 과정에 따라 점진적으로 정비되어 간 것으로 재정리하는 것이다.

3) 동이전의 단계화론(段階化論)

한국고대사에 대한 보다 나은 이해 체계를 얻기 위해서는 국가발전 과정에 대한 이해가 필요하다. 국가발전 과정에 대한 견해들을 보면 Morgan 학설의 영향을 받아 성립한 부족국가-부족연맹체-고대국가 설, 중국의 읍제(邑制) 국가 설을 바탕으로 한 성읍국가-영역국가-대제국 설과 성읍(城邑)국가-연맹왕국-집권적 귀족국가 설, 미국의 신진화주의 인류학자들의 이론에 입각한 군(群)사회-부족사회-군장(추장)사회-국가 설 등이 있다.

이와 같은 여러 설의 공통점은 외국에서 일반화된 이론 모델을 한국사에 적용시켜 본 것이다. 그러나 일반화된 이론 모델을 한국사에 그대로 적용하면 한국사가 갖는 특수성 때문에 맞지 않는 점이 생기는 것이 문제이다. 그러므로 한국고대사와 직접 관계되는 자료를 이용하여 국가발전 단계의 틀을 만들어 실제 역사에 대입시켜 본 후 이를 외국의 일반화된 이론 모델과 비교·검토하는 작업이 필요하다.

국가발전단계의 틀을 만들고자 할 때 유효한 자료가 『삼국지』 동이전이다. 동이전에 보이는 부여, 고구려, 동옥저, 예, 한, 왜의 내용은 3세기 중엽까지의 각 지역의 상황을 보여준다. 그런데 일정 시기를 기준으로 각국의 정치발전 수준을 단면지어 보면 발전 정도가 동일하지 않다. 이처럼 정치 발전의 정도가 다른 각 지역 국가들의 모습을 시간적인 선후로 배열하면 정치발전의 단계를 설정하는 것이 가능하게 된다.

이러한 전제 위에서 동이전의 내용을 보면 부여와 고구려의 정치발전의 수준은 한이나 예보다 한 단계 더 진전되었다. 따라서 삼한의 상태는 부여, 고구려 단계 이전의 상황을 보여주는 것이며, 역으로 부여, 고구려의 단계는 삼한이 한 걸음 더 진전되어 갔을 때 도달할 수 있는 단계로 설정해 볼 수 있다.

삼한 가운데 마한은 54국, 진한과 변한은 각각 12국 등 모두 수 십 개의 국으로 이루어졌다. 이렇게 여러 국들로 이루어진 정치체를 연맹체라고 한다. 따라서 마한, 진한, 변한이라고 하는 삼한은 국연맹체 단계로 파악할 수 있다.

삼한을 형성한 각 국들은 연맹체를 형성하기 이전에는 각각 독자적인 정치체로 존재하였다. 시간적으로 보면 국의 성립이 연맹체의 형성보다 앞섰다. 이처럼 국이 독립적인 정치체로 분립하고 있던 시기를 국 단계로 볼 수 있다.

이 국은 기본적으로 중심이 되는 읍락인 국읍(國邑)과 주변의 여러 읍락으로 구성되었다. 이 읍락이 사로국의 건국 과정에 보이는 촌이다. 이 읍락(촌)들은 국이 성립되기 이전에 각각 일정한 생활영역을 배타적으로 가진 독립된 단위 정치체로 존재하였다. 이처럼 국보다 시간적으로 앞선 시기를 읍락단계라고 할 수 있다.

한편 삼한 보다 한 단계 진전된 모습을 보여주는 것이 고구려와 부여이다. 고구려의 경우 5부(소노부·절노부·순노부·관노부·계루부)가 정치 운영의 중심체였다. 부여의 경우도 사출도(四出道)와 왕실을 포함하면 5부의 존재를 확인할 수 있다. 이 시기에 국왕은 도사(道使)와 같은 지방관을 파견하여 직할지를 직접 지배하였지만 이외의 지역은 부(部)의 장을 통해 간접지배를 행하였다. 부여에서 대가(大加)는 수천 가(家)를, 소가(小加)는 수백 가를 별도로 주관하였다는 것이 이를 보여준다. 이처럼 국왕의 직접 지배와 부의 장을 통한 간접지배가 병존한 시기를 부체제 단계라고 할 수 있다.

부체제를 극복하면서 전국은 국왕의 직접 지배하에 들어갔다. 이에 국왕은 지방통치조직을 편제하여 국왕의 업무를 대행하는 지방관을 파견하였다. 고구려의 대성-성-소성 체제, 백제의 담로제나 방-군-성 체제, 신라의 주-군-

성(촌) 체제가 그것이다. 지방관을 파견함으로써 부의 장들에 의한 간접 지배는 해체되고 국왕이 지방관을 통해 영역 전체를 직접 통치하게 되었다. 이 시기를 중앙집권체제 단계라고 할 수 있다.

이렇게 『삼국지』 동이전에 나오는 여러 국들의 정치발전 수준을 시계열로 단계화하여 보면 삼국의 국가발전단계는 읍락단계-국단계-국연맹단계(삼한단계)-부체제단계(부여·고구려 단계)-중앙집권체제단계로 정리할 수 있다. 한국고대사회에서 국가는 이러한 단계를 거치면서 발전하였다. 이를 '동이전의 단계화론'이라 할 수 있다.

3
삼국의 건국 시기

1) 건국 시기 관련 자료들

삼국의 건국 시기는 『삼국사기』 고구려본기, 백제본기, 신라본기의 시조 즉위년 조와 연표에 나온다. 시조 즉위년 조에는 건국주의 이름과 건국 과정도 함께 수록되어 있다. 고구려는 서기전 37년에 시조 주몽에 의해 건국되어 668년에 망하였다. 존속 기간은 705년이다. 백제는 서기전 18년에 시조 온조에 의해 건국되어 660년에 망하였다. 존속 기간은 678년이다. 신라는 서기전 57년에 시조 혁거세에 의해 건국되어 935년에 망하였다. 존속 기간은 992년이다.

그러나 삼국의 건국 시기에 대해 『삼국사기』와는 다른 내용을 보여주는 자료도 있다. 이 자료들이 보여주는 내용의 차이는 존속 기간이다. 멸망 연도

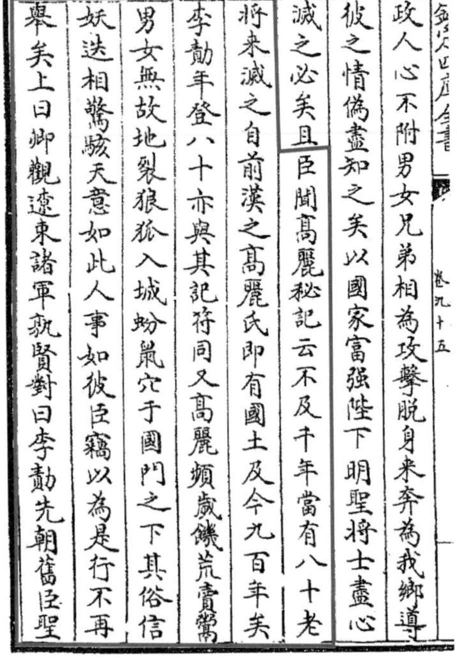

政人心不附男女兄弟相為攻擊脫身來奔為我鄉導
彼之情偽盡知之矣以國家富強陛下明聖將士盡心
滅之必矣且臣聞高麗秘記云不及千年當有八十老
將來滅之自前漢之高麗氏即有國土及今九百年矣
李勣年登八十亦與其記符同又高麗頻歲饑荒妖異
男女無故地裂狼狐入城蚡鼠穴于國門之下其俗信
妖迷相驚駭天意如此人事如彼臣竊以為是行不再
喪失上曰卿觀遼東諸軍乃賢對曰李勣先朝舊臣聖

卷九十五

欽定四庫全書

[사진 4] 『당회요』 권95 고구려 건원 3년조의 『고려비기』 부분
(欽定四庫全書本)

는 동일함에도 존속 기간에 차이가 나는 것은 건국 시기의 차이 때문이다. 따라서 존속 기간의 차이를 분석하면 삼국의 건국 시기를 추정해 볼 수 있다.

고구려의 존속 기간에 대해서는 네 가지 자료가 있다. 첫째, 『당회요』에 인용된 『고려비기(高麗祕記)』이다. 이 책은 당나라 태종대의 인물인 시어사 가언충(賈言忠)이 인용한 것이다. 여기에는 1천년이 되지 못해(不及千年) 80세 먹은 노장이 와서 고구려를 멸망시킬 것이라는 기사가 나온다. 이 기사에 의하면 고구려는 건국 이후 1000년이 못되어 멸망한 것으로 볼 수 있다. 이를 고구려 1000년 설이라 할 수 있다. 그렇다면 고구려의 건국 시기는 서기전 330년대가 된다.

둘째, 『신당서』 고구려전에 인용된 『고려비기(高麗祕記)』이다. 이 기사의 내용은 『당회요』의 '불급천년(不及千年)'을 '불급구백년(不及九百年)'으로 고친 것 외에는 모두 같다. 『삼국사기』 고구려본기 보장왕 27년(668)조는 『신당서』 고구려전의 내용을 그대로 인용하였다. 이 기사에 의하면 고구려의 존속 기간은 900년이 된다. 이를 고구려 900년 설이라 할 수 있다. 그렇다면 고구려의 건국 시기는 서기전 230년대가 된다.

셋째, 『삼국사기』 신라본기 문무왕 10년조에 문무왕이 고구려 족자 안승을 고구려왕으로 책봉한 책문(冊文)이다. 여기에는 '나라의 해 수가 장차 800년(年將八百)이 되어 남건, 남산 형제 때에 이르러 고구려가 멸망하였다'는 내용이 나온다. 이 기사에 의하면 고구려의 존속 기간은 800년이 된다. 이를 고구려 800년 설이라 할 수 있다. 그렇다면 건국 시기는 서기전 130년대가 된다.

넷째, 『일본서기』 천지기 7년(668)조의 기사이다. 여기에는 '고구려 시조 중모왕(추모왕)은 천년을 다스리고자 하였지만 700년 말에 망하였다'는 내용이 나온다. 이 기사는 현존의 『삼국사기』 고구려본기의 내용과 일치한다. 이를 고구려 700년 설이라 할 수 있다. 그렇다면 건국 시기는 서기전 30년대가 된다.

이 가운데 『고려비기』는 통일신라시대에 만들어져서 중국에 전해졌고 이것이 『당회요』에 수록되었다. 『신당서』의 기사는 『당회요』의 것을 그대로 전재한 것으로 추정되고 있다. 따라서 『고려비기』의 사료적 가치는 상대적으로 떨어진다. 반면에 670년에 지어진 문무왕의 책서와 720년에 편찬된 『일본서기』의 기사는 고구려가 멸망한 668년으로부터 얼마 떨어지지 않은 시기의 자료들이어서 사료적 가치가 크다. 그렇다면 고구려의 건국 시기는 800년 설과 700년 설로 정리해 볼 수 있겠다.

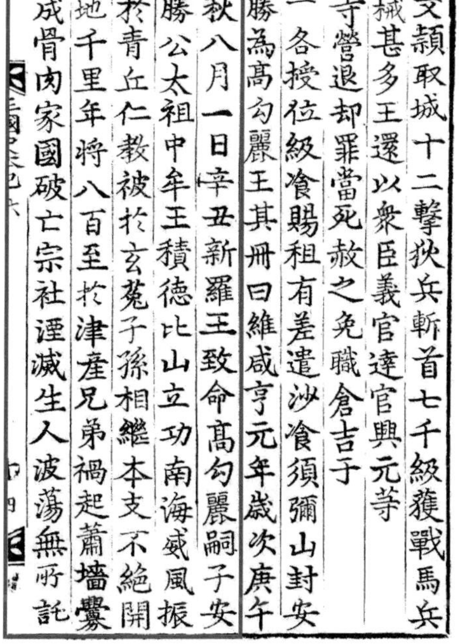

[사진 5] 『삼국사기』 권제6 문무왕 상 10년조의 안승 책봉문 (奎章閣本)

신라의 경우에도 건국 시기에 대해서는 세 가지 설이 있다. 첫째, 『삼국사기』 신라본기 시조 즉위년 조와 연표의 기사이다. 이에 의하면 시조 혁거세는 서기전 57년(오봉 원년)에 나라를 세웠다. 이때 나이는 13세였다고 한다. 이 기사는 혁거세가 서기전 69년(지절 원년)에 출생하여 13세가 되는 해인 서기전 57년(오봉 원년)에 나라를 세웠다고 한 『삼국유사』 시조 혁거세왕조 본문의 기사와 일치한다.

둘째는 『삼국유사』 시조 혁거세왕조 세주에 인용된 고본(古本)에 나오는 건호(建虎) 원년(서기 25) 설이다. 건호(建虎 : 建武) 원년은 서기 25년이다. 이 기사에 의하면 혁거세는 서기 25년에 태어나 13세가 되는 서기 38년에 나라를 세운 셈이 된다.

셋째는 역시 『삼국유사』 시조 혁거세왕 조의 세주에 인용된 고본(古本)에 나

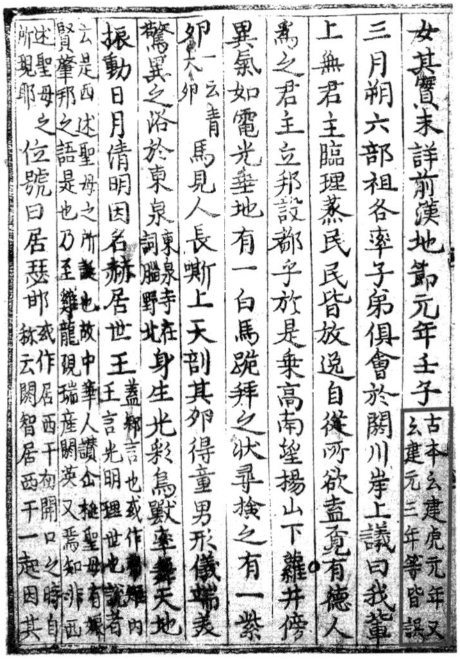

女其實未詳 前漢地節元年壬子 古本云建虎元年又云建元三年等皆誤
三月朔 六部祖各率子弟俱會於閼川岸上議曰 我輩
上無君主臨理蒸民 民皆放逸 自從所欲 盍覓有德人
爲之君主 立邦設都乎 於是乘高南望 楊山下蘿井傍
異氣如電光垂地 有一白馬跪拜之狀 尋撿之 有一紫
卵 一云青大卵 馬見人長嘶上天 剖其卵得童男 形儀端美
驚異之 浴於東泉 東泉寺在詞腦野北 身生光彩 鳥獸率舞 天地
振動 日月清明 因名赫居世王 蓋鄕言也 或作弗矩內王 言光明理世也 說者
云是西述聖母之所誕也 故中華人讚仙桃聖母有娠
賢肇邦之語是也 乃至雞龍現瑞産閼英 又焉知非西
述聖母之所現耶 位號曰居瑟邯 或作居西干 初開口之時 自
稱云閼智居西干一起 因其

[사진 6] 『삼국유사』 권제1 기이제1 혁거세왕 즉위년조 첫 페이지(파른本)

[사진 7] 부여융묘지명

오는 건원(建元) 원년 설이다. 건원 원년은 서기전 140년이다. 이에 의하면 혁거세는 서기전 140년에 출생하여 13세가 되는 해인 서기전 128년에 나라를 세운 것이 된다.

건무 원년 설을 따르면 혁거세의 건국 연대는 『삼국사기』의 건국 연대 보다 90여년 늦고, 건원 원년 설에 따르면 『삼국사기』의 건국 연대보다 70여 년 빠르다. 『삼국유사』 찬자인 일연 스님은 건무 원년 설이나 건원 원년 설은 '모두 잘못'이라고 하였다. 그러나 이는 일연 스님의 개인적인 판단에 의한 것이므로 반드시 옳다고 할 수 없다. 여기에서 주목해야 할 것은 신라의 건국 시기가 현존 『삼국사기』의 연대보다도 올라갈 가능성이 있다는 것이다.

백제의 경우 두 가지 자료가 있다. 하나는 현존 『삼국사기』 백제본기와 연표이다. 『삼국유사』에도 동일한 내용이 나온다. 이에 의하면 백제는 서기전 18년에 온조에 의해 건국되었다.

다른 하나는 「부여융묘지명」이다. 부여융은 의자왕의 태자로서 백제 멸망 때에 당에 항복한 후 당나라 관료로 생활하다가 당에서 죽었다. 이 묘지명에 의하면 부여융은 '진조인(辰朝人)'으로 나온다. 진조는 한강유역권을 중심으로 하여 성립해 있던 진국(辰國)을 말한다. 이 진국은 위만조선 시기(서기전 194~108)에 성립하여 서기전

108년 전후하여 소멸되었다. 본 묘지명에 부여융을 진조인(진국인)이라 한 것은 한강 유역을 기반으로 하여 성립한 백제가 진국을 계승하였다는 관념, 즉 자국의 역사적 정통성을 진국에서 찾으려는 인식을 가지고 있었음을 보여준다. 그렇다면 백제는 진국이 멸망한 서기전 108년 이후 얼마 지나지 않아 건국되었을 가능성도 있다. 이는 백제의 건국 연대도 『삼국사기』의 건국 연대보다는 올라갈 수 있음을 보여주는 것이다.

2) 건국 시기의 상한선

역사 기록은 기록 이전에 일어났던 일들을 후대에 정리하면서 만들어진 것이다. 기록되기 이전에 일어난 일들은 구술이나 기억에 의해 전승되어 후대에 전해진다. 이 과정에서 내용이 변화되기도 하고 새로운 내용이 첨가되기도 한다. 삼국의 건국 과정과 건국 연대의 기록도 마찬가지이다.

『삼국사기』에 보이는 삼국의 건국 연대는 건국 시조의 탄생과 건국 과정이 이야기 형태로 전해져 오던 것을 후대에 역사서를 편찬하면서 부여한 연대일 가능성이 크다. 고구려 시조의 궁실 건축 내용이 이규보의 「동명왕편」에는 시조 건국 설화 속에 포함되어 있는데 반해 『삼국사기』에는 동명성왕 4년(서기 34)의 일로 기년이 설정되어 있다는 사실과 백제 시조 건국 설화 속에 들어 있는 하남위례성 정도(定都) 사실이 온조왕 13년(서기전 6)조에 기년 기사로 나오는 것이 이를 보여준다. 따라서 삼국의 건국 시기는 만주와 한반도에서 국 단계가 언제부터 시작되었느냐와 연동하여 살펴보아야 한다.

만주와 한반도 북부 지역에서 초기국가가 건국되기 시작한 시기를 추정하는데 단서가 되는 것이 위만조선의 성립이다. 서기전 194년 기자조선의 준왕을 몰아내고 왕위에 오른 위만은 정복 활동을 전개하여 주변의 진번, 임둔 등을 복속시켰다. 이 사실은 진번, 임둔 등이 위만조선 성립 이전에 이미 존재하고 있었음을 보여준다. 이로 미루어 서기전 194년을 전후하여 만주와 한반도 북부 지역에도 여러 초기국가들이 성립하여 있었다고 할 수 있다.

한반도 남부 지역에서 국의 성립 시기의 상한을 보여주는 자료는 몇 가지가 있다. 첫째, 준왕 집단의 남하이다. 서기전 194년에 위만에게 쫓겨 내려간 준왕은 한지(韓地)에 정착하여 한왕(韓王)을 칭하였다. 이 한지에 대해서는 여러 설이 있지만 익산 지역으로 보는 것이 타당하다. 익산은 금강 유역권에 해당된다. 이는 서기전 194년을 전후하여 금강 유역권에도 국이 성립해 있었음을 보여준다.

둘째, 진국(辰國; 衆國)의 존재이다. 진국의 위치는 '진번은 진국의 곁에 있었다(辰藩傍辰國)'는 기사에서 추정해 볼 수 있다. 이 기사의 진번은 한사군의 하나로서 황해도 일대로 추정되고 있다. 따라서 진번 곁에 있었다는 진국은 한강유역 일대에 위치한 것으로 볼 수 있다. 이 진국의 존재는 서기전 194년을 전후한 시기에 한강유역권에도 초기국가들이 성립하고 있었음을 알 수 있다.

셋째, 『삼국지』 동이전에 진한의 기로들이 말하기를 '옛 유망민이 진역을 피하여 한국에 오자 마한이 그 동쪽을 땅을 떼어주어 정착하게 하였다'는 기사이다. 여기서의 진역(秦役)은 진나라(서기전 221~서기전 206) 말에 일어난 정치적 혼란을 말한다. 이러한 혼란 속에서 유망해온 자들이 영남 지역에 정착하여 나라를 세웠다. 처음에는 6국이었지만 12국으로 늘어났다. 이는 영남 지역에서도 서기전 2세기 초에 초기국가가 성립되어 있었음을 보여준다.

이렇게 보았을 때 고구려, 백제, 신라의 성립 상한 연대는 서기전 3세기 말내지 서기전 2세기 초경이 된다. 이는 앞에서 언급한 삼국의 존속 기간을 보여주는 자료에서 추출해 낸 성립 시기와 대략 일치한다.

3) 삼국의 건국 시기

삼국의 건국 시기는 삼국의 건국신화(설화) 속에 나온다. 건국 신화의 내용은 크게 건국주의 탄생, 건국주의 건국 과정, 건국 이후 건국주가 맹주의 지위를 차지하는 부분으로 이루어져 있다. 고구려의 경우 난생한 시조 주몽이 북부여에서 졸본 지역으로 도망해 와서 고구려를 세웠다고 하는 것은 시조의 출생과 건국 과정을 보여준다. 건국 이후 주몽왕이 비류국 송양왕과의 술수 경쟁에서 이겼다는 이야기는 고구려가 비류국과 연맹체를 형성한 사실과 연맹체 형성 초기에는 비류국 세력이 주도권을 잡았지만 이후 맹주의 지위는 주몽세력에게 넘어간 것을 보여준다.

백제의 경우 건국 설화에는 시조 비류와 시조 온조가 형제로 나온다. 온조는 위례성에서 나라를 세웠고, 비류는 미추홀에서 나라를 세웠다. 온조와 비류가 형제로 나오는 것은 이 두 세력이 중심이 되어 연맹체를 형성한 것을 보여준다. 그런데 시조 형제 설화에서 비류가 형으로 나오는 것은 연맹체 형성 초기에 비류집단이 맹주국이 되었음을, 비류가 죽은 후 그 집단이 온조왕에게 귀부한 것은 연맹체의 주도권이 온조 집단에게로 넘어온 것을 말해준다.

신라의 경우 박, 석, 김 삼성 시조의 탄생신화와 더불어 각 성씨가 맹주의 지위(이사금)를 차지하는 이야기가 기년 기사 속에 포함되어 있다. 그러나 이 기년 기사는 후대에 역사서를 정리하면서 설정되었을 가능성이 크다. 그렇다면 신라의 삼성 시조의 탄생과 이사금 지위를 차지하는 내용도 처음에는 신화 속에 포함되어 있던 것이 현재처럼 기년 기사로 정리되지 않았을까 한다.

이렇게 보면 『삼국사기』 초기기록에 보이는 왕계보(王系譜)는 두 집단 내지 세 집단이 배출한 연맹장의 계보라 할 수 있다. 이는 고구려의 경우 2대 유리왕부터 5대 모본왕까지의 왕성(王姓)이 해씨로 나온다는 사실과 백제의 경우 2대 다루왕부터 4대 개루왕까지의 왕성이 역시 해씨라고 하는 사실에서 짐작해 볼 수 있다.

이러한 건국 신화의 구조에서 후대인들에게 중요하게 인식된 것은 초기국가의 건국과 연맹체 단계에서 연맹장의 배출이다. 고구려와 백제의 경우 건국주가 건국한 이후부터 곧바로 연맹체의 맹주가 된 것이 아니라 건국 이후 일정한 시간이 흐른 후 연맹체의 맹주국이 되었다. 즉 건국 시기와 연맹장의 배출 시기는 다르다.

이러한 사실을 고구려의 존속 기간으로 나오는 800년 설과 700년 설과 연결시켜 보면 800년 설 즉 서기전 130년경은 주몽이 건국한 시기로, 700년 설 즉 서기전 30년경은 주몽 세력이 연맹장을 배출한 시기로 볼 수 있겠다. 백제의 경우 서기전 1세기 초는 온조의 건국 시기로, 서기전 18년은 부여씨 집단이 연맹장을 배출한 시기로 정리해 볼 수도 있겠다.

신라의 경우 삼성(三姓)이 연맹장인 이사금의 지위를 차지한 시기를 보면 모두 기년 기사로 나온다. 박씨의 경우 서기 24년에 유리왕이 처음으로 연맹장인 이사금의 지위에 올랐고, 석씨 탈해왕은 서기 57년에, 김씨 미추왕은 서기 262년에 이사금의 지위에 오른 것으로 나온다. 그러나 삼성이 연맹장을 배출한 최초의 시기가 기년 기사로 정리되어 있어 서기전 120년대의 건국 시기와 서기전 57년대의 건국 시기를 연맹장의 교립과 곧바로 대입할 수는 없다. 이 문제는 차후 검토해야 할 과제라 하겠다.

〈참고 문헌〉

강종훈, 『신라상고사연구』, 서울대출판부, 2000.

김두진, 『한국고대의 건국신화와 제의』, 일조각, 1999.

김철준, 『한국고대국가발달사』(춘추문고 제1권), 한국일보사, 1975.

노중국, 『백제 정치사 연구』, 일조각, 1988.

_____ 외, 『백제, 누가 언제 세웠나』백제의 건국시기와 주체세력, 한성백제박물관, 2013.

노태돈, 『고구려사 연구』, 사계절, 1999.

신라 천년의 역사와 문화편찬위원회, 『신라의 건국과 성장』, 경상북도, 2015.

양기석, 「백제 부여융 묘지명에 대한 검토」, 『국사관논총』62집, 국사편찬위원회, 1995.

여호규, 『고구려 초기 정치사 연구』, 신서원, 2014.

이강래, 「삼국의 성립과 영역확장」, 『한국사』3, 한길사, 1994.

이기동, 『백제사 연구』, 일조각, 1996.

이옥, 『고구려의 민족형성과 건국』, 한국정신문화연구원, 1980.

이종욱, 『신라국가형성사연구』, 일조각, 1982.

이현혜, 『삼한사회형성과정연구』, 일조각, 1988.

이홍직, 『한국고대사의 연구』, 신구문화사, 1971.

주보돈, 「사로국을 둘러싼 몇 가지 문제」, 『신라문화』21집, 동국대학교 신라문화연구소, 2003.

황해

요하강(랴오허 강)

중화역사의
패권주의적 확대

동북공정과 장백산문화론

조법종(우석대 역사교육과 교수)

들어가는 말

    중국인들은 전통적으로 자신들을 세상의 중심이라 고집하는 화이론적 중화주의 인식을 유지하고 있었다. 근대사회로 진입한 이후에는 자신들만이 세계 4대문명 가운데 고유의 문자와 언어 및 민족이 변함없이 유지되고 있는 유일한 문명이라는 자부심을 갖고 있었다. 그러나 이같은 자부심은 근대화에 뒤지고 1970년대 문화혁명에 의해 퇴보된 국가적 낙후성에 의해 상처받고 부각되지 못하였다. 그런데 80년대 개혁 개방을 통해 중국이 세계의 무대로 등장한 이후 중국의 역사문화에 대한 자존심 부각을 위한 국가적 노력이

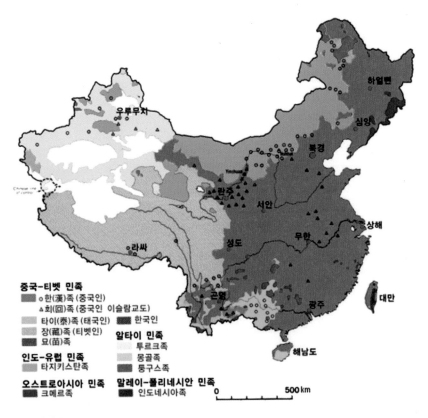

중국의 민족 분포

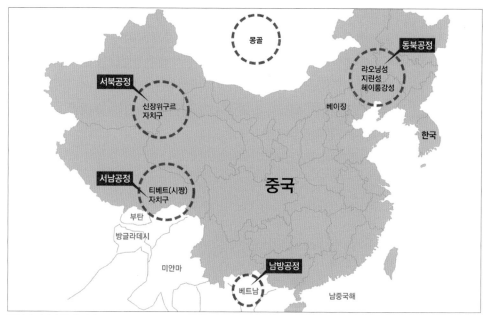

중국의 아시아 공정 시리즈

진행되기 시작하였다.

특히, 중국은 1990년대 초 사회주의 이념의 몰락에 따른 위기상황에서 사회주의 중국의 단결과 유지를 목표한 신중화민족주의를 새롭게 주장하였다. 이를 위한 통합기제로써 유교문화주의와 중화애국주의, 소수민족 편입정책을 진행하였는 데 이는 중화민족의 역사구심력과 원심력을 강화하기 위한 여러 형태의 역사공정으로 구체화 되었다.

먼저, 중화민족주의의 구심력강화는 중국의 역사상한을 올리기 위한 하상주 단대공정과 중화문명 탐원공정 1기, 2기, 3기 사업이 2015년까지 추진돼 중화문명의 역사를 기원전 3500여 년까지 상승시켜 세계 4대 문명 중 연대가 가장 빠른 메소포타미아문명에 앞서는 연대관을 구축하였다. 이 같은 논리의 근거로서 기존의 황하문명의 연대보다 올라가는 요하유역의 유적을 중심으로 요하문명론을 제기하고 장강유역의 선사문화를 연결지어 요하-황하-장강유역의 3문명이 각각 발전하여 결국 황하문명으로 귀결된다는 선사시대

통일적 다민족국가론적 중화문명 체계를 정립하였다.

또한 현대 중국에 편입된 변경민족의 역사를 중국화하기 위해 중국 주변의 이민족이 실상은 중국의 역사와 문화 및 종족적 연결성을 갖는다는 북방공정(몽골), 서북공정(신강 위그르), 서남공정(티벳)과 동북공정(조선족) 등을 추진하여 중화역사영역의 원심력을 확장하고자 하였다. 여기서 우리와 가장 큰 문제가 된 것이 동북공정이었다.

1
'동북공정' 개요

중국 동북3성의 위치

동북공정(東北工程)은 2002년 2월부터 2007년 1월까지 5년의 기간동안 추진된 중국사회과학원 산하 '중국변강사지연구중심(中國邊疆史地研究中心)'의 중대과제로서 중국 동북3성 지역(요녕성, 길림성,흑룡강성지역)의 역사와 현황에 관한 대형 학술 과제인 '동북변강역사여현상계열연구공정(東北邊疆歷史與現狀系列研究工程)'의 앞뒤 용어를 선택해 줄여 표현한 명칭이다. 즉, 동북공정(東北工程)은 중국의 국가 통치체계를 총괄 입안하는 중국사회과학원이 중국 동북3성지역의 역사와 현재의 상황에 대한 연구를 통해 중국적 역사연고권과 영

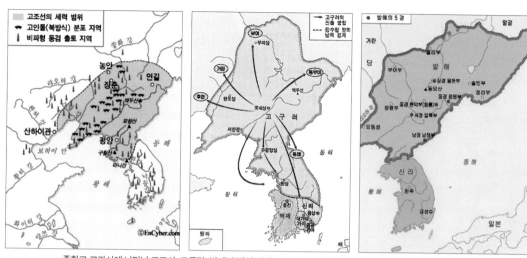
중학교 교과서에 나타난 고조선, 고구려, 발해의 범위 영역

토적 안정성을 확보하기 위한 중화 인민 공화국의 국가 프로젝트이다.

동북 3성 지역은 중국인들이 현재 자신들의 영토를 흔히 닭모양에 비유해 설명하는 데 바로 닭의 머리 부분에 해당하는 핵심적 공간이다. 그런데 이곳이 구체적으로는 고조선, 부여, 고구려, 발해의 역사영역인 만주지역으로 우리민족의 발상지이자 핵심적 역사와 문화영토라는 점이다.

이 같은 우리 민족의 원형공간인 만주지역을 중국적 관점으로 재구성하고자 한 동북공정은 공식적으로는 2002년 시작되었지만 실제 동북공정의 정치적 배경은 1990년 독일의 통일 1991년 소련의 해체와 동구권 몰락, 1992년 한중수교 이후 50년 가까이 막혔던 교류확대 상황과 연결된다. 또한 1994년 1차 북핵 위기와 김일성의 갑작스런 죽음, 이후 전개된 북한 고난의 시기와 대량 탈북사태는 중국의 전위적 존재인 북한의 몰락과 한반도 통일 가능성이 예측되었다. 즉, 중국은 1992년 한·중수교 이후 한국인의 경제력과 강한 민족의식을 경험하고 1994년 북핵사태 이후 초래된 북한경제난에 따른 대량탈북난민사태와 향후 현실화될 남북통일에 적극 대응하기 위한 방안을 모색하게 된 것이다.

특히, 남북통일과정에서 제기될 연변조선족자치주(延邊朝鮮族自治州) 조선

대한제국 지리교과서에 나타난 북간도가 포함된 함경북도지
도(굵은 선, 두만강)

족의 귀속문제 및 이에 따른 중국 내부 소수
민족의 동요와 '간도문제' 등 국경분쟁에 대
비하기 위한 방안으로 남북과 조선족을 연결
하는 역사적 구심체인 고구려에 대한 연구를
본격적으로 추진케 되었다. 이 같은 상황에
서 중국은 1996년 사회과학원에서 통일한국
의 국호로 귀결될 KOREA에 대한 비공개 연
구를 진행해 남북통일시 발생하게 될 가장 큰
문제로 중국지역 조선족의 향배와 간도문제
와 연결된 국경선 문제 및 통일코리아의 고토
회복 의지 등을 중대 현안으로 파악한 것이
다. 이 같은 내용이 1997년 유포되었으며 특
히, 2000년 6.15 공동선언은 통일문제의 자
주적 해결과 1국가 2체제 통일 방안의 상호
합의를 통해 '남북한의 낮은단계 연방'을 결정한 것으로서 우려하던 '통일코
리아'가 현실화될 상황으로 전개되었다.

또한 2001년 1월 북한은 고구려 고분벽화를 유네스코에 세계문화유산으
로 신청하면서 문제가 표면화되는 계기가 되었다. 즉, 북한은 1998년 10월
세계유산협약에 가입한 뒤 '국제기념물유적협의회(ICOMOS)'와 '문화자산보
존 및 복원연구국제센터(ICCROM)'의 재정적, 기술적 지원을 받아 고구려고
분벽화 유적을 정비한 뒤 2001년 세계문화유산등재를 신청한 것이다. 그런
데 중국은 북한의 고구려 고분벽화가 세계문화유산(世界文化遺産)이 되면 고
구려가 한국의 역사로서 전 세계적인 공인을 받게 되는 사실에 문제의 심각
성을 감지하고 중국 문화부 차관을 평양에 파견하여 북한과 중국이 공동으로
고구려유산을 세계유산으로 신청하는 것을 제의하였다. 그러나 북한은 고구
려사에 대한 중국의 관여를 거부해 중국의 제의를 거절하였다. 그러자 중국
은 세계문화유산등재 자격을 검토하는 ICOMOS(세계유적기념물협의회)의 심
의 과정에서 중국인 위원을 통해 북한의 신청을 문제있다고 유보시키고 중국

내에 있는 고구려유적에 대한 대대적 정비작업을 신속히 진행하고 이듬해 중국내 고구려유적에 대해 세계문화유산 등재를 신청하게 되었다.(2003.1.)

이 같은 정세변화에 따라 중국은 통일한국과 발생하게 될 갈등에 선제적으로 대응하기 위해 2002년 쟁점들에 대한 역사적 명분과 논리구축을 목적으로 '동북공정'을 공식화하였던 것이다.

한편, 중국은 80년대 개혁개방 이후 동북 3성 지방이 급변하고 있는 동북아시아 정세에서 정치 경제 역사적으로 가장 취약한 지역임에 주목하고 1970년대 이후의 경제 성장과정에서 소외된 이들 동북 3성지역에 대한 대규모 재정 투자를 포함한 이른바 '동북대개발'프로젝트를 기획 수행하였다. 이는 신강·위그르지역에 대한 '서부대개발'프로젝트와 동일 목적이었다. 중국 정부는 이러한 대규모의 개발 계획을 현실화함과 동시에 이 지역에 대한 역사적 소유권 곧 역사주권(歷史主權)을 재확인하고자 한 것이다. 이같이 중국의 경제발전에 따른 정치적 안정과 동북지역의 상대적 낙후성을 극복하려는 중국에게는 북한의 불안정성과 남북통일과정에서의 영토귀속문제 등은 중국에 대한 큰 위협으로 파악되었다.

한편 역설적으로 북한의 불안정성이 고조될 경우 과거 고조선, 고구려, 발해의 영역에 대한 중국이 주장하는 역사적 연고권을 바탕으로 현재의 북한지역을 장악할 수 있다는 논리가 도출될 수 있다는 점에서 동북공정은 단순역사해석이 아닌 미래 동북아 및 한반도 전략과도 연결된 중국확장정책의 중요 논리였다.

〈중국 '동북공정'의 고구려 관련 주장〉

중국이 주장하는 동북공정의 고구려관련 주장을 보면 다음과 같이 정리된다.

1. 고구려는 중국 땅에 세워졌다.
이 논리는 현재 중국의 영역범위에서 보면 고구려영역의 상당수가 중국 영역에 포함된 것 같지만 이 논리는 고구려 당대에는 적용될 수 없는 사실이다. 또한 고조선을 중국 역사 범주에 포함시켜, 단군신화는 화하(華夏)·한(漢)문화의 영향을 받았고, 기자조선과 위만조선은 중국의 지방정권이라고 파악한다.

그러나 고고학적으로 중국의 청동기 문화와는 다른 한국의 독자적인 청동기 문화가 존재하며, 단군신화는 북방신화적 특성을 보이는 대표적 신화로서 중국과의 관련성이 없으며 기자조선은 실재하지 않았던 허구적 존재임이 학술적으로 입증되었다. 따라서 중국의 주장은 근거가 없다.

2. 고구려는 독립국가가 아니라 중국의 지방정권이다.

이는 당시 동북아에서 전개된 외교관계인 조공책봉관계를 중국적 입장에서 해석한 것이다. 고구려 왕이 중원왕조에 조공, 책봉을 받은 사실을 강조하고 고구려 왕이 중원 정권의 지방관리라고 파악한다.

그러나 조공과 책봉은 당시 중국과 고구려 사이에 나타난 외교형식의 하나이다. 이 논리를 핀다면 고구려뿐 아니라 백제, 신라, 왜, 월남 등등 중국주변의 모든 외교관계를 맺었던 민족은 모두 중국의 신하이고 지방정권이 되어야 하는 모순을 보여준다.

3. 고구려 민족은 중국 고대의 한 민족이다.

이는 고구려의 선인(先人)은 중국 전설상의 인물인 전욱 고양씨(高陽氏)의 후예인 고이(高夷)이고, 노합하~대릉하 유역의 홍산(紅山) 문화를 전욱고양씨 집단의 산물이라고 한다.

이 내용이 대표적인 역사왜곡부분으로서 고구려종족을 중국의 신화적 존재인 전욱고양씨의 후손인 고이족(高夷族)과 연결지은 것으로 단지 고구려의 고(高)와 고이족의 고(高)가 한자가 같다는 점에서 주장한 내용이다. 이는 중국이 주변 종족을 모두 중국과 연결지으려는 대중화주의적 민족포괄정책의 일환으로 역사적으로는 전혀 연결되지 않는 내용이다.

고구려 건국 주민 집단은 중국이주 집단이 아닌 만주와 한반도 지역에서 농경생활을 영위해오던 예맥족이며 고구려의 적석총 문화와 홍산 문화는 약 3000년 가량의 연대 차이가 있는 문화이다. 따라서 중국의 고이족 등 주장은 표현 등 관련성 없는 내용을 억지로 갖다 붙인 대표적인 견강부회적 역사주장이다.

4. 수·당과 고구려의 전쟁은 중국 국내전쟁이었다.

이는 앞서 고구려를 중국의 신하로 보는 상황에서 연결지은 해석이다. 즉, 수·당과 고구려 간의 전쟁을 국제전이 아닌 내전으로 파악하고, 수·당이 고구려에 대해서는 영토의식, 수복의식, 통일의식이 있었던 반면에 백제, 신라에 대해서는 종번(宗藩)관계만 있었다고 파악한다.

그러나 고구려와 수·당과의 전쟁은 고구려의 대륙 정책과 수·당제국의 세계정책이 충돌하면서 빚어낸 동아시아의 국제전쟁이며 수당의 고구려공격 관련 표현들은 공격명분을 확보하기 위한 관례적 표현으로 이는 대표적인 국제전쟁이다.

5. 고구려유민이 중국에 포섭되었다.

고구려 멸망 후 주민 상당수가 중국으로 들어가서 한족으로 흡수되었기에 중국학계는 고구려사를 중국사의 일부로 파악하다는 논리이다.

그러나 고구려 멸망 후 상당수의 고구려인들이 중국으로 포로로 끌려갔으나 이는 비자발적 포로일 뿐이다.

고구려유민은 반면 신라 발해로 포섭되어 한국사의 흐름 속에 융화되었다.

중요한 것은 고구려유민의 자의적 선택이다.

6. 왕씨 고려는 고구려를 계승한 국가가 아니다.

이 부분도 대표적인 자기모순적 역사해석이다. 즉, 고구려를 계승한 고려와의 역사단절을 주장하기 위해 성씨가 다르기 때문에 역사계승성이 없다는 억지를 부리고 있다. 그러나 이는 바로 중국인 스스로에게도 문제가 되는 내용으로 중국의 역대왕조들은 모두 성씨가 달랐음에도 중국은 역사적 왕조계

동북공정에서 제기된 중국측 주장과 한국측 반론

	중국측 주장	한국측 반론
고구려의 기원	• 고구려의 선조가 중국 상(商)나라에서 분리되었다는 가설을 제기하고 있다. • 중국측 고문헌에 등장하는 고이(高夷)를 고구려인의 조상으로 설정하여 중국 주나라에 신속(臣服), 조공하였다고 주장하면서 고조선 및 부여와 다른 별개 민족으로 여기고 있다.	'高夷'와 高句麗는 무관 전설상의 인물인 高陽氏나 炎帝를 고구려의 先人과 연계시키는 것은 가설을 넘어 허구 고구려 건국 세력은 압록강 중류 일대에서 농경을 영위하던 濊貊系 주민 집단으로써 만주 동부의 肅慎系 주민 집단(만주족의 조상)이나 만주 서부의 東胡系 주민 집단과 명확히 구별
고구려는 중국 영토 안에서 건국	• 고구려가 주나라 이후 전국 시대와 진·한 때에도 중원 왕조에 편입되어 요동군의 관할을 받은 것으로 주장. • 한 무제 때에 설치된 현도군의 위치를 동해안 방면으로 설정하는 한편, 구려(句麗)를 조선의 땅[朝鮮之地]라고 기술한 『후한서(後漢書)』동이전의 기사는 착오라고 강변	고구려 발상지인 압록강 중류 일대는 본래 고구려 先人이 거주하던 곳으로 중국 영토가 아니다. 고구려는 漢의 玄菟郡의 간섭을 물리치고 국가 체제를 확립하던 양상은 '(고구려가 현도군에 와서 조복의책을 받아가다가) 점차 驕恣해져 더 이상 玄菟郡 治所에 오지 않았다'는 『三國志』東夷傳 '幘溝婁' 관련 기사에서 명확하게 확인할 수 있다.
고구려와 중원 왕조의 조공책봉 관계	• 고구려가 4세기 이후에도 계속 중원 왕조의 책봉을 받았음을 강조하고 있다. • 고구려의 국가 활동을 중원 정권의 관리인 고구려왕이 고구려 지역의 백성을 다스린 것으로 파악하였다. • 평양 천도 이후 고구려는 한반도 경영에 중점을 두면서 남북조와 평화 관계로 시종일관한 것처럼 이해하고 있다.	朝貢·冊封 관계는 전근대 동아시아의 독특한 외교형식으로서 실질적인 내용은 시기에 따라 끊임없이 변화했다. 朝貢 冊封 관계를 현대적인 국제관계로 해석하여 이것만으로 상하 신속관계를 설정할 수는 없는 것이다. 만약 중국측 논리를 그대로 따른다면, 고구려사뿐 아니라 중국왕조의 책봉을 받은 백제나 신라, 심지어 일본의 역사까지 중국사로 편입시킬 수 있게 된다.
고구려의 영역	수·당의 조서를 근거로 중원 왕조의 통치자들이 한나라 이래 고구려의 활동 영역을 중국의 전통 영토로 인식했다고 주장. • 고조선 시기의 국경선인 패수(浿水)를 대동강으로 비정하여 고구려 중심지가 중국 국경선을 넘지 않았다고 주장. • 최근에는 졸본(환인), 국내성(집안) 뿐 아니라 평양 일대까지 한사군의 범위에 속하므로 평양 천도 이후의 고구려사도 당연히 중국사라고 주장.	중국학계는 1980년대 이후 이른바 통일적 다민족 국가론에 의해 중국의 현재 영토 안에서 일어난 역사는 모두 중국의 역사로 여기고 있다. 이 논리에 의하면 평양 천도(서기 427) 이후의 고구려사는 한국사가 돼야 하지만, 이 문제를 해결하기 위해 평양도 과거에는 고대 중국의 영역 안에 있었기 때문에 중국사로 포함해야 한다는 논리를 펴고 있다. 이는 결국 통일적 다민족 국가론의 근거를 스스로 폐기한 논리적 오류를 저지른 것이다.

승성이 있다고 말하는 내용과 정면으로 배치되는 주장이다. 따라서 이는 역사해석의 대표적인 오류이자 왜곡이다.

7. 발해도 중국사이다.

중국은 발해를 고구려의 계승국으로 보지 않고, 말갈국으로 파악한다. 이는 '신당서'에 근거해 발해라는 국호를 중국에서 받았고, 발해 왕은 당에 조공하고 당의 책봉을 받은 중국의 지방정권이었다고 주장한다.

그러나 '구당서'는 발해시조 대조영을 고구려의 별종이라고 기록하고 있으며 발해는 황제를 자칭, 독자적으로 연호 사용했다. 또한 발해는 고구려와 비슷한 풍속을 유지했으며, 주거문화 또한 고구려의 것을 계승한 한국사이다.

8. 한반도 북부, 북한 지역도 중국의 역사다.

이는 중국이 고구려를 중국사로 파악할 경우 고구려의 수도였던 현재의 한반도 북부, 평양일대까지도 중국적 연고지역이란 논리로 제기할 수 있는 내용으로 중국학자들 중 일부는 이를 주장하고 있다.

이상에서 제시한 것처럼 동북공정의 주요주장은 1949년 건국된 현재의 중화인민공화국의 영토에 과거 역사가 귀속된다는 영토주권론과 56개 구성 민족이 중화민족으로 귀결된다는 통일적 다민족 국가론에 입각한 중화인민공화국의 역사관의 결과로서 전통 시대 화이관에 입각한 중원민족중심의 역사의식을 확대시킨 논리이다.

중국은 고구려사 연구를 '동북 변방의 정치사회적 안정'이라는 정치적 목적에 이용하여 현재 중국이 장악하고 있는 동북지방(만주지역)에 대한 '역사적 정당성' 확보을 확보하고자 한다. 또한 이를 위해 조선족을 통제하고 이들의 한민족 의식 말살하기 위해 조선족을

2004년 간행된 중국고구려사

chosun.com 국제   2015 조선일보 신춘문예

뉴스   오피니언   경제   스포츠   연예   라이프   더보기 ˅

국제·
아시아

"韓이 '간도가 조선땅'이라 주장 안하면 고구려가 中
소수민족이라 주장 안할것"

베이징=안용현 특파원 ˅

기사   100자평(2)   글씨 · +

입력 : 2015.01.07 03:00

동북공정 한창이던 2004년 우다웨이 발언 뒤늦게 알려져
우리 정부 주장한 적 없어··· 학계 차원 논의 얘기구
앞으로 韓·中쟁점 가능성

동북공정과 간도문제가 연결되어 있음을 중국측 외교 책임자 우다웨이가
밝힌 신문보도

대상으로 3관(觀)교육을 실행하고 있다. 이는 역사관, 민족관, 조국관으로서 동북지역의 고구려 발해 역사가 조선의 역사가 아니라 중국의 역사라는 것과 조선족이 비록 한국이나 북한과 혈연적인 관계라 하더라도 현재 중국의 56개 민족 대가정(大家庭)의 일원으로 조선족은 중국족이며 조선족의 조국은 한국(혹은 북한)이 아니라 중국이라는 논리를 교육하고 있다.

또한, 북한 붕괴 및 정치적 혼란시 과거 역사연고를 근거로 정치, 군사적 개입 가능이 높으며 특히, 남북한 통일 이후 국경선 분쟁 원천 차단 목적을 목적으로 하고 있다.

이 같은 문제와 함께 중국은 내부적으로 자체 소수민족의 독립을 저지하기 위한 노력을 경주하고 있는 바 가장 실질적인 목표는 이들(소수민족)의 분열을 막기 위한 것으로 파악된다.

따라서 중국은 동북공정을 통해 이같은 우리민족의 구심점의 상징인 고구려를 중국사로 바꾸어 현재 중국 동북지역 즉, 만주지역에 대한 우리민족의 역사적 영유권을 제거하고자하려는 것이다.

한편 이와함께 백두산을 장백산으로 바꾸는 개발프로젝트를 길림성에서 추진하여 간도지역에 대한 영토분쟁의 원인을 제거하여 우리민족의 영토영유권을 제거하려는 의도를 보여주고 있다. 특히, 이는

고구려와의 관련성을 모두 지우고 중국풍 공간으로 바꾼 길림시 용담산유적

연변 조선족 자치주와 연결되어 결국 연변조선족 자치주의 해체를 장기적으로 기도하고 있음을 추론케 한다.

결국 중국은 소극적으로는 동북공정을 필두로 만주지역에 대한 우리의 역사, 영토, 민족 영유권의 근거를 제거하여 우리민족이 통일후 제기할 국경선 재설정 문제와 조선족 귀속문제 등을 사전차단하는 의도임을 보여준다. 또한 적극적으로 북한의 정치적 혼란 및 붕괴시 북한지역을 장악할 수 있는 역사적 근거로서 활용키 위한 의도를 보여주고 있다.

동북공정은 우리 민족이 지향하는 동북아중심국가의 국정지표를 근본적으로 부정하며 한국역사범위를 삼한-신라로 연결된 한강이남선으로 축소하고 한국이 중국-일본을 연결하는 동북아 중심이라는 역사근거를 부정하는 결과를 보여준다. 또한 한민족 공동네트워크 구축을 원천 차단하여 한국, 북한, 중국 조선족, 러시아 고려인, 일본교포 및 미주교포 등 한민족 공동체 개념을 부정해 한민족역량을 말살하는 결과를 초래할 위험이 높다.

결국 이는 한국민족 역사의 근간을 강탈, 한국민족의 역사를 부정하는 역사왜곡이자 역사전쟁이라 할 수 있다.

2
장백산문화론

1) 장백산문화론 개요

'장백산문화(長白山文化)'는 한국과 중국 길림성지역에 연해있는 백두산(중국 표현 장백산)권역에 대한 역사, 문화, 경제, 사회, 관광, 산업 정책의 이론적 토

2014년 간행된 중국장백산문화

대로서 중국의 '동북공정'과 '동북진흥전략'과 함께 추진된 정책이다. 이는 한·중 백두산 및 간도영유권 분쟁 및 조선족 귀속문제, 남북문제, 관광, 문화, 산업(인삼, 광천수 등) 등과 긴밀히 연결된 현안 문제로서 동북공정과 연결된 지역개발 전략이론이다. 특히, 동북공정이 대상으로 삼은 고구려, 발해사와 연결되어 상고사 분야는 요하문명론으로. 중 근세사는 장백산문화론으로 체계화시켜 동북 3성지역의 역사체계 전체를 중국적 관점으로 재구성하는 논리인 것이다.

'장백산문화'라는 개념은 1994년 과거 혼강시가 백산시로 바뀐 이후 백산시에서 '장백산문화토론회'가 진행되면서 모색된 지역 발전전략으로 나타나게 되었다. 그런데 지역발전이론이 2000년 길림성 장백산문화연구회가 결성되면서 '장백산문화'가 동북 3성지역을 중화 역사로 파악하는 중요 도구로 부각하고 장백산(백두산)을 '중국 동북 문화의 대표이자 동북 인민의 정신적인 상징' 또는 '중화 문화의 중요한 발원지'로 자리매김 시켰다. 또한 백두산을 유네스코 세계자연유산으로 단독 등재하려는 중국 당국의 목표와 맞물려 각종 개발 정책을 낳았다.

이는 동북공정의 중심 공간인 길림성을 중심으로 한민족의 영산이자 상징인 백두산을 만주족의 성지로 부각하여 고구려의 중심지역 길림성이 아닌 만주족-중화민족의 성지로 자리매김하게 한 것이다. 즉, 한민족의 상징인 백두산 및 백두산문화권의 고구려, 발해의 역사문화적 정체성을 현재 중국의 구성원인 만주족 역사의 내용으로 바꾸어 백두산, 고구려, 발해의 역사문화 성격이 한민족과 관계없는 것으로 부각

백산시 장백산만족문화박물관

하여 우리민족의 뿌리와 통일구심력, 역사문화적 영유권을 제거하려는 정책이다.

중국은 장백산문화론의 핵심논리로서 발해를 만주족의 실체인 여진족이 최초로 세운 국가로 설정하여 발해를 만주족 역사의 근간으로 정립하려 하고 있다. 이를 위해 최근 발해의 건국공간인 돈화지역에 대대적인 장백산문화관련 공원 및 시설을 만들었다. 즉, 발해 초기왕릉이 모여있는 육정산지역에 '청시조사당'을 대규모로 건립해 전세계 만주족의 구심점으로 만들고 있다. 또한 돈화에는 발해광장을 만들어 발해가 중국사임을 부각하는 조형물을 집중 건설하였다. 그리고 백두산가는 길목인 안도에는 장백산역사문화원과 장백산문화박

대조영을 만주족으로 나타낸 흉상-장백산만족
문화박물관

람성을 만들었다. 한편, 백산시에는 2009년 '만족민속공원'과 '장백산 만족 문화박물관'을 세워 여진-만주족으로 첫 국가를 이룬 존재로 대조영을 부각해 대조영 흉상을 전시관에 건립하고 숙신-읍루-물길-말갈-발해-금-청으로 연결되는 여진족의 역사를 강조하고 있다. 특히, 2014년 길림성의 성도인 장춘에 대학 박물관으로서는 최대 규모인 '동북민족민속박물관'을 건립하여 숙신족 체계속의 발해를 부각하고, 흑룡강성 박물관에서는 말갈족의 역사 가운데 백산(발해)-흑수(금)-해동청(청)으로 연결된 인식체계를 강조하여 발해역사

장백산공항

2014년 장춘에 개관한 동북사범대학 동북민족민속박물관

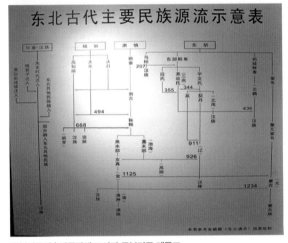
동북민족민속박물관에 표시된 동북민족 계통도
발해와 고구려의 관련성을 부정, 고구려와 고려와의 관련성 단절시켜 표현

를 송두리째 여진-만주족의 역사로 정립하였다. 그리고 장백산개발의 거점인 이도백하지역에는 장백산 관련 중국신화를 급조하여 관련 조형물을 수십개 설치하는 등 엄청난 물량과 속도로 백두산을 장백산으로 탈바꿈시키고 있다.

특히, 발해 상경성 관련 유적 및 박물관 정비를 바탕으로 발해세계문화유산 등재가 임박하였다.

장백산문화론을 구체화하기 위한 정책으로 중국은 2005년 백두산에 대한 연변조선족자치주의 행정관할권을 분리시켜 별도의 행정구역인 '장백산보호개발위원회'를 출범시켜 길림성직할 통치구역으로 설정하고 백두산일대에 대한 포괄적 정책을 진행하였다. 결국 이를 통해 연변조선족자치주=백두산이란 등식을 공식적으로 종결시킨 것이다. 이어서 2010년 장백산문화건설공정을 추진하여 장백산명칭으로 세계자연유산 등재 추진하고 장백산을 중국내 10대 명산으로 선정해 대규모 관광단지를 조성하고, 대규모 리조트건설, 휴양시설, 골프장 개설 등을 통해 국제적 관광휴양지역으로 발전시켜 중국 국내관광객 및 국외관광객 유치를 위한 체계적이고 중장기적 정책을 진행하고 있다. 또, 장백산 광천수사업, 장백산 인삼사업. 장백산 특산품사업 등 각종 유관산업을 집중 육성하고 있다. 이와 함께 2008년 8월 장백산공항을 개장하여 항공망을 확보하고, 장춘-이도백하 고속철도개설, 장춘-이도백하고속도로개설 등의 사업이 진행되어 장백산문화론을 활용한 지역발전을 위한 문화, 관광, 산업으로의 전환이 신속히 진행되고 있다.

2) 장백산문화론의 문제

'장백산문화론(長白山文化論)'의 핵심 논리는 백두산의 이름은 '장백산'이고 현재의 동북 3성과 내몽고 동부, 러시아 연해주, 한반도 일부를 지리적 범위로 하며 숙신(肅愼)족이 핵심 종족을 이룬 뒤 읍루 말갈 여진 만주족으로 계승됐고 그 문화는 한족(漢族)의 영향을 받아 이뤄진 중원 문화권의 일부이며 여진-만주족에 의해 '장백산'이 종교적 숭배 대상이 됐다는 것이다.

그런데 이같은 장백산만을 강조하는 논리는 많은 문제점을 갖고 있다. 즉, 백두산이란 명칭은 한국 민족의 역사와 문화속에서 1300여 년 이상 유구한 역사를 가지고 존재하였으며 이와 관련된 다양한 종교, 신앙, 문화를 보유하고 있는 명칭이다. 따라서 백두산(白頭山)보다 약 300여 년 후에 나타난 장백산(長白山)이란 명칭만을 부각하고 오로지 여진-만주족의 역사와 문화만을 강조한 내용으로 '장백산문화'라는 개념을 강조할 경우 우리민족에 대한 또 다른 역사, 문화침탈로서 동북아의 긴장을 야기할 것으로 파악된다.

'백두산'이란 명칭은 이미 8세기 통일신라 초기를 서술한 기록인 『삼국유사』 권3 '대산 오만진신'과 '명주 오대산 보질도 태자전기'에 나타나며, 『고려사』에서도 고려 태조의 족보를 설명하는 '고려세계'에서 고려 왕조의 기원을 드러내는 상징적 의미로서 등장하고 있다. 반면 '장백산'은 이보다 훨씬 늦은 11세기의 상황을 서술한 『요사(遼史)』에서 비로소 나타나기 시작하고 있다.

백두산 지역의 문화 주체 역시 고조선 부여 고구려 발해로 이어지는 우리 민족인 예맥계(濊貊系)가 2000여 년에 걸쳐 정치적 주도권을 잡았기 때문에 '여진족이 주도한 문화권'이라는 중국측 주장은 맞지 않는다. 더구나 '말갈'은 고구려·발해에 속해 있던 운명공동체였다. 한족으로부터 문화를 전파받았다는 '숙신'은 중국측이 후속 종족으로 생각하는 '읍루'와 지역적·혈연적으로 연결되지 않는 종족이며 실제 거점 공간은 요하와 산해관 사이였으므로 숙신으로 부각되는 백두산이 '중원 문화권'이라는 근거는 사라지게 된다. 오히려 숙신-읍루-물길-말갈-여진 세력은 우리 민족과의 친연성과 정치문화적 연결성이 더 가까운 존재들이었다.

또한 백두산에 대한 종교적 숭배는 백두산을 문수보살 신앙과 연결시킨 고구려-통일신라-고려 때의 전통에서 찾아야 한다.

즉, 한국사에서 백두산 산악숭배신앙이 고구려-통일신라-고려로 계승되어 강하게 존재하였으며 이 신앙이 불교와 연결되어 문수보살신앙과도 연결되었고 풍수신앙체계로 정립되는 등 다양한 신앙체계로 유지 계승되었다. 즉, 고구려와 고려의 백두산 산악숭배와 불교의 문수(범어로는 만주슈리)보살 신앙의 결합으로 이뤄진 문화전통이 여진족에게도 전승돼 청 건국 이후 청 태종이 자신들의 정체성을 상징하는 용어로 만주를 선택한 점을 고려할 때 백두산 신앙을 우리 민족과 여진-만주족이 공유하고 있음을 알 수 있다. 특히, 고려시대 묘청이 1131년 평양에 대화궁을 짓고 그 안에 '팔성당'이라는 신전을 지으면서 8명의 신을 모셨는데, 그 첫 번째 신 이름이 '호국 백두악 태백선인 문수사리보살'로서 백두산과 태백선인- 문수보살 숭배 신앙의 결합을 가장 구체적으로 보여주고 있다. 결국 이런 전통이 여진에게도 전승되어 1635년 청 태종이 자기 종족의 이름을 여진에서 만주로 바꾼 것으로 파악된다. 이같은 사실은 오히려 여진-만주족이 고구려-발해로 계승되어 고구려-발해-고려-조선이 유지한 백두산신앙체계에 포섭되며 역사문화적 친연성이 더욱 우리와 가까움을 보여준다. 그런데 현재 중국에서는 만주족 대신 만족(滿族)이라는 용어를 쓰면서 장백산문화론을 부각시키고 있다. 중국이 만주(滿洲)라는 용어를 쓰지 않는 것은 청(淸)제국과 연관된 역사적 배경과 일본 괴뢰정권인 만주국(滿洲國)에 대한 기억 때문이다. 따라서 만주라는 용어의 연원에서 알 수 있는 것은 결국 백두산에서 기원한 여진족의 모태가 고려, 통일신라, 발해, 고구려로 소급된다는 사실이라는 점에서 중국이 주장하는 장백산문화론의 취약성과 역사적 논리의 문제점을 보여준다.

이상에서 본 것처럼 "중국의 '장백산(長白山) 문화론'은 한국 민족문화의 독자성을 부인하려는 '또 하나의 동북공정'이다." 즉, 백두산(白頭山)을 '장백산'

으로 표기하고 여진족의 발상지라는 것을 강조하는 중국 당국의 '장백산 문화론'은 중국 길림성의 백두산권역 역사, 문화, 경제, 사회, 관광, 산업 정책의 이론적 토대로서 중국의 '동북공정'과 '동북진흥전략'과 함께 추진되어 이를 확대하고 있으며 특히, 장백산문화건설공정을 통해 동북공정논리와 백두산의 중국화가 공간적으로 구현되고 있다. 이는 향후 한·중 백두산 및 간도 영유권 분쟁 및 조선족 귀속문제, 남북통일문제 및 관련 문화관광산업과도 긴밀히 연결된 현안으로 장백산문화론을 토대로 '장백산 세계지질유산등재', '발해세계문화유산등재', 등과 연결되어 한민족의 상징 '백두산'이 사라지고 중국의 '장백산'만이 전 세계적으로 부각될 상황이다. 이러한 상황은 한민족의 상징인 백두산 및 백두산문화권의 고구려, 발해의 역사문화적 정체성을 현재 중국의 구성원인 만주족 역사의 내용으로 바꾸어 백두산, 고구려, 발해의 역사문화 성격이 우리 민족과 관계없는 것으로 만들어 우리 민족의 뿌리와 통일구심력, 역사문화적 영유권에 심각한 문제가 발생케 된다.

따라서 중국의 백두산지역에 대한 역사와 문화에 대한 편향된 시각 및 우리민족의 영유권을 손상시키는 중국의 장백산문화론 및 이를 근거로 진행되고 있는 장백산개발사업에 대해 체계적이고 중장기적인 대응 방안을 학술, 경제, 문화, 산업 등 다방면에 걸쳐 마련되어야 한다.

〈참고문헌〉

김영심, 「남한 학계의 동북공정 대응논리에 대한 비판적 검토」, 『역사문화연구』39, 한국외국어대학
　　　교 역사문화연구소, 2001.

김현숙, 「동북공정 종료 후 중국의 고구려사 연구동향과 전망」, 『東北亞歷史論叢』53, 동북아역사
　　　재단, 2016.

국사편찬위원회, 『중국의 동북공정 논리와 그 한계-韓國史論 40-』, 국사편찬위원회, 2004.

송기호, 『동아시아의 역사분쟁』, 솔, 2007.

＿＿＿, 「중국의 동북공정, 그 후」, 『한국사론』57, 서울대학교 인문대학 국사학과, 2011.

이서행·김정배, 『백두산-현재와 미래를 말한다-』, 한국학중앙연구원, 2010.

이찬희·임상선·윤휘탁, 『동아시아의 역사분쟁』, 동재, 2006.

임기환, 「중국의 동북공정이 남긴 것」, 『역사와 현실』제62호, 한국역사연구회, 2006.

임기환·박장배·이천석·김현숙·조법종·송호정·박준형·조영광·정원철·김종복·홍승현, 『중국
　　　의 동북공정과 한국고대사』, 주류성, 2012.

여호규, 「중국의 東北工程과 高句麗史 인식체계의 변화」, 『韓國史研究』126, 韓國史研究會, 2004.

우실하, 『동북공정 너머 요하문명론』, 소나무, 2007.

윤휘탁, 「현대중국의 변강·민족의식과 동북공정」, 『역사비평』65, 역사문제연구소, 2003.

＿＿＿, 「중국학계의 영토·민족·국가 인식 -統一的 多民族國家論과 그 한계-」, 『한국사론』40, 國
　　　史編纂委員會, 2004.

＿＿＿, 「중국·남북한의 백두산 연구와 귀속권 논리」, 『한국사학보』51, 고려사학회, 2013.

조법종, 「중국학계의 고조선연구검토 - 동북공정 전후시기 연구를 중심으로 -」, 『韓國史學報』제25
　　　호, 高麗史學會, 2006.

＿＿＿, 「中國의 '長白山文化'論과 高句麗」, 『白山學報』第76號, 白山學會, 2006.

＿＿＿, 「'장백산문화론'의 비판적 검토」, 『白山學報』第79號, 白山學會, 2007.

＿＿＿, 「한국 고중세 백두산 신앙과 만주 명칭의 기원」, 『한국사연구』147, 2009.

최광식, 『중국의 고구려사 왜곡』, 살림출판사, 2004.